中国磁浮交通
基础理论与先进技术丛书

周晓明·主编

长沙磁浮快线
运营管理实践

Operation and Management Practice of
Changsha Maglev Express

上海科学技术出版社

内 容 提 要

2016年5月6日，我国首条中低速磁浮商业运营示范线路——长沙磁浮快线正式开通试运营。通过几年的商业运营，积累了较为丰富的具有磁浮特色的运营管理、施工及检修管理、设备设施维护、安全和质量管理、科研攻关、行业推广与培训等实践经验。

本书从磁浮运营管理层面进行系统阐述，主要介绍了运营的基本概况、运营接管、试运行行车组织、正线及车辆段行车组织、施工及检修管理、磁浮特有设备设施、基础知识和运营维护、磁浮列车维护、故障管理、磁浮列车驾驶运作及应急处理、车票管理、收益管理、票务清分结算、安全和质量管理、技术攻关和科研攻关、行业推广与培训、获得荣誉等，是一部集运营管理、施工及检修管理、设备设施维护、安全和质量管理、科研攻关、行业推广与培训于一体的应用型专著。

本书介绍的长沙磁浮快线运营管理成果，对从事中低速磁浮交通研发、设计、建设、运营的学者、专家、技术人员具有较高的参考和借鉴价值，对中国中低速磁浮交通的推广与发展具有示范意义。

图书在版编目（CIP）数据

长沙磁浮快线运营管理实践 / 周晓明主编. -- 上海：上海科学技术出版社，2023.1
（中国磁浮交通基础理论与先进技术丛书）
ISBN 978-7-5478-6046-5

Ⅰ. ①长… Ⅱ. ①周… Ⅲ. ①磁浮铁路－轨道（铁路）－运营管理－研究－长沙 Ⅳ. ①U237

中国版本图书馆CIP数据核字(2022)第242957号

长沙磁浮快线运营管理实践
周晓明　主编

上海世纪出版（集团）有限公司
上海科学技术出版社 出版、发行
（上海市闵行区号景路159弄A座9F-10F）
邮政编码 201101　www.sstp.cn
上海颛辉印刷厂有限公司印刷
开本 787×1092　1/16　印张 16
字数 340千字
2023年1月第1版　2023年1月第1次印刷
ISBN 978-7-5478-6046-5/U·141
定价：140.00元

本书如有缺页、错装或坏损等严重质量问题，请向印刷厂联系调换

编委会

中国磁浮交通基础理论与先进技术丛书

主任

陈小鸿

副主任

(以姓氏笔画为序)

丁叁叁　王　平　周晓明　盛雄伟

委员

(以姓氏笔画为序)

万建军　龙志强　刘万明　闫晓言
李耀华　佟来生　张昆仑　徐洪泽
梁　潇　翟　鸣

编委会 | 长沙磁浮快线运营管理实践

主编单位

湖南磁浮交通发展股份有限公司

协编单位

中车株洲电力机车有限公司

中铁第四勘察设计院集团有限公司

主编

周晓明

副主编

钟　可　张劲夫　范永忠　黄海涛　潘百舸　杨　勇

编委

（以姓氏笔画为序）

王志刚　方院江　邓莉萍　白　帆　乔林真　李　进

李　铭　杨　勇　何小俊　佟来生　谷建辉　张宝华

张晓凤　欧阳虹　周钰雯　胡华斌　高烨妮　黄始强
彭经国　靖士元　谭勇金　翟志勇

编写人员

（以姓氏笔画为序）

邓文剑　叶　朋　申　玥　朱攀辉　刘　坚　刘　里
刘　杰　刘　奇　李　尹　李　朋　李　政　李　碟
李志国　杨　勇　吴　坤　吴晓亮　何　市　余　树
邹同友　闵　欢　张贵森　欧阳虹　易淞茂　罗有建
罗清芳　孟　妍　赵罗琳　赵继承　姚　峰　贺木华
夏庸兵　郭乐洋　唐　飞　黄明春　龚剑波　彭经国
蒋　慧　廖明章

审查

（以姓氏笔画为序）

王志刚　邓莉萍　李　铭　杨　勇　谷建辉　张劲夫
张晓凤　高烨妮　彭经国　潘百舸

序 | 长沙磁浮快线运营管理实践

长沙磁浮快线是中国国内第一条自主设计、自主制造、自主施工、自主管理的中低速磁浮交通运营示范线路。2016年5月6日,该线路开通试运营,标志着中国中低速磁浮交通技术实现了从研发到工程应用的全覆盖,中国成为世界上少数几个掌握该项技术的国家之一。

为充分发挥示范引领作用,长沙磁浮快线主导及参与了"十三五"国家重点研发计划"中速磁浮交通系统关键技术研究课题"、湖南省重大科技专项"中低速磁浮列车成套技术工程化与高可靠运营示范"、湖南省科技创新计划"160 km/h 快速磁浮列车研制与示范"等多项国家及省级重大科研专项,获得授权专利20余项,发表论文40余篇,参与编制了20余项中低速磁浮交通行业、地方及企业标准规范,其中《湖南省中低速磁浮交通设计标准》及《湖南省中低速磁浮交通工程质量验收标准》获批成为湖南省工程建设推荐性地方标准,并于2018年3月1日起在全省范围内实施。

试运营以来,长沙磁浮快线接待了多位党和国家领导人调研考察,以及30多个国家、50余个城市代表团参观学习。全面落实了"三高四新"战略定位和使命任务,推动强省会战略落地见效。2021年,长沙磁浮快线启动全线提速,2021年7月1日,完成第一阶段提速;2022年7月1日,提速工作全面完成,上线车辆直线路段最高运行速度可达140 km/h,刷新了中低速磁浮交通运营线路又一新的世界纪录。

本著作从运营筹备、行车组织管理、施工及检修管理、设备设施维护、磁浮列车驾驶运作、安全及质量管理、技术攻关与科研、交流与推广等方面进行了较为完整的介绍,突出了重点,弥补了国内中低速磁浮运营方面出版物的空白,对从事磁浮交通运营管理的单位和从业人员有较高的参考价值。

该著作的主要编写人员为从事磁浮交通行业的专业技术人员,一线运营管理经验较为丰富。当然,随着中低速磁浮交通运营管理经验的不断积累,本著作的部分内容将来还有待同步更新。最后,借此机会,谨向为磁浮交通事业发展不懈努力、做出贡献的专家、学者、科研技术人员、产业从业人员,以及为本著作编写出版付出辛勤劳动的全体人员致以诚挚的谢意!

中国工程院院士

刘友梅

2022 年 8 月

前言

2016年5月6日,我国第一条中低速磁浮商业运营示范线路——长沙磁浮快线开通试运营。截至2022年5月4日,安全运营2190天,累计开行322 517列次,总运营里程达597.2万列车公里,运行图兑现率99.9%,列车正点率99.9%。2021年7月1日,长沙磁浮快线完成第一阶段提速,实现既有车辆提速至110 km/h及一列新增购车辆140 km/h运营,获《人民日报》、新华社等央媒聚焦,这是湖南自主创新、我国磁浮技术商用的又一突破,让世界再次见证"中国速度"。一辆辆代表"中国制造"高度和创新能力的大国重器开向远方,成为各方报道热点。2022年7月1日,长沙磁浮快线完成全面提速,更多设计时速140 km/h的磁浮列车投入运营,给广大旅客提供了更加快捷的乘坐体验。长沙磁浮快线的提速,是湖南集聚各方力量,大力实施"三高四新"战略的又一成果。

长沙磁浮快线作为国内第一条商业运营示范线,既无成熟的运营经验可借鉴,又无现成的规章制度可复制,在借鉴国内地铁运营标准、行业标准、团体标准的基础上,结合磁浮运营实际情况,通过试运营六年多的不断优化,逐步形成较为完善的磁浮运营、施工、维护、应急处置标准体系。本书对从事磁浮交通运营的管理人员、工程技术人员及未来立志从事磁浮交通行业的高校学生有很好的参考价值。

本书主要从磁浮运营层面进行系统介绍,全书共分为11章。第1、2章主要介绍运营的基本概况、运营筹备、运营接管组织、试运行行车组织等内容;第3、4章主要介绍正线及车辆段行车组织、施工及检修管理等内容;第5~7章主要介绍磁浮特有维护装备、F轨、接触轨、磁浮道岔基础知识和运营维护,磁浮列车维护、故障管理、故障调查分析、维修质量控制,磁浮列车驾驶运作及应急处理流程等内容;第8章主要介绍车票管理、收益管理、票务清分结算等内容;第9章主要介绍安全管理和质量管理两部分内容;第10章主要介绍技术攻关和科研攻关两部分内容;第11章主要介绍行业推广、推广与培训、获得荣誉等内容。

本书由湖南磁浮交通发展股份有限公司抽调骨干力量参与编撰,各参编人员在编撰过程中对书的结构及编写内容提出了许多有益的建议,中车株洲电力机车有限公司等单位对本书的编写给予了支持,在此一并感谢!中低速磁浮交通运营管理与传统地铁既有共同点又有区别,运营管理尚处在摸索完善阶段,未来发展空间较大。由于时间仓促及受编者水平所限,不足之处在所难免,敬请广大读者、同行和有关专家批评指正,以便取得更大的进步。

周晓明

2022 年 8 月

目录 | 长沙磁浮快线运营管理实践

第1章	概述		1
	1.1	线路及车站	3
	1.2	主要机电设备	4
第2章	运营筹备		7
	2.1	人员定编与招聘	9
	2.2	人员培训与上岗	12
		2.2.1 培训与开发	12
		2.2.2 培训类别	13
		2.2.3 上岗培训周期	14
		2.2.4 培训课程管理	14
		2.2.5 上岗证件	15
	2.3	运营规章制度体系	16
	2.4	运营接管组织	19
		2.4.1 运营接管前提条件	20
		2.4.2 运营接管组织方式	21
	2.5	试运行行车组织	22
		2.5.1 试运行阶段划分	22
		2.5.2 试运行前提条件	23
		2.5.3 试运行工作安排	26
		2.5.4 运营安全管理	27
第3章	行车组织管理		29
	3.1	正线行车组织	31

	3.1.1	行车组织基础	31
	3.1.2	车站行车组织	40
	3.1.3	行车调度指挥	44
3.2	车辆段行车组织		54
	3.2.1	行车组织原则	54
	3.2.2	调车作业	55
	3.2.3	洗车作业	59
	3.2.4	调试作业	59
	3.2.5	非正常行车组织	61

第4章 施工及检修管理 … 63

- 4.1 正线施工及检修管理 … 65
- 4.2 车辆段施工及检修管理 … 68

第5章 磁浮特有设备设施维护 … 73

- 5.1 特有维护装备 … 75
- 5.2 F轨基础知识和运营维护 … 80
  - 5.2.1 F轨基础知识 … 80
  - 5.2.2 F轨运营维护 … 82
- 5.3 接触轨基础知识和运营维护 … 90
  - 5.3.1 接触轨结构 … 90
  - 5.3.2 接触轨系统设备维护工艺标准 … 90
  - 5.3.3 运营维护的主要内容及特点 … 101
- 5.4 道岔基础知识和运营维护 … 102
  - 5.4.1 道岔基础知识 … 102
  - 5.4.2 道岔运营维护 … 109
- 5.5 设备故障管理 … 116

第6章 磁浮列车维护 … 123

- 6.1 修程修制 … 125
  - 6.1.1 国内地铁维修模式现状 … 125
  - 6.1.2 长沙磁浮列车维修模式 … 125
- 6.2 维护重点与难点 … 128
- 6.3 车辆故障管理 … 130
- 6.4 重大故障调查分析 … 131
- 6.5 维修质量控制 … 132

第7章 磁浮列车驾驶运作及应急处理流程 … 135

- 7.1 作业安全基本原则 … 137

	7.2	磁浮列车驾驶运作	138
	7.3	正线运行规定	150
	7.4	应急处理流程	153

第8章 票务管理 167
  8.1 车票管理 169
  8.2 收益管理 174
  8.3 票务清分结算 175

第9章 安全及质量管理 177
  9.1 安全管理 179
    9.1.1 基础安全管理 179
    9.1.2 风险分级管控及隐患排查治理 184
    9.1.3 应急管理 187
    9.1.4 安全保护区管理 192
    9.1.5 承包商管理 195
  9.2 质量管理 197
    9.2.1 组织架构 197
    9.2.2 设备质量管理 200
    9.2.3 服务质量管理 201

第10章 技术攻关与科研攻关 205
  10.1 技术攻关 207
    10.1.1 磁浮车辆技术攻关 207
    10.1.2 设备设施技术攻关 211
  10.2 科研攻关 217
    10.2.1 "十三五"国家重点研发计划"磁浮车辆运用组织技术研究" 217
    10.2.2 省重大科技专项"中低速磁浮列车成套技术工程化与高可靠运营示范" 220
    10.2.3 省科技创新计划"160 km/h快速磁浮列车研制与示范" 225

第11章 交流与推广 227
  11.1 行业推广 229
  11.2 推广与培训 230
  11.3 获得荣誉 232

附录 大事记 235

第 1 章

概 述

长沙磁浮快线自2016年5月6日开通试运营以来,截至2021年12月31日,已安全运营2 066 d,累计开行30.3万余列次,行车间隔从最初的24 min 30 s缩短至10 min,运行图兑现率99.9%。累计发送旅客超1 821万人次,总运营里程超562万km,列车正点率99.9%,最高日客流1.8万人次。运营服务时间为7:00—22:30,上线4列,备用1列,列车单程运行时间为140 km/h列车16 min、110 km/h列车17 min,站前单渡线折返,折返时间为3 min,行车间隔为10 min,图定载客179列次。

1.1 线路及车站

长沙磁浮快线从磁浮高铁站东广场北侧引出,向东沿劳动东路南侧走行,跨浏阳河后走行至劳动东路中央分割带,沿劳动东路向东至黄兴大道交叉前转向北,设磁浮㮾梨站后下穿沪昆高铁,之后线路沿黄兴大道中行至机场高速,向东上跨黄兴大道东半幅车道后沿机场高速公路南侧林带走行,过收费站后向北上跨机场高速公路,沿机场大道西侧走行0.5 km后再向东上跨机场大道后垂直接入T1、T2航站楼间连廊,线路长18.55 km。

全线设磁浮高铁站、磁浮㮾梨站、磁浮机场站三座车站,均为高架站。全线采用一个交路、正线双线运行模式,磁浮高铁站、磁浮机场站两端点站均采用单线模式,站前折返。车站特征见表1-1。

表1-1 车站特征

站 名	车站形式	结构类型	车站配线
磁浮高铁站	高架侧式	桥建合一	安全线
磁浮㮾梨站	高架侧式	桥建合一	渡线
磁浮机场站	高架侧式	桥建合一	故障停车线、安全线

1)磁浮高铁站

磁浮高铁站是长沙磁浮快线的起始站,车站位于长沙南站东站房的北侧,呈东西向布置,站房与长沙南站的出站平台及落客高架平台相接。

2)磁浮㮾梨站

磁浮㮾梨站是长沙磁浮快线中间站,车站位于长沙县㮾梨镇南端,黄兴大道与劳动东路交叉口,场地南侧为劳动东路,东侧为黄兴大道,北侧有沪昆高铁线横穿而过,磁浮㮾梨站出站后即下穿沪昆高铁线。

3）磁浮机场站

磁浮机场站是长沙磁浮快线的终点站，车站位于黄花国际机场 T1 与 T2 航站楼之间，垂直于 T1 与 T2 航站楼连廊，呈东西向布置，站房与 T1 和 T2 之间的连廊相接。

1.2　主要机电设备

1）车辆

长沙磁浮快线共计配属中低速磁浮列车 7 列，列车采用 3 辆编组，最高运行速度 100 km/h，采用 DC 1 500 V 接触轨供电。

2）信号

信号系统为点连式 ATP 防护系统，由正线及车辆段两部分构成。正线信号系统配置列车自动监控子系统（ATS）、计算机联锁子系统（CI）、列车超速防护子系统（ATP）；车辆段信号系统独立配置计算机联锁系统。

3）通信

通信系统由专用通信及公安通信两个相对独立的系统组成。专用通信系统由传输、无线通信、公务通信、专用电话、视频监视、广播、时钟、乘客信息显示、电源、集中网管、计算机网络等子系统组成。公安通信系统主要由视频监视、计算机网络及有线专用电话等子系统组成。

4）道岔

长沙磁浮快线采用关节型道岔，由主体结构、驱动、锁定、控制、信号等部分组成。按照结构组成和转辙后的线路状态分为单开道岔、三开道岔、对开道岔、单渡线道岔和交叉渡线道岔。

5）F 轨

F 轨是承受磁浮车辆悬浮力、导向力及牵引力的基础构件，是轨道结构最重要的部件。除传统钢轨具有的承受和传递列车重力、导向力、牵引力和制动力的功能外，还应与车上安装的电磁铁、直线感应电机和传感器构成电磁回路，实现悬浮、导向，以及牵引、制动及悬浮间隙测量的功能。

6）供电

供电系统包括外部电源系统、开闭所、中压供电网络、牵引供电系统、动力照明供电系统、电力监控系统。采用分散式供电方式，由地方电网变电站馈出 10 kV 进线电源，并经

10 kV 中压网络向沿线的牵引变电所供电。牵引供电制式采用在走行梁两侧绝缘敷设的 DC 1 500 V 正极轨受电、负极轨回流方式。

7) 自动售检票

自动售检票系统采用非接触 IC 卡作为单程票、储值票的全封闭式的票务管理系统，与长沙既有线网制式保持一致。本线接入长沙市线网清分中心，系统设备可满足长沙市轨道交通线网内无障碍换乘及与长沙市公交"一卡通"的兼容条件，实现各轨道交通线路之间和与城市公交卡之间的一卡通用。

8) 火灾报警及环境与设备监控

火灾报警及环境与设备监控系统采用中心、车站两级管理，中心、车站、就地三级控制的监控管理模式；通过通信提供的传输通道组建骨干网，在控制中心设置全线的消防控制中心。

9) 给排水与消防

采用城市自来水管网供水，生产、生活和消防用水共用水源。各种污水、废水分类集中处理，就近排放到城市管网。

10) 通风空调

集中空调冷热源采用屋顶式风冷热泵机组，专业设备机房采用多联空调系统。

消防泵房、会议室、卫生间、开水间及信号材料室设机械排风、自然补风；无外窗的检修室等设机械送排风。

11) 安防及门禁

安防及门禁系统由车站和车辆段两部分构成。车站安防系统主要由门禁、紧急告警和可视对讲系统构成，车辆段安防系统主要由电视监控、门禁、防盗报警、电子围墙、电子巡更和停车场管理系统构成。

12) 电扶梯、站台门

在车站出入口、站厅至站台间设置了自动扶梯和自动人行道。在车站内设置无障碍垂直电梯，方便残障人士及携带大件行李旅客出行。自动扶梯、自动人行道均采用变频启动和节能模式设计。车站站台采用的站台门系统主要由控制系统、固定门、滑动门等部分组成。

第 2 章

运营筹备

2.1　人员定编与招聘

人力资源的筹备既要建立与企业发展战略相匹配的管理体系,又要做好企业发展需要的人力资源储备。长沙磁浮快线既有市场化条件下的一般企业特性,也有新兴行业管理的特点,两者合一的人力资源管理才能实现可持续发展。岗位定编、人员招聘、培训上岗等人力资源管理在遵循系统化、市场化的前提下,还要考虑与组织架构、运营模式、设备设施相匹配,同时还应考虑培育一专多能、一岗多能的人才队伍,以实现组织目的,为磁浮交通安全、经济、高效、发展做好人力资源保障。

1) 岗位种类

长沙磁浮快线按照职位、职级对各层级岗位进行管理,其中职位是指承担一系列工作职责的员工所对应的组织位置,是组织构成的基本单位,包括职位序列和职位类别;职级是指一定岗位层次所对应的级别。职级是体现岗位、能力、业绩、资历的综合标志,也是确定员工薪酬及福利等待遇的重要依据。

长沙磁浮快线根据岗位性质的不同,将岗位分为行政管理系列、职能系列、技术系列、技工系列、客服系列,其中客服系列包括站务类、磁浮列车司机类、调度类和生产调度类。

行政管理系列分为科长助理/主任助理、副科长/副主任、科长/主任/部长助理、部门副职、部门正职/总经理助理、监事会主席/公司副职/总工程师/纪委书记/工会主席/同职级岗位、公司正职。专业序列中职能类分为办事员、业务助理、业务主办、业务主管、业务经理;技术类分为技术员、技术助理、技术主办、技术主管、副主任工程师、主任工程师、副总工程师。操作序列中站务类分为站务员、值班员、值班站长、副站长、站长;司机类分为司机、派班员、初级乘务主管、高级乘务主管、首席司机、资深乘务主管;调度类分为生产调度、系统调度、车辆段调度、行车调度、值班主任、调度主任;检修类分为技工、初级技师、中级技师、高级技师、首席技师。

2) 岗位编制依据

(1) 编制依据文件。根据《长沙磁浮工可研报告》文件,岗位编制参照长沙磁浮快线各专业系统的设备功能、技术指标、运作与维修模式的设计,以及各专业系统的组织机构与定员标准进行计算。

(2) 岗位定员与各系统设计单位的变量关系。编制定岗定编方案时,应考虑运营人员的需求与磁浮各系统具体设计因素存在的变量关系,具体的变量关系包括如下内容:

① 线路里程数是线路检修、桥梁检修、信号检修、供电检修专业的主要定员依据。

② 车站数、客流量、运营时间是站务人员定员的主要依据,同时车站结构和客流量大小也对站务人员的需求有一定影响。

③ 机电设备数量跟车站数量有关,机电检修人员可以根据车站数为变量进行定员。

④ 上线列车数、运营时间、行车组织模式是列车司机定编的主要依据。

⑤ 到段车辆数及上线列车数决定了车辆日常性维护、小修、中修、大修的作业量,是车辆及车辆设备检修专业的主要定员变量。

⑥ 系统与车站设备数是 AFC 与通信系统专业定员的主要变量。

⑦ 职能管理类岗位编制主要依据组织架构、业务分工、业务流程、工作量大小及一线运营人员的数量来配置。

3) 人员配置情况

根据《长沙磁浮工可研报告》文件,参照磁浮项目各专业系统的设备功能、技术指标、运作与维修模式的设计及各专业系统的组织架构进行计算。

长沙磁浮快线人员定编在《长沙磁浮交通工程设计暂行规定》中运营管理章节明确的长沙磁浮工程运营人员定员不宜超过 50 人/km 的标准上,按照"精简高效、节约成本"设置理念,依照业务分工、业务流程、工作量多少进行岗位设置,通过采用合并部门职能、整合业务模块、强化部门核心技术、主导关键岗位及自主维修与委外维保并用等措施,长沙磁浮快线按照 25 人/km 进行配置。

按照岗位职级分类方式,其中行政管理系列定编人数约为 10%,专业序列定编人数约为 20%,生产序列定编人数约为 70%。

在运营筹备初期,各岗位人员任职条件按照岗位的不同,要求也有所不同,例如:生产部门的部门级副职管理岗位任职条件要求具有 10 年及以上地铁或铁路相关工作经验,且具有 1 年及以上车间(室)副主任及以上同等岗位管理工作经验(已开通运营的单位),本科及以上学历;生产部门的车间(室)级管理岗位任职条件要求具有 8 年及以上地铁/铁路相关工作经验(已开通运营的单位),其中 1 年及以上技术主管或同等岗位管理工作经验,本科及以上学历;车站站长、总调度室调度主任、车辆段值班主任任职条件要求具有 6 年及以上地铁相关工作经验(已开通运营的单位),其中 3 年及以上调度、技术或班组管理工作经验,本科及以上学历;技术管理岗任职条件要求具有 4 年及以上本专业相关工作经验,大专及以上学历;生产岗任职条件要求具有 2 年及以上地铁/铁路/本专业相关工作经验,大专及以上学历。

4) 招聘策略

根据轨道交通运营人员招聘环境现状,参照其他地铁运营人员筹备经验,从高效运营筹备并保障顺利运营的角度考虑,长沙磁浮快线采用以下招聘策略:

(1) 人才本地化策略。鉴于湖南省城轨和铁道行业人才输出能力较强,人才本地化策略是长沙磁浮快线提高招聘效率、稳定员工队伍、正常开通运营的有效保障。

（2）关键岗位优先策略。对于关键岗位的专业技术人员、运营管理人员、生产人员，采取招聘前置的原则，保证关键岗位人员提前招聘。

（3）联合办学策略。考虑到招聘难度和培养时间，一线生产运作技能人员采用与大中专院校开展联合办学、委托培养、订单班培养等方式，提前预订招聘人员。

（4）成本控制策略。在时间和数量上根据轻重缓急留有适当的余地，以结合工程概算的金额，合理安排人员批次的招聘时间及到位时间，有效控制人员薪酬总额。

（5）适当储备策略。对于行业内专业与岗位比较紧缺的关键岗位，如铁道信号、供电、调度与司机等专业的招聘需给予一定储备量，重点开展生产岗位订单班招聘与大学生校园招聘工作。

（6）动态管理策略。由于运营人员的招聘受较多不确定因素的影响，制定的招聘计划与人员到位情况通常会存在一定的差异性。

（7）吸引人才政策性倾斜策略。引进专业技术管理人才的难度相对较大，为了能够引进中高端运营管理与专业技术管理人才，通过采用高职名聘用、引进股东单位高端人才等方式来吸引人才。

5）招聘渠道与途径

参照国内同行人员招聘的经验，人员招聘的途径主要有公司内部调配、订单班培养、校园招聘、行业内推荐、猎头网站招聘、公司网站社会招聘、人才市场招聘等多种途径。

（1）中高层管理人员的招聘。采用"内外兼顾，先内后外"的原则，主要目的是为内部员工提供更多的职业发展空间。对于内部稀缺的中高层管理技术人才，采用公开对外方式进行社会招聘。

（2）技术骨干及高技能人才的招聘。骨干技术技能人员包括技术主管/主办、工班长（高级工）等岗位，也包括专业性较强、培养周期较长的关键岗位人员，如调度系列岗位，信号、通信、变电接触轨等专业高级工岗位，对于这些骨干技术技能人员的招聘，坚持"社会招聘为主、校园招聘为辅"的原则组织实施。

（3）基层员工的招聘。基层员工分为一般生产岗位员工（初/中级工）和主办及以下技术员工。

① 一般生产岗位员工。提前1~2年以订单班或委托培养的方式，以在学校批量培养为主。

② 技术人员。通过人才市场招聘、网络招聘、校园招聘等方式招聘人员。

2.2 人员培训与上岗

2.2.1 培训与开发

运营培训组织阶段划分为运营筹备期培训组织阶段、运营培育期培训组织阶段和运营成熟期培训组织阶段。

1) 运营筹备期培训组织阶段

此阶段运营培训工作刚刚起步,无完整的培训组织机构、培训师队伍、课程大纲和培训设备设施支持体系,没有形成良好顺畅的培训运作体系,主要工作是围绕运营顺利开通运行的总任务而实施。

(1) 根据运营筹备阶段的培训规模,建立适合现阶段业务发展的运营培训组织机构及培训管理网络。

(2) 初步建立一支司内培训的内训师队伍,培养司内关键专业的兼职或专职内训师。

(3) 建立满足长沙磁浮快线及近期开通后续线路人员培训规模的培训设备设施培训支持体系。

(4) 建立运营筹备阶段培训管理制度体系,确保运营筹备期培训工作的顺利开展。

(5) 确保新线开通关键岗位管理人员、关键技术岗位技术人员符合磁浮正常运营管理与技术的标准要求,确保新线的顺利开通与运营运作。

(6) 确保新线开通各生产岗位人员符合各岗位专业要求,合格上岗,合格持证率为100%。

(7) 建立人员上岗考核程序、标准、认证体系。

2) 运营培育期培训组织阶段

此阶段运营培训组织已具备运营人员培训规模,培训机构分工明确,初步具备司内培训师队伍,具备磁浮各专业初中级课程能力,初步具备磁浮各专业系统课程体系,培训设备实施规模扩大,满足运营人员司内培训,培训管理制度体系较为完善,能保证培训运作正常顺利展开。

(1) 对未来5~10年做培训规划,加强与完善培训组织机构中生产部门及分部培训组织的建立。

(2) 注重公司内部培训实力的培养,通过多种培养途径打造一支具备较强磁浮专业课程能力的内训师队伍。

（3）完善磁浮各专业课程体系，在现有的各岗位、各专业课程体系的基础上，培训组织具备各岗位、各专业初、中课程的开发能力。

（4）扩大培训设备设施规模，具备司内专业技能实训基地的建设及电子学习平台的建设能力与措施。

（5）建立公司内培训组织的评估体系、培训激励机制，加强与完善各岗位、各专业技术、管理，以及高技能、技能型人才晋级晋升考核体系的建设。

（6）建立公司管理、技术、技能人才各岗位能力模型，在此基础上开展各项培训，通过培训激励与考核机制确保运营人员岗位胜任能力合格率为100%。合理调整管理、技术、技能各岗位人员的层级比例，为后续线网开通与发展提供必要的管理、技术与技能人才储备。

3）运营成熟期培训组织阶段

此阶段公司培训组织满足各种运营规模下运营人员的培训需求，具备完善的培训组织体系、培训管理制度体系、课程开发体系、培训设备实施支持体系及培训评估与考核体系，拥有一支专业技术精湛、课程培训能力强的内训师队伍，培训管理人员具备丰富的实践经验，达到培训管理顾问水平。培训资源齐备，具备对外接纳同行单位新员工培训能力。

（1）从培训组织、培训能力向行业企业大学培训能力转化，培训管理职能完全独立，培训工作重心为建立知识管理与技术技能学习型组织。

（2）在现有的各岗位、各专业课程体系的基础上，开发行业专业精品课程的能力。

（3）建立专业内训师培养平台与输送渠道，塑造具备公司特色的企业文化与培训文化。

（4）建立员工网络学习平台，建立线网运营条件下的培训资源信息库，建立行业专业课程培训与技能实训基地，改善培训组织、培训课程、培训制度、培训激励等体系，成为国内行业中的标杆。

2.2.2 培训类别

人员培训类别根据组织人员配置的类别可分为管理类培训、专业技术类培训、班组长类培训、生产岗位类培训、新员工培训。

1）管理类培训

管理类培训主要针对公司专业职能类、管理类及部分技术管理类人员进行培训。主要内容包括战略思维、团队建设、组织沟通、行政、人力、党群、监察审计、财务、企业管理、信息技术、计划调控、物资管理、安全管理、运营管理、维修管理等方面的培训。

2）专业技术类培训

专业技术类培训主要针对磁浮各系统、各专业技术人员的培训，包括技术管理人员和专业技术人员。主要内容包括轨道交通车辆技术、信号技术、通信技术、线路技术、桥梁技术、AFC系统技术、综合监控技术、车站机电设备（风、水、电）技术、磁浮消防综治管理、行车组织调度、票务管理等方面的培训。

3）班组长类培训

班组长类培训主要包括对行车值班主任、车站值班站长、各专业工班长、各类调度和车队长的培训。主要内容包括各专业技术、班组管理技巧、规章规程与手册、服务意识、团队建设、组织沟通、安全管理、应急应变和新技术等方面的培训。

4）生产岗位类培训

生产岗位类培训包括站务系列岗位生产人员、乘务系列岗位生产人员（工程车司机、磁浮列车司机）、车辆检修工、信号检修工、通信检修工、机电检修工、供电检修工、AFC设备检修工、线路检修工等人员的培训。主要内容包括上述岗位知识与技能培训，即各岗位的应知应会培训。

5）新员工培训

新员工培训是公司新员工入司培训，指各专业、各岗位、各层级员工融入企业文化、适应企业环境、转换角色的培训。主要内容包括公司企业文化、公司管理制度、安全教育、磁浮运营管理、维修管理、职业道德等方面的培训。

2.2.3 上岗培训周期

（1）技工系列岗位人员中无岗位工作经验（含应届毕业生）上岗培训周期在3～5个月，有相关岗位工作经验的上岗培训周期在1～3个月。

（2）客服系列岗位人员中，站务类无岗位工作经验（含应届毕业生）上岗培训周期在3～4个月，有相关岗位工作经验的上岗培训周期在2～3个月；磁浮列车司机类无岗位工作经验（含应届毕业生）上岗培训周期在6～8个月，有相关岗位工作经验的上岗培训周期在2～3个月；调度类无岗位工作经验（含应届毕业生）上岗培训周期在8～12个月，有相关岗位工作经验的上岗培训周期在4～6个月；生产调度类无岗位工作经验（含应届毕业生）上岗培训周期在4～6个月，有相关岗位工作经验的上岗培训周期在2～3个月。

2.2.4 培训课程管理

根据各类人员岗位培训需求与岗位素质能力要求采取不同的培训课程与内容，人员培训基本课程包括以下内容：

（1）通用管理类培训课程包括计划管理、项目管理、合同管理、会议管理等课程。

（2）领导力类培训课程包括战略思维、团队建设、组织沟通、人员管理、领导力提升等课程。

（3）职能专业类培训课程包括行政、人力、党群、监察审计、战略、财务、企业管理、信息技术等专业课程。

（4）专业技术类培训课程包括机电、供电、车辆、通信、信号、工建、AFC等技术类课程,其中机电包括环控、给排水、电扶梯、屏蔽门、BAS、FAS、气体灭火等专业课程,运营筹备与管理专业课程。

(5) 站务系列专业技能培训课程包括站务员、值班员、值班站长岗位理论与实操类课程。

(6) 乘务系列专业技能培训课程包括磁浮列车司机、车辆段调度、值班主任岗位理论与实操课程。

(7) 调度系列专业技能培训课程包括调度主任、行车调度、系统调度岗位理论与实操课程。

(8) 车辆专业技能培训课程包括车辆检修工理论与实操课程。

(9) 综合机电维修类专业技能培训课程包括通信检修工、信号检修工、接触轨检修工、线路检修工、工建维修工、AFC设备检修工,以及环控、给排水、电扶梯、屏蔽门、BAS、FAS、气体灭火等设备检修工理论与实操课程。

(10) 安全教育课程包括通用安全知识、接触轨区域作业安全知识、磁浮消防安全知识、部门及班组现场设备操作安全规范。

2.2.5 上岗证件

1) 证件种类

(1) 岗位资格证。指生产岗位员工为达到适岗应岗目的,按照生产岗位培训考核大纲、岗位职责和工作标准完成岗前培训,并通过上岗考试后,获得公司颁发的岗位资格证。生产岗位新员工必须通过岗前培训获得岗位资格证方可上岗,新员工培训分为入司教育、岗前理论培训、现场跟岗培训和考核评估四个阶段。

(2) 特种作业。指由国家应急管理部门核定,容易发生人员伤亡事故,且对操作者本人、他人的生命健康及周围设施的安全可能造成重大危害的作业。特种作业人员经考核合格取得特种作业操作证后,方可上岗作业。

(3) 特种设备操作/安全管理。指由国家市场监督管理部门核定,从事电梯、起重机械、场(厂)内机动车辆等特种设备的作业及管理工作。特种设备操作人员经考核合格取得特种设备作业证后,方可从事相应的作业及管理工作。

(4) 司内特殊作业。指在国家相关行业标准及国内其他轨道交通同行单位有所涉及,但无法通过社会通用工种培训取证来满足长沙磁浮快线上岗要求,需要通过长沙磁浮快线内部强化培训、考核的作业项目。

2) 持证人员范围

(1) 岗位资格证适用于一线所有生产岗位员工。

(2) 下列特种作业、特种设备操作/安全管理、司内特殊作业的从业人员,需取得相应的证件后方可进行相应设备操作或管理:

① 系统调度员:高压电工作业证、低压电工作业证。

② 调度主任、行车调度员、车辆段调度、站长、值班站长、值班员：信号系统操作证。

③ 车辆检修工：高压电工作业证、低压电工作业证、高处作业证、无损检测证、静调电源柜操作证、隔离开关操作合格证、洗车机操作证、五防系统断送电操作证。

④ 通信检修工：低压电工作业证、高处作业证。

⑤ 信号检修工：低压电工作业证、高处作业证、信号系统操作证。

⑥ 自动化检修工：低压电工作业证、高处作业证。

⑦ 综合机电检修工（变电专业）：高压电工作业证、电气试验证、供电安全合格证。

⑧ 综合机电检修工（接触轨专业）：高压电工作业证、高处作业证、隔离开关操作合格证、供电安全合格证。

⑨ 综合机电检修工（机电专业）：制冷与空调作业操作证、低压电工作业证、高处作业证、特种设备安全管理证A（电梯安全管理方向）。

⑩ 综合机电检修工（工建专业）：高处作业证。

⑪ 站务系列、食堂管理人员：健康体检合格证。

⑫ 副主任及以上管理人员、专职安全管理人员：安全培训合格证。

⑬ 值班员、值班站长：中级消防设施操作员证、特种设备安全管理证A（电梯安全管理方向）。

⑭ 消防监察：中级消防设施操作员证。

⑮ 设备工程师、设备技术员、设备监察：特种设备安全管理证A（场内专用机动车辆安全管理方向、起重机械安全管理方向）。

⑯ 国家规定的其他特种作业。

（3）在管辖范围内进行施工作业、设备设施维护调试、房屋建筑施工、广告安装各类施工作业的负责人必须接受施工负责人的培训，持施工负责人证上岗。

（4）所有进入接触轨区域作业的员工和承包商作业人员必须接受接触轨区域安全培训，考试合格后颁发接触轨区域作业安全培训合格证，凭证进行作业。

2.3 运营规章制度体系

建立健全运营规章制度体系不是简单地更换规章制度名称，而应以企业创新为目标，深化企业的人事、财务、生产等规章制度，不断适应由建设期向运营期转型的需要，建立健全运营规章制度体系，深化内部管理体制改革，实现企业管理科学化，是公司发展的必然选择。

1) 磁浮运营制度体系的发展历程

湖南磁浮交通发展股份有限公司从 2014 年成立至今,为高效平稳应对自主施工和自主管理中面临的各种问题,紧靠国家相关法律法规和行业规范,最初将公司规章制度划分为综合管理类、党群类、行车客运类、技术管理类、工程安全管理类五类管理规范,通过不断的积累和摸索,2019 年结合长沙磁浮快线实际生产需求和参考轨道交通行业经验,将原有的五类管理规范通过专业细分,优化为三类管理标准、46 个专业属类,形成磁浮特色标准体系(表 2-1)。长沙磁浮快线目前的规章制度标准体系不但强化了运营生产、精细化了管理等要求,还使企业在生产、经营、管理领域形成科学有效的有机整体,为公司发展奠定了坚实基础。

表 2-1 长沙磁浮快线规章制度标准体系

类别	类别代码	属类	属类代码	类别	类别代码	属类	属类代码
管理标准	1	行政管理	101	技术标准	2	应急预案	201
		人力资源管理	102			调度专业	202
		财务管理	103			站务专业	203
		党工团管理	104			车辆专业	204
		安全管理	105			乘务专业	205
		技术管理	106			工艺设备专业	206
		质量管理	107			自动售检票专业	207
		行车管理	108			自动化专业	208
		生产管理	109			信号专业	209
		设备管理	110			通信专业	210
		培训管理	111			变电专业	211
		物资管理	112			房建专业	212
		票务管理	113			机电专业	213
		服务质量管理	114			低压动照专业	214
		经营管理	115			桥隧专业	215
		招投标和合约管理	116			给排水专业	216
		节能环保管理	117			接触轨专业	217
		职业健康管理	118			线路专业	218
		信息化管理	119	工作标准	3	决策层	301
		企业文化管理	120			中层管理人员	302
		后勤管理	121			一般管理人员	303
		治安保卫管理	122			操作人员	304
		体系管理	123			服务人员	305

2）长沙磁浮快线运营规章制度编写要素

规章制度名称既要简明、准确地反映其所包含的内容，又要与其他类似的规章制度有所区别。管理标准可根据作业的具体内容、划分层级命名为管理办法、管理细则、管理规定、操作手册等；技术标准可根据作业的具体内容、划分层级命名为维修检修处理规程、管理细则等。经审定的磁浮公司规章制度为受控文件，起草部门应在文件中添加"受控文件"水印，归口管理部门在复审中审核水印格式。规章制度编号由归口管理部门统一编制、下发，在规章制度通过评审后，从归口管理部门（规章制度管理员）获取文件编号。

磁浮公司规章制度由封面、目录、正文和相关记录四部分组成。

（1）规章制度封面应登记规章制度名称、规章制度编号、版本号、编制人和审批人等信息。封面、首页及内页幅面均采用 A4(210 mm×297 mm)纸张，规章制度标题名为"湖南磁浮交通发展股份有限公司企业标准"。

（2）规章制度的目录按条款的内容及相关记录的标题及所在页码设置，规章制度目录最多设到三级。

（3）规章制度正文应包括以下内容：目的、范围、引用标准、术语及定义、总则、正文内容等。

① 目的。不设段落编号，内容主要是制定该规章制度的目的及其他需要说明的内容等。

② 范围。不设段落编号，用于规定本规章制度的约束范围。

③ 引用标准。不设段落编号，用以列明编制的规章制度中所引用、借鉴到的其他标准、规定、办法、制度等。如果没有引用、借鉴到，可以不设引用标准。

④ 术语及定义。不设段落编号，规章制度中采用的术语、符号、代号在现行的上级文件中尚无规定时，应在该规章制度中给出定义或说明。在给出定义或说明时，应简明、准确，注意遵守有关规章制度的规定。如没有上述情况发生，可以不设术语及定义。

⑤ 总则。设置段落编号，按条款编号（如 5.1、5.2……）依次列出，用以对本规章制度的主要内容进行概括性说明，如不需要可以不设。

⑥ 正文内容。段落编号按上文依次确定，用于书写规章制度的主要内容，内容须条理清楚，按条款编号（如 6.1、6.2……）依次列出。

（4）相关记录。不设段落编号，在附录说明后另起新页书写。

附录应在目录及附录中标明"资料性附录""规范性附录"，在正文中应有呼应。附录必须设标题，附录中条文的编号方法、排列格式与规章制度条文相同，但必须在其编号的前面加上附录的编号，如附录 A 的条款编号用"A1、A1.1、A1.1.1……"表示；资料性附录一般为体系流程、书写示例、格式要求、指示图片，规范性附录一般为规范表格；"附录"两字写在附录条文上方居左位置，单独占一行。附录均用大写拉丁字母从 A 起顺序编号，编号在"附录"两字后面，如"附录 A、附录 B……"。

3）磁浮运营规章制度体系的下一步优化规划

随着磁浮产业结构的变化，在保持长沙磁浮快线现有规章制度稳定性、完整性、系统性和可操作性的同时，及时更新管理模式和管理理念，在实践和探索中不断完善运营规章制度体系、优化管理配置，是长沙磁浮快线运营规章制度体系的下一步优化方向，在此基础上建设拥有自身特色的规章制度标准化行业体系更是长沙磁浮快线运营规章制度体系的下一步发展目标。为坚定地朝这一目标行驶，更让内部管理体系达到良好运转和持续的改进，后续将在以下几个方面进行深耕细作：

（1）根据贯标三体系完善磁浮运营规章制度标准体系。下一步规划以企业标准体系为管理框架，将质量、环境、安全等标准要求和相关的管理工具与方法融入企业的管理标准、工作标准、技术标准、考核评价标准和人力资源管理体系之中，并以此作为企业各工作层面、各工作岗位的工作指南和评价准则。在推行此项工作计划时，将同步保证规章制度体量的优化，摒除规章制度数量繁臃弊端，精简规章制度数量，简化规章制度流程，这在规范长沙磁浮快线运营管理、提高长沙磁浮快线运营服务质量的同时，也为磁浮贯标奠定了坚实基础。

（2）打造首套磁浮特色运营规章制度标准体系。作为首条拥有自主知识产权的磁浮运营示范线，长沙磁浮快线结合自身发展特点与运营生产实际情况，将创新思维、创新技术进行规范化、制度化，以坚持深化改革与发展为着力点，时刻提升自身管理运营水平，是推动磁浮产业传承与发展的基础。磁浮规章制度作为管理理念和技术操作的输出载体，具有可执行、可复制、可推广的通用性。凤凰磁浮等公司咨询培训的成功案例，用实际证明了磁浮运营规章制度体系的发展是具有前瞻性的，下一步在持续保持规章制度体系改进方向的同时，以创新引领为亮点，将是推动规章制度体系输出和推广的重要宗旨。

（3）层层压实运营规章制度标准体系建设成果。服务生产经营、保障运营安全、提高服务质量、推动科研技术提升一直是磁浮运营规章制度体系持续发展的目标，为更快更好地达成这一目标，长沙磁浮快线一方面对最新发布的规章制度及时宣贯，并就重点内容深入一线随机抽问，保证员工对规章制度的掌握力度，另一方面结合磁浮线路运营 6 年积累的生产经验，着重将生产频繁使用的标准汇编成册，做到流程和要素全覆盖，以便员工使用和操作。两者相辅推进，不仅强化了规章制度的执行，提高了规章制度的操作性和便利性，更进一步提高了企业的生产力。

2.4　运营接管组织

试运行前，磁浮公司与建设管理单位完成属地管理权、设备使用权和调度指挥权移交,即"三权移交",按运营需求完成运营初期必需备品备件的移交,完成限界检测、冷热滑、综合联调等有关检测记录、调试报告和设备维护、操作手册等资料的移交。

2.4.1 运营接管前提条件

1)总体条件

车辆段及所属设施设备在"三权"移交前须完成单位(子单位)工程验收,正线轨行区及行车相关设备、正线车站、控制中心在"三权"移交前须完成项目工程验收。无法完成验收的项目按照甩项工程对待,并明确甩项工程项目的完工期限,涉及轨行区的工程项目不能有甩项;影响试运行及行车安全的问题整改完毕。

供电专业已制定临管方案,其他专业已制定试运行保障方案并正式实施。

2)分项条件

(1)车辆段及所属设施设备"三权"接管前提条件。

① 综合楼具备生产办公条件,车场控制中心(DCC)、物资总库、危险品库、公寓、食堂、材料棚可以正常投入使用。

② 车辆段生活设施水、暖、气与市政接驳到位,通风空调、低压配电与照明、给排水设备均已完成安装调试,并已正常投入使用。

③ 车辆段接管区域内线路、接触轨(网)及其他轨旁设施应经限界检查合格,完成接触轨冷滑及热滑试验,接触轨验收合格,可正常投入使用,签署车辆段电力调度协议,所有轨道具备行车条件。

④ 车辆段范围内线路、行车、安全标志全部安装完成,并完成验收,必备消防器材、应急设备等要配置到位,安防系统可正常投入使用。

⑤ 接管区域轨行区围网及接触轨供电分区间的隔离网栅已安装完毕并投入使用。

⑥ 为确保车辆段接管区域与非接管区域接口安全,应在出、入段线路中间设置铁三角支架(支架上设红闪灯24 h防护),完成临界分隔,隔断与正线施工单位的线路连接,并就近设置临时岗亭和监控,防止车辆违章出入、误入已移交运营的区域。

⑦ 信号系统实现微机联锁、微机监测系统功能,取得车辆段信号系统设备安全认证。

⑧ 通信专业实现专用电话、公务电话、无线调度功能。

⑨ 供电系统短路试验完成,已带电安全运行48 h以上。

⑩ 各工程车、车辆段工艺设备集成包中设备完成各项检查、试验(含牵引力试验、持续运行试验),各项功能实现且通过预验收。

(2)正线轨行区及行车设备"三权"接管前提条件。

① 区间桥隧及其附属结构结构稳定,限界检查合格,已完成冲洗,施工残料及垃圾清理完毕,无影响结构功能的裂纹、沉降、缺损、渗漏水等重大问题。

② 开通线路终端需设置便于拆装的临时车挡。

③ 接管区已完成接触轨冷滑及热滑试验,接触轨验收合格,可正常投入使用,低压配

电具备正常供电功能,变电所具备电力监控功能。

④ 通信系统完成安装及单系统调试,专用电话、公务电话、无线通信达到设计功能,可正常使用。

⑤ 信号系统取得信号联锁安全认证及允许多车安全认证。

⑥ 站台门安装完毕,滑动门、应急门及端门可正常锁闭。

⑦ 风水电专业完成子单位工程验收工作。

(3) 控制中心"三权"接管前提条件。

① 控制中心生产、办公及生活用房可正常投入使用,相关消防报警及灭火系统功能完善并投入使用,完成消防验收。

② 信号、通信、综合监控系统等设备系统完成综合联调和单位工程验收,达到设计功能。

③ 控制中心的门禁已全部安装并正常投入使用,对非接管区域与接管区域的接口区做好安全隔离。

④ 控制中心配置可监控全线列车及车站情况的大屏,可正常投入使用。

⑤ PSCADA 系统完成调试,实现中央监控功能及故障状态下供电方式切换功能。

(4) 正线车站"三权"接管前提条件。

① 生产、办公用房可正常投入使用,相关消防报警及灭火系统功能完善并投入使用。

② 车站出入口、公共区、设备区完成装饰装修,无大面积切割地砖等产生粉尘的施工作业。

③ 车站至少一个出入口完成装修,卷帘门正常使用,其余可进入车站内通道、风亭进行围蔽(临时围蔽不低于 2 m),防止外部人员擅自进入。

④ 正线供电系统短路试验,供电设备带电安全运行 48 h 以上。

⑤ 车站完成消防验收,消防设施具备正常使用功能,各区域按照要求配备了移动手提式灭火器材,并提供站内消防设施点位图。

⑥ 安全标志、安全用具和安全警示牌配置到位。

2.4.2 运营接管组织方式

为了顺利完成开通试运营的时间目标,运营接管采用分站点、分区段、分时段、分专业的运营接管方式。主要分为车辆段及车辆专业组、控制中心及车站专业组、正线专业组、供变电专业组等各专业小组。各专业小组按照各接管方案和要求实施接管并进行管理。

在接管站务工作的同时,车站内设施设备的接管也是确保运营接管工作顺利开展的重要环节,其中车站各系统设施设备的可控性和稳定性与岗位配备人员的经验技术密切相关,在接管设施设备的同时,还要预设考量相对应的岗位技术人员。同时在接管过程中维保方式应坚持依托自身能力开展维修及维保工作与委外维保相结合的方式,来实现车站设施设备的接管工作。

2.5 试运行行车组织

通过模拟开通后的真实运营环境,带动各岗位间联动,检查调度、车站的组织协调、应急处置能力和相互间的磨合度,便于各专业正确掌握时刻表特点。检验运营时刻表各项技术参数的准确性、稳定性,对列车区间运行时分、停站时分、折返时间、出入车辆段作业时间进行准确测定,使运营时刻表运营参数更加科学合理。

为顺利开展试运行工作,成立试运行领导小组,下设试运行工作小组,负责筹备、指挥、管理、协调试运行过程中的各项工作,确保试运行的顺利开展,实现试运营目标。

2.5.1 试运行阶段划分

1) 第一阶段:2015年12月26日—2016年1月26日(表2-2)

表2-2 试运行第一阶段

项 目	时 间
	2015年12月26日—2016年1月26日
运输计划(交路)	磁浮高铁站—磁浮机场站下行线单线双方向运行
运行周期	53 min
上线列车	1列
行车间隔	53 min
驾驶模式	NRM模式

2) 第二阶段:2016年1月27日—2月29日(表2-3)

表2-3 试运行第二阶段

项 目	时 间
	2016年1月27日—2月29日
运输计划(交路)	磁浮高铁站—磁浮机场站
运行周期	53 min
上线列车	2列

(续表)

项 目	时 间
	2016年1月27日—2月29日
行车间隔	26.5 min
驾驶模式	CM模式

3) 第三阶段：2016年3月1—30日(表2-4)

表2-4 试运行第三阶段

项 目	时 间
	2016年3月1—30日
运输计划(交路)	磁浮高铁站—磁浮机场站
运行周期	49 min
上线时间	8：00—20：00
上线列车	2列
行车间隔	24.5 min
备用车	库备车1列
驾驶模式	CM模式

2.5.2 试运行前提条件

1) 第一阶段前提条件

(1) 设施设备试运行前提条件。

① 全线通过限界检查,符合设计速度的运行要求。

② 信号系统。车站、轨旁设备完成安装,信号厂家必须提供全功能(联锁)非载客安全认证证书。

(2) 司机按照开通运营的标准配备在岗并取得合法合规的上岗证,并按照岗位流程要求上岗开展正常生产运作。

(3) 提供一列测试完成且已签署PAC的具备信号车载功能和无线调度通信功能等上线条件的磁浮列车供上线运行。

(4) 每天试运行前,应结束所有施工检修作业,完成地线的拆除工作,保证正线线路出清。

2) 第二阶段前提条件

(1) 各车站、各维修工班全部完成车站的进驻并开始正常生产运作。

(2) 站务、司机、调度、设备维修、车辆维修人员全部按照开通运营的标准配备在岗并取得上岗证,并按照岗位流程要求上岗开展正常生产运作。

(3) 设施设备试运行前提条件。

① 车站主体。车站土建及装修工程应确认不存在对运营安全构成威胁的工程缺陷。在移交前车站完成(单位)子单位验收的,须确保站内装修工程完成,最少有一个出入口达到移交条件。

② 土建与轨道工程。区间全线贯通,土建与轨道工程完成单位(子单位)验收,影响行车安全的桥梁结构、轨道等问题应整改完成。

轨行区接管前施工作业基本完毕,轨面无障碍,区间无垃圾及其他遗留物,满足行车要求;轨行区范围内的设备设施应经限界检查合格。

轨行区线路、安全标志全部完成安装;轨行区安装的线缆、吊装设备设施必须安装牢固无松脱。

车辆段轨道铺设完毕并符合设计要求,满足行车条件;相关安全标志已全部安装完毕;行车限界符合要求。

③ 供电系统。

a. 变电所工程。供电专业完成单位(子单位)工程验收和缺陷处理;各牵引降压混合所、区间所及环网电缆等设备安装调试完毕,具备送电条件并已投入运行,所有功能均已完全具备,且工作状态良好;变电所配备足够的安全器具(接地线、验电器、绝缘手套、安全帽、标示牌等)和工器具;变电所设备厂家提供设备图纸、设备操作手册、设备维修手册;设计、施工单位提交正式的设备安装施工竣工图纸、设备系统连接图、技术规格书、设计联络文件等相关技术资料;电力监控系统完成安装和调试,实现站级控制功能,具备对接触轨及变电所设备的中央级监控功能。

b. 接触轨工程。接触轨相关设备完成安装、调试,并验收合格;电力监控完成安装和调试,具备对接触轨设备的监控功能;接触轨通过限界检查,规定速度冷滑、热滑试验,并完成相关问题的整改,满足行车动车条件;接触轨系统完成单位(子单位)工程验收和缺陷处理;接触轨设备厂家、设计、施工单位提交正式的各系统设备的安装施工图纸、设备系统连接图、技术规格书、设计联络文件、设备操作手册、设备维修手册等相关技术资料。

④ 通信系统。通信各专业完成单位(子单位)验收;专用电话系统完成单体调试,可实现包括控制中心级调度员与调度分机和各值班点的通话功能;传输系统完成单体调试,可为各相关联系统提供传输通道;广播、闭路电视系统完成车站级和中央级的安装和调试;PIS系统完成车站级、中央级及车载设备的安装和调试;时钟系统完成单体调试,可为相关联系统提供标准时间信号;通信电源系统完成单体调试,具备不间断供电功能;无线系统完成单体调试,具备移动台、车载台与无线调度台的通信;通信集中告警完成单体调试,公务电话系统实现网内、网外的通信。

⑤ 风、水、电等设备。给排水系统与市政给排水管网连通,具备正常的使用功能,并已正常供水;车站、区间及车辆段的水消防系统已经完善,具备正常的使用功能,并已正常

供水。

低压配电及照明完成系统设备安装及调试工作,具备正常的使用功能。

通风空调系统完成系统设备安装及调试工作,接管前具备正常的车站级控制功能;关键设备用房备用冷源可正式投入使用。

气体灭火系统已完成系统内各项调试,系统能够投入运行。

⑥ 自动扶梯、电梯。自动扶梯、电梯完成安装调试,设备周边防护设施完成,完成单位(子单位)工程验收和缺陷处理;通过市质量技术监督局的验收并取得市质量技术监督局颁发的检验合格证;无机房电梯要满足消防迫降功能。

⑦ 站台门。所有站台门、端门安装完成,实现就地操作(PSL)开、关控制的功能,完成站级功能的调试,完成单位(子单位)工程验收和缺陷处理。

⑧ FAS 系统。FAS 系统已完成系统内控制盘、车站级计算机及程序联动控制功能的调试,实现自动报警功能,完成单位(子单位)工程验收和缺陷处理。

⑨ BAS 系统。BAS 系统已完成各监控子系统车站级点动调试、(模式)程序控制调试,实现车站级监控功能,并实现消防联动功能。

⑩ AFC 系统。AFC 系统完成设备安装及系统内部调试,具备正常使用功能,工作状况良好,完成单位(子单位)工程验收和缺陷处理,具备清分中心实现中央级功能。

⑪ IBP 盘。IBP 盘安装完毕并完成功能调试,具备所有后备控制操作功能。

⑫ 信号系统。信号系统调试完成,具备中央 ATS 功能,实现站级与中央级控制权的交接,站级控制具备相关操作功能。

⑬ 车辆。按照开通计划,提供经调试合格(含车辆调试及信号调试)的车辆,车辆签署 PAC 文件;能够按照各联调方案要求提供车辆。

(4) 根据试运行进度,提供测试完成且已签署 PAC 的具备信号车载功能和无线调度通信功能等上线条件的磁浮列车供上线运行。

(5) MMI 和车站 LCP 工作站的操作人员必须经过培训、考试合格,并持有公司认可的上岗证方可上岗操作。列车司机能熟练驾驶客车,上述人员数量及排班满足连续运作要求。

(6) 站务、司机、调度、设备维修、车辆检修等各工种操作手册、技术标准、应急处理预案等各类规章文本均已发布实施。

(7) 每天试运行前,应结束所有施工检修作业,完成地线的拆除工作,保证正线线路出清。

3) 第三阶段前提条件

(1) 各站卫生、防疫及消防通过市政府有关部门验收。

(2) 各站电梯、自动扶梯等各类安全设施或特种设备开通前须经国家指定部门检查合格。

(3) 开通必备的设计图、施工图、设备技术文件、线路及建筑设计文件、验收文件须全部交湖南磁浮交通发展股份有限公司。

(4) 车站导向正确,能够满足引导乘客的要求。

(5) 警用通信系统完成系统的单体调试和接口调试,实现中央级功能。

(6) 试运营前信号厂家必须提供全功能(联锁、点联式)载客安全认证证书。

2.5.3　试运行工作安排

1) 第一阶段

(1) 第一阶段的试运行工作由总包单位牵头,组织各相关单位开展试运行工作。

(2) 成立临时调度中心,负责编制阶段试运行工作计划、每日的试运行工作计划并组织实施试运行,第一阶段的试运行不编制列车时刻表。

(3) 试运行期间因设备未调试完成需要人工准备进路、站台门未调试完成需配合司机进行开关门时,由总包单位组织相关单位完成。

(4) 试运行期间每日由车辆运管部提供一列调试完成的磁浮列车,并配备相应的司机。

(5) 临时调度中心根据每日试运行情况,编制试运行日报并做好第一阶段的试运行总结工作。

2) 第二、三阶段

(1) 召开试运行工作预备会。由试运行工作小组提前一周组织召开试运行工作会议,检查落实以下情况:

① 提供足够数量并满足试运行上线条件的列车。

② 编制列车时刻表并于每阶段前一周发至参加试运行的各单位。

③ 车站站务、司机、调度、设备维修人员、车辆检修人员全部驻站,满足试运行值班需要;调度、站务、乘务等行车岗位人员已学习本方案、时刻表、运作命令及其他规章程序。

④ 各试运行工作小组成员单位已编制完成本单位试运行细化方案,对各岗位工作做出合理安排,并已组织相关人员学习了细化方案。

(2) 试运行前运营准备。

① 控制中心行调、车站人员负责按《施工检修管理办法》《施工行车通告》等相关施工计划的安排,组织好试运行前的施工作业,做好线路出清。

② 控制中心行调负责按《行车组织规则》规定,组织好运营前的例行检查,使用"运营前准备工作检查表",登记确认线路出清,供电、信号、车辆、站台门等设备正常,各岗位人员全部到岗等,符合试运行要求。

(3) 试运行开始。

① 控制中心负责于试运行前 2 h 向 DCC 发布执行相关时刻表及试运行方案的调度命令。

② 由控制中心调度主任负责在现场指挥的要求下,对运营前检查和车辆准备的情况

进行确认,确认条件具备后,宣布试运行开始。

(4) 按时刻表开始运作。列车按时刻表规定的车次、时刻运行,各岗位员工负责按正常运营组织运作。

(5) 试运行结束列车回段。

① 列车按时刻表规定时刻或行调命令结束试运行,试运行列车按要求返回车辆段。

② 信号设备功能正常办理客车进车辆段时,DCC 根据时刻表提前开放入段信号。

③ 最后一列试运行列车进入车辆段后,行调向调度主任报告,宣布试运行结束。

(6) 试运行会议管理制度。

① 试运行工作小组实行例会制度,分为日例会和周例会。一般情况下,周例会由试运行工作小组组长主持召开,日例会由试运行工作小组常务副组长负责主持召开。组长或常务副组长因故缺席时,可以授权其他副组长代为召开。

② 日例会每天上午召开,召开时间、地点可由试运行工作小组随试运行进度情况进行调整。

③ 周例会原则上每周召开一次,听取各试运行成员单位关于上周试运行情况的汇报,协调试运行过程中出现的问题,跟进试运行工作小组要求即期整改的各类问题等。周例会由试运行工作小组决定具体召开的时间和地点。

④ 试运行工作小组可以根据具体情况召开专门协调解决某一瓶颈问题的专项会议。

⑤ 各部门根据实际工作需要,负责定期组织部门内部小结会议,小结试运行情况,负责组织处理部门职责范围内的问题、故障,布置相关工作和试运行要求。

(7) 保卫工作。试运行期间每站只开一个车站出入口,保安人员负责进出站人员登记和消防安全隐患管理,确保车站消防安全。

2.5.4 运营安全管理

(1) 切实落实保卫综治、安全生产责任制。强化各部门责任人岗位意识、责任意识、纪律意识,并继续采取签订责任状等形式,将安全责任层层分解,落实到部门、落实到班组、落实到每个员工。

(2) 突出抓好重点,新线安全以行车安全为核心,以设备安全为保障,以电气防火为基础,突出抓好车辆、接触轨、信号等设备的巡视、检测,针对新线新设备的投入使用,加强设备自检、互检、他检,提供良好的设备保障;同时抓好员工应知应会,制定防范、监控措施和应急预案,确保运营安全。在消防安全上,加强消防安全隐患管理,确保消防安全。

(3) 抓紧建章立制,狠抓规章制度的落实和持续改进,提高规范化、制度化、专业化管理水平,建立安全规章制度,加大执行力度,形成涵盖所有生产、工作环节的安全管理制度与操作规程,最大限度地降低各种安全事故发生的可能性。

(4) 积极开展安全生产宣传、教育,重点进行全员安全生产思想教育、安全知识教育、安全技能教育,加强一线作业人员的安全教育培训,切实提高一线员工的安全意识和安全技能。针对运营员工提前进入新线现场跟踪的情况，尤其要注重做好生产和施工现场的安全教育、新员工的"三级安全教育"，严格遵守工地的各项安全管理规定，确保自身安全、他人安全和现场设施设备安全。

（5）结合现场深入开展有针对性的专业技能培训，为长沙磁浮工程顺利开通打下基础，要切实抓好员工的安全知识应知应会和专业技能的培训，通过完善各类应急预案及进行应急演练，增强员工岗位应知应会能力，增强处理突发故障、突发事件的应急能力。

（6）开展危险源识别、风险评价与控制工作，使安全管理达到规范化、标准化要求。

第 3 章

行车组织管理

3.1 正线行车组织

长沙磁浮快线的运营管理和行车组织工作，以实现安全、准点、舒适、快捷的运营服务为宗旨，根据运营时刻表组织工作，确保行车和乘客安全。行车组织指挥工作必须坚持安全生产的方针，贯彻高度集中、统一指挥、逐级负责的原则。各单位、各部门必须紧密配合、协调动作，完成各项工作任务。

3.1.1 行车组织基础

1）限界

一切建筑物、设备在任何情况下不得侵入磁浮建筑限界及设备限界，机车、车辆无论空、重状态，均不得超出机车、车辆限界。与机车、车辆有直接互相作用的设备，在使用中不得超过规定的侵入范围。

（1）高架区间限界。高架桥根据车辆设备限界及设备和管线安装空间等综合因素确定桥面总宽及管线综合布置方式。高架区间统一采用4.4 m的线间距，曲线地段通过调整疏散平台的宽度满足限界加宽要求。区间两线之间设置疏散平台，平台设置间断扶手栏杆。高架区间的弱电采用电缆支架的形式铺设在疏散平台下方。

（2）道岔区限界。道岔区接触轨限界外侧与一般地段接触轨限界宽700 mm。

（3）跨线限界。当有人行天桥、公路、铁路高架桥跨越本线时采用跨线限界。跨线结构最低点至本线轨道滑行顶面高度不小于4 200 mm，侧面与本线线路中心线距离不小于3 000 mm。

（4）车站限界。所有车站站台边缘距股道中心线1 000 mm，站台门距股道中心线1 030 mm，站台面距轨面840 mm。

高架双线侧式车站站台区疏散平台断开，信号机和信号天线安装在靠近车站的平台上。站台区起点附近设电缆井供环网电缆下穿，支架与设备限界的距离按不小于200 mm控制。

（5）车辆基地限界。车辆基地车库大门与设备限界的横向间隙不应小于100 mm，车辆基地车库大门最小高度应按车辆高度加不小于200 mm安全间隙。

2）线路

磁浮线路分为正线、辅助线、车辆段线。正线为双线，列车运行方向按右侧行车，磁浮高铁站往磁浮机场站为上行，反之为下行。辅助线包括正线上与正线连接的渡线、存车线、折返线、联络线及出入段线及安全线。磁浮车辆段为地面线路或库内线路。

(1)正线。线路全长约18.55 km,均为高架线路,全线共设置车站3座,分别为磁浮高铁站、磁浮㮾梨站和磁浮机场站,在磁浮高铁站附近新建车辆段和综合基地一处,控制中心设于综合基地内。

车站与区间的分界:车站两端墙内方为站内,相邻两车站端墙之间为区间。

线路平面曲线最小半径区间正线为100 m。线路纵断面最大坡度区间正线为41‰。设计最高运行速度为100 km/h,采用3辆编组的中低速磁浮列车。

本线上行线全长18.41 km(下行线18.55 km),共设置曲线27处(下行线27处),曲线长度为6.37 km(下行线6.36 km),占线路长度的33.64%(下行线33.28%)。最大曲线半径6 000 m,最小曲线半径100 m。

(2)车辆段线。磁浮车辆段为地面线路或库内线路,库内线路共有5股道。1股、2股为检修线,3股、4股、5股为停车列检线。

(3)出入段线。

① 连接车辆段与磁浮高铁站的X0153与D1信号机中心线至P0103道岔间的线路定义为出入段线,其中X0151信号机至X0153与D1信号机中心线之间的线路为转换轨。

② 车辆段与出、入段线分别以X0153与D1信号机的中心线为界,出入段线视为区间,属正线管辖。

各车站中心线里程及站间距离见表3-1。疏散平台范围及下桥点里程见表3-2。

表3-1 车站中心线里程及站间距离

序号	车站名称	中心里程	站间距/km	线间距/m	轨面高程/mm
1	磁浮高铁站	DK0+0.98.500	7.480	单线(侧式)	49.9
2	磁浮㮾梨站	DK7+578.000		4.4(侧式)	48.13
3	磁浮机场站	DK18+175.445	10.890	6.04(侧式)	76.72

表3-2 疏散平台范围及下桥点里程

疏散平台布置范围			下桥点布置里程	
磁浮高铁站				
1	起始里程	DK00+424.00	1号	DK00+641.50
	终点里程	DK07+245.27	2号	DK03+588.77
	总长度/m	6 821.00	3号	DK05+053.77
			4号	DK06+962.77
道岔区				
2	起始里程	DK07+310.27		

(续表)

	疏散平台布置范围		下桥点布置里程	
2	终点里程	DK07+490.22		
	总长度/m	179.95		
	磁浮㮾梨站			
3	起始里程	DK07+609.60	5号	DK07+732.05
	终点里程	DK07+789.60		
	总长度/m	180.00		
	路基			
4	起始里程	DK07+808.45	6号	DK08+091.00
	终点里程	DK10+300.55	7号	DK10+118.00
	总长度/m	2 492.10		
	路基			
5	起始里程	DK10+368.95		
	终点里程	DK10+469.05		
	总长度/m	100.10		
	路基			
6	起始里程	DK10+850.45	8号	DK11+182.00
	终点里程	DK13+672.05	9号	DK12+672.50
	总长度/m	2 821.60		
	路基			
7	起始里程	DK13+790.45	10号	DK14+718.00
	终点里程	DK15+045.55		
	总长度/m	1 255.10		
	路基			
8	起始里程	DK15+099.95	11号	DK15+582.50
	终点里程	DK18+058.56	12号	DK17+457.10
	总长度/m	2 958.61		
	磁浮机场站			

（4）线路及信号标志。

① 线路标志包括百米标、坡度标、曲线要素标、圆曲线和缓和曲线始终点标等。信号标志包括停车位置标、一度停车标、停车标、进站预告标、限速标和取消限速标等。各标志应表明线路及设备的状态及位置，以方便运营管理、养护维修和司机瞭望。

② 当线路及信号标志安装位置与通信、信号、供电等系统专业的设备重叠或存在干扰时，可适当移动设置位置。

3）通信

（1）运营控制中心（OCC）、行车调度员（以下简称行调）、系统调度员（以下简称系调）、客运调度员（以下简称客调）、调度主任处各设有专用电话调度台，各车站控制室和车辆段控制中心（DCC）、派班室设有专用电话值班操作台，车站、区间变电所设有专用电话分机。

（2）无线子系统中，控制中心行调、车辆段控制中心（DCC）各设一个调度台。各车站设固定台，每列车设两个车载台。

（3）列车、车站、OCC广播系统可对乘客进行语音广播，车辆段广播系统可对车库进行语音广播。

（4）OCC、车站控制室配备视频监控系统（CCTV）监视终端，可监视车站站台、站厅、出入口等区域的情况，列车司机可通过站台上的监视器监视站台上的乘客上、下车情况。

（5）OCC、车辆段控制中心（DCC）、车站控制室及车站站厅配备时钟系统，为各系统设备及乘客提供一个标准同步时间。

（6）磁浮控制中心与长沙地铁2号线控制中心互联互通，磁浮AFC接入轨道集团ACC清分系统，电话、传输等系统实现互联互通。

（7）在OCC、车站及区间沿线设有光缆传输网，沿线高架桥、出入段线和车辆段敷设有光缆、漏缆，传输相关系统的语音、数据、图像信息。相关系统包括无线、电话、广播、时钟、视频监控、通信电源、乘客信息系统、AFC、BAS、FAS等子系统。

4）信号

磁浮工程使用TYJL-Ⅲ型计算机联锁设备，进路、信号机和道岔由运营控制中心（OCC）集中控制。

磁浮信号系统为点连式ATP防护系统，整个信号系统主要由以下四个子系统构成：ATS列车自动监控子系统；ATP列车自动防护子系统；TYJL-Ⅲ联锁子系统；DCS数据传输子系统。

（1）ATS设备。

① 控制中心大厅。行车调度工作站2台，调度主任工作站1台，在线运行图工作站1台，大屏接口计算机1台及运行图编辑室、培训室、中央信号设备室设备。

② 联锁集中站ATS。现地控制工作站1台，ATS车站服务器2台，服务器设备机柜1个，发车指示器控制机1台，发车指示器2个。

③ 车辆段控制中心（DCC）。车辆段值班工作站1台，ATS车辆段服务器2台，服务器设备机柜1个。

④ 车辆段派班室设有一台ATS派班工作站，通过与中心ATS进行信息交换，能够提供车辆段列车出入计划及派班计划显示与编辑。

（2）列车驾驶模式。

① 列车在正线、折返线按正常运行方向进行运行及折返作业时，系统以点连式为常

用模式,列车驾驶以 ATP 人工驾驶模式为常用模式,而限制人工驾驶模式和非限制人工驾驶模式为非正常的运营模式(车辆段除外)。

② 车辆段出入段作业均采用调车进路方式,具有车辆段调车防护功能,限速 25 km/h。

③ 列车驾驶模式包括 ATP 监督的人工驾驶模式(CM)、车辆段防护限制人工驾驶模式(DRM)、限制人工驾驶模式(RM)、非限制人工驾驶模式(NRM)。

④ CM,RM,DRM 为信号提供防护的驾驶模式,NRM 为切除信号、由司机保障行车安全的驾驶模式。

⑤ 车载 ATP 在启动后使用 RM 作为默认模式,在下列情况下,将从较高级别的模式转换到 RM 模式:由于离开点连式、点式区域而转换到联锁级;司机预先选择了 RM 及 DRM;由于故障而不再能维持较高级别的模式时。

只有当司机按压确认按钮以确认转换后,从 CM 模式降级到 RM 模式的转换才能被执行。列车在正线运行中降级到 RM 时,ATP 触发紧急制动,该紧急制动只有在司机确认降级到 RM 后才可以得到缓解。

⑥ 自正线返回车辆段时,在满足转换条件且经过司机确认后,可实现不停车直接转换为 RM 模式。

(3) 点连式 ATP 防护。

① 系统主要由计轴设备、轨旁应答器和车载设备组成。地面设备通过计轴设备检测列车轨道物理占用信息,在固定点位置通过可变应答器地车单方向地向车载设备传输 ATP 信息,实现相邻信号机之间的固定闭塞控制。

② 在站台区和道岔区增加点连通信设备向车载设备传输实时的信号机状态信息,实现信号机接近区段的点连式 ATP 防护功能。

③ 在站台区域当列车接近信号机时采用无线来传输信号机的状态,使移动授权信息能及时更新,提前预告授权信息,防止列车冒进信号。

④ 当列车驶入站台前需要确认车地无线通信已建立,如未建立列车将会以推荐速度驶入站台区域。

⑤ 在站台区域通过使用连续式通信方便实现车门-站台门的安全联动功能。

(4) 联锁设备。

① 车辆段与磁浮高铁站联锁接口按站间联系方式设计,由车辆段调度操作控制。

② 车辆段采用调车进路,以 D1 为终端的进路为段内调车进路,不进行迎面进路照查。以 X0153 为终端的进路为出段调车进路,进行迎面进路照查,并自动触发正线接车进路。

③ 正线向车辆段排列进路时,检查车辆段未排列迎面出段进路。

(5) 线路采用右侧行车制,在正线道岔区、正方向行车车站端部及其他须防护的特殊位置(如车辆段与正线转换区段等处)设防护信号机,另外在长区间为满足通过能力需要设置信号机进行区段分割。其余轨旁均不设地面信号机,阻挡信号机设置在线路的终端。道岔防护信号机和车站出站信号机为三显示信号机,区间信号机为二显示信号机,每个阻挡信号机都有两个灯位,但只有一个红灯位有显示。

正线还设置有以下虚拟信号机,见表3-3。

表3-3 正线虚拟信号机设置情况

联锁集中站	管辖内虚拟信号机设置情况
磁浮高铁站	VX0110
磁浮㮾梨站	VS0301/VX0314
磁浮机场站	VS0501

(6) 正线采用点连式ATP,以固定闭塞为原则进行列车追踪运行。每架信号机配置点式应答器,LEU与计算机联锁接口,根据信号显示选择应答器报文,列车通过应答器接收报文和车载线路地图获取移动授权。

(7) 在出入段驾驶模式转换区域、道岔接近范围和道岔区、站台接近区、站台区、站台离去区设置车地连续式通信设备。

(8) 计轴具备立即复位和预复位功能。立即复位通过操作IBP盘相关按钮实现,预复位功能通过操作ATS(或联锁)人机界面按钮或菜单实现,原则上运营期间禁止使用立即复位按钮,特殊情况及本规则有明确规定的除外。

(9) 车站控制室设有IBP控制盘,盘面上的上、下行线路分别设有自复式紧急停车(ESB)、紧急停车复位(ESRB)、计轴区段立即复位等按钮,当车站发生紧急事件时,根据具体情况需要按压各按钮。

(10) 各车站每一站台均设有2个紧急停车按钮(ESB),与车站控制室的IBP控制盘上的紧急停车按钮复位按钮相连通,站台上的紧急停车按钮被按压时,车站控制室的IBP控制盘将报警。站台紧急停车按钮(ESB)作用范围如下:

① 列车在进站过程中未进入站台区段,按压ESB后,列车紧急制动,在站台区段外停车。

② 列车在站台区段内未停稳,按压ESB后,列车紧急制动,在站台区段内停车。

③ 列车在站台区段停稳后,按压ESB按钮,此时列车不能以CM模式发车。

④ 列车在出站过程中,列车尾部未出清站台区段,按压ESB后,列车紧急制动。

⑤ 列车尾部出清站台区段后,按压ESB后,列车正常运行。

5) 供电

(1) 磁浮快线供电系统采用AC 10 kV分散供电方式,全线共设置3座开闭所(与相邻的牵引变电所合建),分别为磁浮高铁站、区间所2、区间所3。磁浮高铁站开闭所两回

AC 10 kV 电源从合丰变电站引入,区间所 2 开闭所、区间所 3 开闭所两回 AC 10 kV 电源分别从曹家坪变电站、㮾梨变电站各引入一回 AC 10 kV,再通过环网电缆向牵引降压混合变电所和降压变电所供电。

(2) 全线共设置 4 座牵引降压混合变电所,分别为磁浮高铁站、磁浮㮾梨站、磁浮机场站及磁浮车辆段,将 AC 10 kV 降压整流为 DC 1 500 V 供给接触轨,以及降压为 AC 400 V/220 V 供给低压用电设备。

(3) 全线设有 3 座区间牵引变电所,分别为区间所 1、区间所 2、区间所 3,分别将 AC 10 kV 降压整流为 DC 1 500 V 供给接触轨使用。

(4) 牵引供电制式采用在走行梁两侧绝缘敷设 DC 1 500 V 正极轨受电、负极轨回流的形式。受流方式为侧部受流方式。正线及出入段线采用高架段,接触轨导高距 F 轨面的垂直高度(650±2)mm;拉出值距桥梁中心线(950±1)mm;区间最小半径 90 m 坡度 41‰;车辆段出入段线最小半径 100 m 坡度 28.5‰;接触轨额定电压 DC 1 500 V,允许波动范围 DC 1 000～1 800 V。

(5) 供电控制模式采用中央集中控制模式。

6) 列车

(1) 长沙磁浮车辆采用 B 型车体,列车两端为流线型设计。

(2) 磁浮列车靠电磁力来起浮,采用直线电机驱动,由 3 节车厢组成。Mc 车为带司机室的端车(Mc2 车带有行李区),Ⅰ位端装有半自动车钩,Ⅱ位端装有半永久性牵引杆。M 车为中间车,两端装有半永久性牵引杆。列车编组形式:=Mc1－M－Mc2=。

(3) 磁浮列车长度为 48.31 m,宽度为 2.8 m,高度(含排气口)为 3.7 m,其中 Mc 车长度为 15.355 m,M 车长度为 15.600 m,每节车厢有 2 对客室门,门开宽度为 1.30 m。司机室两侧设有侧窗,后端设有通往客室的通道门。

(4) 客室座位沿横向和纵向布置,Mc1 车设有 31 座,M 车设有 36 座,并设有两处残疾人轮椅停放点,Mc2 车设有 19 座。磁浮列车的定员和载重见表 3-4。

表 3-4 磁浮列车的定员和载重

序 号	缩 写	定 义	列车乘客数/人	列车重量/t	备 注
1	AW0	无乘客(空载)	0	74	乘客按 60 kg/人计算
2	AW1	座客载荷	86	79.16	
3	AW2	定员载荷	277	90.62	
4	AW3	超员载荷	363	95.78	

(5) 列车牵引系统。

① 当列车牵引动力损失 1/3 时,在超载和最不利线路条件下,列车能够启动,降速运

行,不影响车辆其他功能。

② 列车运行中,在列车牵引动力丧失 2/3 时,列车在超载时的最大爬坡能力为 37‰,正线的最大坡度为上行 41‰(坡长 310 m),经计算,列车在最大爬坡度 41‰上坡的坡底只要达到 15 km/h 的初速度,就完全能够冲过 310 m 长的 41‰上坡。即使损失 2/3 动力,磁浮列车仍然能在正线降速运行。若初速度达不到,则需要通过另一列空车实施救援。

(6) 每个司机室通过 PIS 系统能对客室进行广播,两端司机室可以进行内部通话。当两列车重联时,4 个司机室的司机能正常通话,且司机室占有端能对客室进行广播。

(7) 编号原则。Mc1 与 M 车厢 2 门、3 门门立柱罩上各设有一个乘客紧急通话装置,Mc2 车厢 1 门、3 门门立柱罩上各设有一个乘客紧急通话装置。

① 每种车型的 I 位端定义如下(另一端定义为 II 位端):Mc 车——半自动车钩处的车端为 I 位端;M 车——靠近 Mc1 车的一端为 I 位端。

② 右侧门和左侧门的定义。站在车辆的 II 位端面向 I 位端时,人的右侧定义为车辆的右侧,另一侧定义为左侧。

③ 车门编号原则。沿每节车辆的左侧门扇用 1、3 奇数连续编号。沿每节车辆的右侧门扇用 2、4 偶数连续编号。左侧 1 号门、右侧 2 号门是最靠近 I 位端的车门。

(8) 在客室每个侧门的内侧(靠近门处)设有一个紧急解锁手柄,手柄为红色,并加盖保护。

(9) 磁浮列车正线最高运行速度为 100 km/h,后端司机室推进时最高速度为 10 km/h。

(10) 列车紧急制动距离见表 3-5。

表 3-5 列车紧急制动距离

制动初速	制动距离	
	AW0~AW2(空载~定员)	AW3(超员)
100 km/h	≤297 m	≤312 m

(11) 当辅助交流电源故障或无 DC 1 500 V 时,落车状态下客室、司机室的应急通风(通风量不低于 1 000 m³/h)和紧急照明由蓄电池供电,持续时间为 30 min。

(12) 每节客室内备有两个干粉灭火器,每个司机室备有一个干粉灭火器。

7) 站台门

(1) 全线车站站台均设有站台门。站台门由滑动门、固定门、应急门组成,每侧站台的站台门共设 5 对与列车门对应的滑动门。站台门编号原则以列车进站端起第一挡门为 1 号门,第二挡门为 2 号门,以此类推第五挡门为 5 号门。每侧站台的站台门共设 3 扇应急门,分别与客车的 3 节车厢相对应。

(2)站台门开关门控制优先级从低到高依次为系统级＜站台级＜手动操作。三种控制方式中包括五级操作,优先级从低到高依次为系统级(信号系统)＜站级(PSL 盘)＜站台级(IBP 盘)＜站台级(就地控制盒)＜手动操作级(手动解锁包括站台侧和轨道侧)。

8)电力监控系统(PSCADA)

电力监控系统由控制中心的中央级电力监控主站系统(电力调度系统)、变电所综合自动化系统(沿线的区间变电所、车辆段的牵引降压混合变电所内的被控站)、车辆段的供电复示系统和通信通道四部分构成。

9)火灾自动报警(FAS)

(1)系统构成概述。磁浮 FAS 系统工程包含 3 座车站、3 座区间变电所和 1 座车辆段。

(2)系统功能。

① 磁浮工程的 FAS 系统按调度指挥管理级别划分为两级,即中央级和车站级。

第一级为中央级,作为 FAS 系统集中监控中心,设置于磁浮高铁车辆段运营控制中心中央控制室(OCC)。全线消防系统的指挥调度权在中央级。

第二级为车站级,设置于车站车控室和车辆段消防控制室。车站、车辆段消防系统的指挥调度权分别在车站级和车辆段。

② 全线 FAS 按三级监控方式设置。

第一级为中央级,作为 FAS 系统集中监控中心,设置于长沙磁浮控制中心中央控制室(OCC)。

第二级为车站级,设置于车站车控室、车辆段消防控制室。

第三级为 FAS 现场级,由 FAS 现场设备组成。

10)环境与设备监控(BAS)

(1)BAS 系统组成及其功能。BAS 系统的工程范围包括 3 座车站、3 座区间变电所、1 座车辆段(含控制中心)。

BAS 系统为一级负荷,由现场就地级控制设备、探测设备、车站级车站控制设备和中央级控制中心设备组成。

BAS 系统采用两级管理(控制中心级、车站级)、三级控制(控制中心级、车站级、就地级)的分层分布式结构。

(2)车辆段(含控制中心)。车辆段附属楼消防控制室(或值班室)设置一台 BAS 监控工作站,对其 BAS 系统设备进行监视、控制和管理。

11)通风空调

(1)各站空调系统采用全空气空调系统,站房内站厅层公共区采用屋顶式风冷热泵集中式空调系统,其余四电专业机房、车站办公等区域设备采用多联机分散式空调系统。

(2)车站通风系统由车站公共区通风系统、车站设备及管理用房通风系统组成,采用二级控制,即车站级控制和就地级控制,就地级控制具有优先权。

3.1.2 车站行车组织

车站行车组织工作由车站值班站长统一负责,值班站长必须服从行调的指挥,执行行调的命令。

1)检查确认

运营前 30 min,车站做好运营设备、人员的检查和准备工作,完成后向行调汇报。值班站长携带对讲机/无线调度电台到站台等部位进行检查,每一项按"运营前检查工作流程表"检查程序进行并与行车值班员呼唤应答双人确认。

(1)检查确认运营线路施工结束、线路出清,无异物侵入站台线路限界。

① 行车值班员根据"施工登记表""施工请销点情况控制表"确认所有 A 类施工已结束。回段等加开列车已经出清本站。

② 施工人员向车站销点时,车站须向施工负责人/责任人(外单位作业配合人员)确认作业区出清。

③ 运营前检查时,行车值班员打开站台照明,值班站长负责确认站内线路出清和无异物侵入站台线路限界。使用强光手电,在一端端门外查看区间内可视范围内的线路和站台线路后,沿着站台边沿巡查至另外一端端门外(边走边透过站台门观察线路情况),并再在另一端端门外确认站台线路和站台可视范围内的线路。运营前检查后,值班站长与行车值班员确认站台门及端门已关闭。

(2)通过站台级(PSL 上)操作,确认站台门开关正常。对每侧的站台门分别开、关三次。开门后,确认各头门灯和 PSL 灯显示正确后,再进行关门操作和确认。开关门测试完毕后与行车值班员确认关闭锁紧信号。

(3)联锁站及设备站接到行调试验道岔的通知后,对有关道岔在信号设备上进行试验。行调未通知时,向行调申请进行道岔试验,严禁在行调未允许时进行道岔试验。

① 通过排列进路的方式检查道岔状态,原则上排列各方向的进路各一次,确认各进路可正常排列。

② 在进行操作前,须先确认道岔现场无人员。

③ 行调未说明或未征得行调同意时,不得排列进/出联络线的进路。

④ 按照《行车组织规则》的要求及行调命令,在车站工作站上将有关道岔单独锁定在相应位置。

(4)确认 FAS、信号系统、环控系统和 AFC 系统运作正常。

(5)各站通过试用检查确认车站无线行车调度电台正常,检查确认其他行车备品正常。

(6)各站与行调核对运营时刻表、日期和钟表时间。

(7)行车值班员确认各岗位正常到岗。

(8)正常情况下折返站设置站台岗其他车站高峰期设置站台岗,站台岗利用列车间隔巡视站台。

① 列车进站时，行车值班员注意广播的播放，并加强对站台的监控。

② 行车值班员须监控站台岗的作业情况，掌握其动态。

③ 行车值班员须确认司机正常开门上下客，防止列车未开门动车，如遇特殊情况危及行车安全及时按压紧停，确保行车安全。

④ 站台岗按照"五步曲"立岗。接车时，靠近扶梯的紧急停车按钮处立岗；车停稳后在楼梯/扶梯口立岗防止抢上；列车准备关门时面向车头单手平举拦截乘客防止抢上；门关好后到紧急停车按钮处立岗。发生影响行车安全事件时，按"一按二呼三汇报"程序执行，立即按压紧停按钮并同时通知司机再向车控室汇报事件具体内容。

⑤ 值班站长负责检查行车值班员、站台岗和巡视岗的行车作业情况。

2）站车联控

（1）正常情况下站车联控。

① 客车在终点站清客时站车联控流程。

a. 司机驾驶列车到达终到站停车开车门、站台门。

b. 站台岗清客完毕后用对讲机呼"列车清客完毕"，接着面向司机方向显示"好了"信号，并呼该列车司机。

c. 司机凭"好了"信号关站台门、车门。

d. 有乘客再次进入车厢时，站台岗确认未动车，马上用对讲机通知司机；如已动车，则马上用对讲机通知司机，同时按压紧停按钮，尽量让列车停车处理。

② 站台乘客不能一趟车上完时，执行站车联控。

a. 司机须用对讲机与站台岗联系"××方向列车准备关门"。

b. 站台岗立即做好乘客拦截并应答"××方向列车可以关门"。如果乘客未下完，通知司机"乘客还未下完，请稍等"，乘客下完及时通知司机关门。

c. 司机按程序关门。

d. 站台岗确认站台门、车门关好后，须协助司机确认自己立岗位置附近车门、车门与站台门空隙内无夹人夹物情况。发现夹人夹物等危及行车或人身安全的情况立即用对讲机呼叫"××方向列车停车"，同时按压"紧急停车"按钮，然后报告车控室。

③ 站台发生紧急情况时的站车联控执行流程。

a. 站台岗立即呼唤司机"××方向司机停车"并通知司机紧急事件具体情况，同时立即按压紧停按钮，再报告车控室紧急事件具体情况。

b. 行车值班员通过监视CCTV或接站台/司机报告出现紧急情况后，根据具体事件应立即通知司机停车或按压紧停按钮并报告行调。

④ 执行站车联控的注意事项。

a. 如车控室通信设备联系不了司机，有站台岗的车站通过站台中转，没有站台岗的车站视情况通知离站台最近的人员中转或报行调将信息通知司机。

b. 车站发现司机未执行站车联控措施时，及时询问司机，并在当天日况反映。

⑤ 信号故障或功能不具备情况下的站车联控，按《站务安全应急处理程序》执行。

(2) 遇特殊情况(信号联锁故障人工排进路组织列车运行时，或列车开到区间因故障要退回车站等情况)须接发列车，需严格按以下程序执行：

① 须穿标准制服，携带行车备品、行车工具。

② 站台岗人员随时注意站台乘客动态，当客车进站时应于站台扶梯口靠近紧急停车按钮处站岗(无紧急停车功能时，站台岗立岗位置在扶梯及楼梯口)，防止乘客在列车关门时抢上车；负责维护站台秩序，监督司机按规范动作关门。

③ 发车时，站台岗发现站台、站台门、车门异常，立即用对讲机通知司机并及时处理。站台岗加强对故障站台门的监控，维持好站台秩序，行车值班员通过CCTV加强对站台的监控。

④ 引导接车时，接车人员应在来车方向端墙处显示引导信号。

(3) 车站巡视岗(含站厅/站台巡视岗)在遇特殊情况下，严格执行以下程序：

① 当车门出现故障时，行车值班员立即通知巡视岗和值班站长到站台协助司机进行处理，及时张贴故障贴纸。

② 当站台门出现故障时，行车值班员立即通知巡视岗和值班站长到站台进行处理，按"先通后复"的原则，如故障无法修复，及时张贴故障贴纸。

③ 当站台发生车门/站台门之间缝隙夹人时，立即按压紧急停车按钮(按压时间要大于3 s)，并通知巡视岗和值班站长到站台进行处理。

④ 当车站收到有关列车需在本站清客的通知时，行车值班员立即通知巡视岗和值班站长到站台进行清客工作，维持站台乘客候车秩序，清客完毕后向司机显示"好了"信号，并呼该列车司机。

⑤ 当车站收到有关列车故障晚点的通知时，行车值班员立即通知巡视岗和值班站长到站台维持站台乘客候车秩序，做好乘客解释工作，并在列车晚点期间负责站台的接发列车工作。

⑥ 当行车值班员通过CCTV监控发现站台发生影响行车的异常情况，由行车值班员立即按压紧急停车按钮，需司机协助处理时，必须立即用对讲机呼叫司机；如果发生通信盲点，由行车值班员立即将信息中转到站台岗由站台岗通知司机，车站随后报行调。

(4) 降级模式下的行车组织，按照《行车组织规则》《站务安全应急处理程序》执行。

3) 电话闭塞法及站间电话联系法

按《站务安全应急处理程序》执行。

4) 信号设备操作

(1) 运营时间内操作信号设备时，实行双人双岗制，一人负责操作，另一人负责监控。由行车值班员负责信号设备的操作，值班站长负责监控。

(2) 运营时间内操作信号设备时，实行呼唤应答制度。

① 操作员操作命令时，先口呼相应用语，待监控员确认正确并复诵后，方可在信号设备监控员的监视下操作。

② 操作命令执行成功后，操作员呼唤操作命令执行成功，监控员确认命令操作成功

后复诵。

(3) 在采用电话闭塞法组织行车或电话联系法组织行车时的防护设置按《站务安全应急处理程序》执行。

(4) 车站配合施工人员操作联锁设备的规定。

① 非营运时间道岔检修及工建巡道的施工要求车站操作道岔,检查道岔状况时,报行调同意后,可由车站协助操作。

② 信号专业施工、检修需要操作道岔时,若有信号人员在车控室,应由信号人员自行登录操作,车站予以配合。

③ 非营运时间车站人员在转换道岔或其他的操作时,必须要做到以下几点:

操作信号设备时必须要有信号系统操作证的值班员及以上员工进行。

车站配合操作的道岔必须是该施工作业区域内的道岔,且在操作过程中如果涉及信号系统上的安全相关命令方面的操作,必须得到行调的同意。严防因配合施工,误操作作业区域外的道岔。

车站在信号系统上转换道岔前,要通过对讲机等联系方式告知现场人员,确保转换道岔时安全,没有确认现场是否安全时严禁操作。

5) 关于道岔位置的规定

具备联锁功能的道岔,除两端折返站外的道岔均开通正线,在信号设备上单独锁定。

6) 报点

(1) 车站向行调报点按《行车组织规则》规定执行。

(2) 以下情况车站须填写行车日志并向前方站(车辆段)报开出点,报点时机为出清站台时、《行车组织规则》规定的、工程车开行时、调试列车开行时、临时加开列车时。

(3) 与车辆段连接的车站排列进路办理列车进出段时,需与车辆段信号楼互相报本站/段列车的开、到点。

(4) 调度命令接收、填写、交接规定。

① 调度命令发布系统未投入使用时。车站接收行调命令统一填写在"调度命令登记簿"上,须填写命令号码(口头命令统一在"号码"栏注明"口头命令"),值班站长及时签阅并注明签阅时间。填写交司机的调度命令使用"调度命令本",填写时需要用复写纸过底及黑色圆珠笔填写,车站盖上行车专用章,值班站长值班员核对命令内容无误并签名后第一联交司机,复写联留存车站。

② 调度命令发布系统投入使用时。车站要及时接收行调发布的调度命令,并书面打印命令(书面命令保存3个月),交司机的调度命令车站盖上行车专用章,值班站长值班员核对命令内容无误并签名后交司机。

7) 行车标准用语

(1) 受话者必须在对话前先报自己的岗位名称。对于交代的任务必须复诵,禁止用"明白"代替。

(2) 行车用话必须用普通话(禁止用地方方言),吐字清晰,语速适中。

(3) 发音标准如下：1——yāo(腰);2——liǎng(两);3——sān;4——sì;5——wǔ;6——liù;7——guǎi(拐);8——bā;9——jiǔ;0——dòng(洞)。

(4) 对行调标准用语。

① 向行调报点：××站报点××次××分(通过、开)。晚点时：××站××次因××原因×时×分开(到、开)。

② 列车在站内故障：××站××次车站内故障。

③ 列车在信号机前停车：××次××信号机前停车。

④ 信号设备故障：××站报告,××站信号设备联锁区段出现×××故障。

8) 录音电话使用

(1) 办理行车业务、施工业务及汇报安全事件等时,须使用安装录音装置的电话。

(2) 严禁任何人员擅自中止录音功能。

9) 接触轨绝缘工具使用管理规定

接触轨绝缘工具适用于接触轨异物的处理：

(1) 绝缘工具由杆、钩、刀组成。使用时要先将第一节伸出、扣紧,再进行其他安装。使用时手抓杆中经过防滑处理的橙色部分。

(2) 刀主要用于塑料薄膜缠绕在接触网上的处理,也可以用于处理气球(割断绳、线)。用刀割接触轨上的物品时,要注意不能割伤接触网表面。

(3) 钩主要用于从接触轨附近钩取掉物,也可以用于接触轨上钩取缠绕的物品。

(4) 绝缘工具的各个部分均是绝缘的,使用时人的身体离接触网要有0.7 m的安全距离,且绝缘工具应与绝缘防护用品(绝缘靴、绝缘手套)配套使用。

(5) 绝缘工具存车站车控室,绝缘靴、绝缘手套视情况存放在车站站台备品间、车控室或变电所控制室工具箱内。

(6) 绝缘工具刀、小钩较锋利,日常不使用时要将刀、小钩锋利部分用笔套或其他物品加盖,小心刮伤身体。

3.1.3 行车调度指挥

3.1.3.1 基本原则

(1) 运营相关部门严格按照运营时刻表的要求组织本部门的运营工作,运营时刻表以运作命令或调度主任通过调度命令的形式发布。

(2) 人工报点时列车到、发、通过时刻的确认(系统能自动生成则以系统自动生成为准)。

① 到达时刻以列车在规定位置停稳时为准。

② 出发时刻以列车由车站前进启动不再停车时为准(由车辆段出发以在出段信号机前规定的停车位置启动不再停车为准)。

③ 通过时刻以列车最前部通过出站信号机时为准。

(3) 行车时间以北京时间为准,从零时起计算,实行 24 h 制。行车日期划分:以零时为界,零时以前办妥的行车手续,零时以后仍视为有效。

(4) 正线及辅助线属行调管理,车辆段线属车辆段调度管理,凡与正线相关或影响正线的行车的作业,必须经行调批准。

(5) 空列车、工程车、救援车、调试车出入车辆段均按列车办理。

(6) 在 ATC 系统正常情况下,磁浮列车以 CM 模式驾驶,在 ATS 有计划运行图时,列车出段运行至转换轨时自动接收目的地码及车次信息。在不能接收或没有 ATS 计划运行图时,由行调人工输入目的地码和车次号。

(7) 正常情况下,在正线司机凭车载信号显示或行调命令行车,按运营时刻表和 DTI 显示时分掌握运行及停站时间。

(8) 非正常情况下行车时,司机应严格控制进出站、道岔、线路限制等特殊地点的运行速度。

(9) 列车在运行中司机应在前端牵引运行,如推进运行时,在前端驾驶室要有乘务人员或引导人员进行引导和监控列车运行。

(10) 有线/无线调度电话用于行车工作联系,须使用标准用语。

(11) 列车晚点统计方法。比照运营时刻表单程每列延误 2 min 以下为正常,行调应根据列车延误情况及时采取措施,调整列车运行。因列车调整需要,在两端站晚发的列车不计为晚点,但在单程运行过程中增晚 2 min 及以上时计为晚点。

(12) 列车救援及各类抢修车辆应处于整备待发状态。

(13) 各部门应迅速响应各类应急抢险工作,原则上 DCC 接到抢险命令后,抢险工程车 20 min 之内完成整备并运行至转换轨待令。组织段备列车出段时,DCC 自接令起 15 min 之内组织热备车运行至转换轨待令。

3.1.3.2 行车组织与指挥机构

1) 行车指挥执行层次(图 3-1)

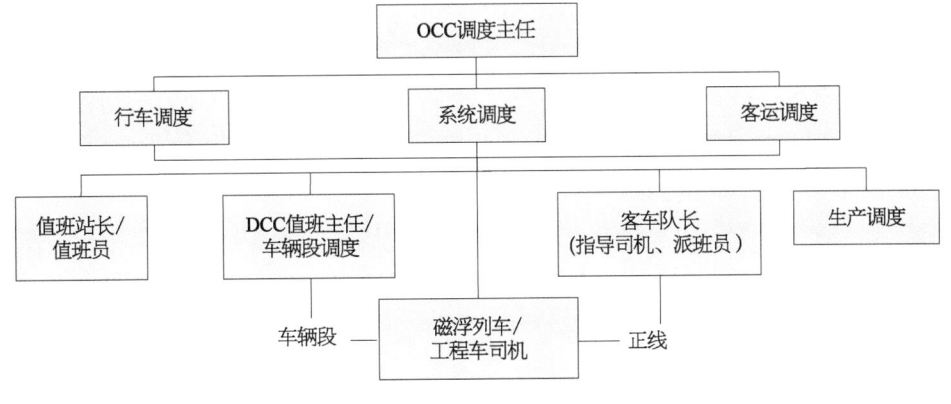

图 3-1 行车指挥执行层次

2）运营指挥机构

（1）运营指挥分为一级、二级两个指挥层级。二级服从一级指挥。

（2）一级指挥为行车调度、系统调度、客运调度。

（3）二级指挥为值班站长、车站值班员、DCC值班主任、设备管理部生产调度。

（4）各级指挥要根据各自职责任务独立开展工作，并服从OCC调度主任总体协调和指挥。

3）运营控制中心（OCC）

（1）OCC是日常磁浮快线运营、设备维护、行车组织的指挥中心。

（2）OCC是运营信息收发中心。

（3）OCC代表磁浮公司总经理指挥运营工作，代表公司与外界协调联络磁浮快线运营支援工作。

4）车辆段控制中心（DCC）

（1）DCC是车辆段运作管理、车辆维修中心，DCC设有DCC值班主任、车辆段调度。

（2）DCC负责车辆段范围内的行车组织、维修施工管理。

（3）DCC负责车辆日常检修、清洁、定修和临修工作控制，为磁浮快线运营及设备维修施工提供数量足够和工况良好的磁浮列车和工程车。

5）OCC、DCC及车站的指挥工作关系

（1）调度主任是OCC当值调度班组长，各调度由调度主任协调统一指挥。在发生事件、事故时，各调度须及时报告相关信息并向调度主任提供本岗位的应急处理方案。

（2）行车工作由行调统一指挥。

（3）供电、环控和防灾报警设备运作由系统调度统一指挥。

（4）行车设备的维护和故障处理由行调统一指挥。在封锁范围内，可授权或指定相关专业现场负责人指挥。

（5）车站的行车工作由值班站长统一指挥，车辆段行车工作由车辆段调度统一指挥。

（6）磁浮列车上的员工由司机负责指挥，工程车上的员工由车长负责指挥。

（7）正线发生行车设备故障，故障发现人员应及时报告行调及相关专业调度。

3.1.3.3 行车指挥原则

（1）行车有关人员必须服从行调指挥、执行行调命令，行调必须严格按运营时刻表及本规则指挥行车。行车指挥工作中，因对本规则条文理解不同等原因发生争执时，在确保安全的前提下，先按行调命令执行。

（2）指挥列车运行的调度命令或口头指示，只能由行调发布。行调发布命令前应详细了解现场情况，听取有关人员意见。下列命令可使用列车无线调度电话/调度电话直接向司机、值班站长(行车值班员)、车辆段调度、列车队长发布，受令人必须原话复诵，未复诵或复诵不清楚的视为命令无效。同时向2个及以上受令人发布命令时，应指定其中一人复诵，其他人核对，确保无误。

① 发布口头命令的内容有：临时加开或停开列车（包括列车、工程车及救援列车）；列车推进运行、退行、反方向运行时，工程列车退行；停站列车临时变通过；列车以 RM、NRM 模式驾驶时；列车清客；允许越过引导信号、禁止信号时（原则上"一灯一令"）；临时限速/取消临时限速时；改变闭塞方式时；临时改变运营列车运行进路。

② 发布书面命令的内容有：线路长期限速时/取消长期限速时（长期限速系指限速时间 24 h 及以上）；因配合施工需要，车辆段开出工程列车或调试列车时；非运营期间封锁、开通线路；行调认为有必要记录的命令。

③ 调度命令号码。

a. 调度主任：101～199。

b. 行车调度：201～299。

c. 系统调度。供电：301～399（变电所、接触轨倒闸命令）；401～499（变电所、接触轨作业命令）。环控：501～599。

(3) 行调发布的命令，车辆段内司机、车长由车辆段调度负责传达，正线司机、车长由值班站长（行车值班员）负责传达，车站、车辆段传达给司机或其他有关人员的书面命令应盖有车站（车辆段）行车专用章，同时监听受令人复诵，确保调度命令准确传达。

(4) 书面命令须在"调度命令登记簿"内按照命令顺序填写。

(5) 行调应掌握工程车的运行，了解装卸作业进度，检查工程车进出作业区域的情况，确保安全。

3.1.3.4 列车车次、编组及标志

1) 列车车次的规定

(1) 列车车次。8 位数，前两位为目的地码，后三位为序列号。个位偶数为上行，奇数为下行，顺序编号。

(2) 目的地码见表 3-6。

表 3-6 目的地码

序　号	目的地码	目的地名称	计轴区段编号
1	01	高铁站站台	T0103
2	03	转换轨虚拟站台	T0151
3	05	榘梨站下行线站台	T0307
4	06	榘梨站上行站台	T0306
5	07	机场站下行线站台	T0511
6	08	机场站上行站台	T0512

(3) 列车、专列、调试列车车次使用序列号区分见表 3-7。

表 3-7　列车、专列和调试车的序列号

序列号	列车类型
001～699	客运列车
750～759	专列
800～849	临时列车
850～899	空列车
900～919	调试列车
920～999	系统预留

（4）工程、救援列车的序列号规定见表 3-8。

表 3-8　工程、救援列车的序列号

序列号	列车类型
700～749	工程列车
760～799	救援列车

2）列车标志、编组的规定

（1）列车标志规定。磁浮快线 LOGO、标志灯和运行灯。

（2）工程列车尾部必须挂有标志灯。当工程列车按首尾机车编组时，应使用首端机车驾驶，当首端机车故障而使用尾端机车驾驶时，按推进运行办理。

（3）列车编组时，在列车中的机车和车辆的制动机，应全部加入列车的制动系统。具体规定如下：

① 列车。列车始发不准编挂制动系统故障的车辆，在运行途中发生制动系统临时故障时，允许切除一辆后降速运行，到达终点站后退出服务或按《磁浮快线磁浮列车故障应急处理指南》的要求处理。

② 列车、工程列车应按规定的编挂条件进行编组，下列车辆禁止编入列车：车体倾斜超过规定限度的；曾经发生冲撞事故，未经检查确认的；装载货物超出机车车辆限界，无挂运命令的；装载货物违反装载和加固技术条件的；装载跨装货物的平板车，无跨装特殊装置的；平板车未关闭侧板的；制动系统故障的车辆；未按规定维护保养或清洁的列车。

3）ATS 和联锁操作显示终端的操作

（1）ATS 工作站和车站联锁操作显示终端工作站的操作人员必须经过培训、考试合格，并持有磁浮公司认可的上岗证方可上岗操作。

（2）中央 ATS 设备正常时，应实施中央监控，车站 ATS 工作站及车站联锁操作显示终端只监不控。在故障时或必要时行调可授权车站使用ATS工作站或车站联锁操作显示终端控制。

（3）联锁站使用安全相关命令时，必须检查列车进路，确认进路空闲、道岔位置正确及确认满足执行依据后方可操作。

（4）在操作联锁操作显示终端过程中，操作员必须确认进路要素以正确的方式显示，否则必须立即停止和取消该项操作，并报告行调。行调根据具体情况，不能正常操作时，发布停止使用命令，按联锁操作显示终端设备故障处理组织行车。

4）中央级、车站级控制权转换

（1）车站申请本地ATS站控模式时，须先征得行调同意。交权时须保持在本地ATS站控模式。

（2）车站申请联锁操作显示终端站控模式时，须先征得行调同意。交权时须保持在联锁操作显示终端站控模式。

（3）非特别情况申请控制权，车站不得操作"紧急申请"。危及行车安全且无法联系行调情况下，车站可以操作"紧急申请"，获得"紧急站控"后，应及时报告行调。

（4）凡从"中控"转为"站控"时，联锁集中站必须及时人工排列进路。

（5）控制权转换时，须按规定对运营状态进行交接。

（6）中央级设备正常时，行调应使用ATS工作站实施中央监控功能，遇下列情况之一时，OCC将控制权下放到联锁站办理：行调工作站有关控制命令无法下达时；采用联锁后备模式运行时；发生必须由车站操作的情况时。

5）车站级ATS工作站、联锁操作显示终端的操作规定

（1）联锁站ATS工作站、联锁操作显示终端操作人员严禁擅自中断ATS工作站、联锁操作显示终端系统，或在设备上进行与信号监控无关的操作。

（2）ATS工作站的设备管理人员或维修人员需操作ATS工作站、联锁操作显示终端时，应由车站行值征得行调同意，取得控制权，在不影响行车的情况下方可操作。

（3）在站控时，所有列车运行的进路，在ATS工作站、联锁操作显示终端上办理，并对其管辖内列车运行情况进行监控。遇地面信号设备故障，行值须将故障情况及列车运行情况及时报告行调，按有关规定及行调要求组织行车，必要时各车站相互间要通报发车车次及发车时刻，并按规定填写行车日志。

（4）操作人员操作ATS工作站、联锁操作显示终端进路要素以正确的方式显示，否则必须立即停止操作，当确定ATS工作站故障时，使用联锁操作显示终端工作站操作，并报告行调。

3.1.3.5 行车闭塞法

调度主任须根据信号系统所具备的模式决定行车闭塞法。当信号系统具备点式ATP级别或联锁后备模式时，采用固定闭塞法组织行车。当联锁站发生联锁故障或全部计轴故障时，采用电话闭塞法组织行车。

1) 固定闭塞法

固定闭塞时，ATS系统自动排列进路。不能自动排列时，中央及时下放控制权，由车站排列。一条进路内两个同方向相邻信号机间只允许一列车占用（列车救援时除外），列车凭地面信号机的显示运行。司机必须加强对地面信号机的瞭望，发现禁止信号时立即采取停车措施。

（1）当信号系统具备点式ATP级别时。采用点式ATP级别运行，正常驾驶模式为CM，司机可依据车载信号显示的推荐速度和地面信号显示运行。

（2）当信号系统仅具备联锁后备模式时。

① 列车按联锁后备模式运行，正常驾驶模式为NRM，限速70 km/h，在线路原限速低于70 km/h以下的，按线路实际限速要求运行。原则上载客列车须保证一人驾驶一人监控（如只有一人驾驶时由车站安排引导人员上车添乘，车站确实无法派出列车引导员添乘时，司机加强瞭望），空列车一人驾驶时允许不派引导人员添乘，但需对该列车进行严密监控。

② OCC及沿途各车站应严密监控列车运行状态，严格控制列车间隔，确保列车与前车保证有一站一区间空闲，必要时采用控制措施通知司机降低速度运行或在站扣停，确保安全。

2) 电话闭塞法

（1）全线各联锁区发生联锁故障或全部计轴故障时，所有车站、车辆段均为闭塞车站。单个或部分联锁区发生联锁故障或联锁区全部计轴故障时，联锁故障所辖车站及相邻站为闭塞车站。

（2）采用电话闭塞法组织行车的步骤。

① 发生需实行电话闭塞法组织行车的信号设备故障时，行调必须立即扣停开往该故障区域的列车，确认故障区域内各次列车的具体位置并指令其原地待令。遇列车已占用站线时，行调指令司机改用RM模式进站待令或退行至车站待令。遇列车迫停区间时，在确认停车位置到前方站站线末端之间线路无列车占用且无道岔后，指令司机改用RM/NRM模式进站待令，否则按下述第②点有关规定执行。故障区域内列车位置确认工作按以下规定执行：

a. 已占用车站站线列车位置由行调与车站共同确认，区间列车位置由行调与司机共同确认。

b. 确认列车位置时以呼车体号为主。

c. 区间列车司机向行调报告列车位置时必须报上/下行线、区间、百米标。

d. 行调确认列车位置时根据司机报告内容，结合故障前运行图记录，借助模拟板等辅助工具，准确判断列车位置。

② 中间联锁站发生需实行电话闭塞法组织行车的信号设备故障时，必须待故障区域内的进路准备好且所有列车到达站线后，方可采用电话闭塞法组织行车。两端折返联锁

站发生需实行电话闭塞法组织行车的信号设备故障时,必须待所有列车到达站线后,方可在故障区域内采用电话闭塞法组织行车。各联锁站列车运行进路的准备、检查确认和加锁由车站负责,能在ATS(联锁操作显示终端)上操作的道岔,须将道岔开通正确位置后用"单独锁定"命令锁定,不能在ATS(联锁操作显示终端)上操作的道岔,须将道岔开通正确位置后锁定。迫停区间的列车遇前方站线有列车占用或有道岔时按以下规定执行:

a. 停车位置到前方站站线末端之间线路无列车占用但有道岔时,行调必须在车站办理好列车进路后,指令司机改用RM/NRM模式进站,遇列车前方有红灯时必须同时发布越灯命令,司机应加强瞭望和广播安抚乘客。

b. 停车位置到前方站站线末端之间线路有列车占用且有道岔时,行调必须依序组织前方站站线列车出清前方站线并组织车站办理好列车进路后,方可指令司机改用RM模式进站,遇列车前方有红灯时必须同时发布越灯命令,司机应加强瞭望和广播安抚乘客。

c. 停车位置到前方站站线末端之间线路有列车占用但无道岔时,行调必须依序组织前方站站线列车出清前方站线后,方可指令司机改用RM模式进站后待令,司机应加强瞭望和广播安抚乘客。

③ 当故障区域内所有列车均已组织到达站线或两端折返站的折返线且车站办理好实行电话闭塞法组织行车的列车进路时,由调度主任和行调共同与车站确认列车的位置正确无误且办理好实行电话闭塞法组织行车的列车进路后,方可发布实行电话闭塞法组织行车的调度命令。

④ 采用电话闭塞法组织行车时,每一站间区间及前方站接车站线为一个闭塞区段。一个闭塞区段只允许一列车占用,列车驾驶模式为NRM,限速45 km/h运行,行车凭证为路票。

⑤ 电话闭塞法组织行车相关车站在每个需接发列车的站台头端派站务人员负责接发列车并配合司机开关站台门。接发列车作业按以下规定执行:

a. 所有路票由车控室办理。

b. 车控室办理路票、接发列车手续须执行双人(值班员及以上岗位)确认,实现安全互控。

c. 上、下行线列车路票分别指定两位站务人员专职领取后交司机。

d. 采用电话闭塞法行车的各车站不得办理通过列车。

e. 接车站值班员确认站内接车线路及区间空闲,办理好接车进路后向发车站给出电话记录号码,同意接车。

f. 发车站值班员接到前方接车站同意接车的电话记录号码,确认发车进路准备妥当后,填写路票安排人员交指定上行或下行线接车站务员,站务员核对无误后交司机。

g. 司机确认路票正确后与站务人员联控,依次关闭好站台门、车门后发车。

h. 列车停稳后,接发车人员向司机收回路票并及时打"×"注销,路票保存1个月备查。

⑥ 在采用电话闭塞法组织行车时，当信号系统恢复正常或列车进入正常联锁区时，列车CM级别可用后，司机自行转换为CM模式行车，并在前方站交回路票。如到达正常联锁区首个车站后仍未收到推荐速度时，司机报告行调并按其指令处理。

⑦ 当采用电话闭塞法组织行车时，站务人员在磁浮机场站下行线站台、从磁浮高铁站站台来车方向接车（不显示停车信号）。列车在站台换端后，司机凭路票、"好了"信号和无线手持台发车指令动车。

⑧ 电话闭塞法行车区域内的列车因故需退出服务时，行调应优先安排其从正常的联锁区退出正线。在磁浮高铁站联锁区采用电话闭塞法组织行车时，列车因故退出服务至车辆段时，有关行车岗位按电话联系法有关规定执行。

⑨ 取消电话闭塞法组织行车时机的规定。

a. 满足如下所有条件时，方可取消电话闭塞法组织行车：发生需实行电话闭塞法组织行车的信号设备故障消除；红光带基本消除，中央ATS及车站ATS（联锁操作显示终端）的轨道图上恢复正常显示；行调和相关车站共同确认在采用电话闭塞法组织行车区域内所有列车位置均能在ATS及车站ATS（联锁操作显示终端）上正确显示。

b. 严禁行调在未确认电话闭塞法行车区域内所有列车位置均能在ATS及车站ATS（联锁操作显示终端）上正确显示前取消电话闭塞法组织行车。

c. 在确认列车位置时，严禁行调和车站人员根据ATS（联锁操作显示终端）的轨道图上显示的车次窗或列车位置臆测列车位置。

（3）电话记录号码自每日0时起至24时止，按日循环编号。电话记录号编号方式为车站（车辆段）编号加顺序号。车辆段编号为0，车站编号为01~05固定使用。顺序号为01~99循环使用，其中下行线采用连续奇数，上行采用连续偶数。各车站电话记录号码见表3-9。

表3-9 电话记录号码

车　　站	车站编号	电话记录号
车辆段	0	001~099
磁浮高铁站	01	0101~0199
磁浮榔梨站	03	0301~0399
磁浮机场站	05	0501~0599

3）电话联系法

（1）磁浮高铁站联锁区发生联锁故障时，原则上不组织列车进/出车辆段。在列车进/出车辆段期间发生故障时，磁浮高铁站与磁浮榔梨站上、下行线采用电话闭塞法组织行车，磁浮高铁站与车辆段间采用电话联系法组织行车。车辆段发生联锁故障时，具体行车组织方法按《车辆段运作规则》相关规定执行。

（2）列车进/出车辆段的进路安排。磁浮快线出、入段线共用一条线路，原则上出入段线同一时间只准一列车占用。

（3）采用电话联系法的步骤。

① 扣车及确认列车位置按电话闭塞法步骤第①点执行。

② 列车出入段时行调安排磁浮高铁站人工准备进路，将 P0101、P0103 道岔锁在左位。

③ 车站将相关道岔锁在正确位置，行调组织磁浮高铁站联锁区内列车到达站线停妥，调度主任和行调共同与车站、车辆段确认列车的位置正确、相关进路已准备好后，行调向全线司机和相关车站发布采用电话联系法组织行车的调度命令（口头命令）。

④ 出入段线接、发车进路内只允许一列车占用，列车占用区间凭证为电话记录号码。

⑤ 司机在磁浮高铁站至车辆段间限速 25 km/h 运行，车辆段内运行按车辆段相关限速规定执行。

⑥ 办理电话联系法的具体要求。

a. 接车方确认站内接车线路及区间空闲，办理好接车进路后，方可发出同意接车的电话记录号码，并说明接车线路。

b. 发车方确认区间空闲，发车进路准备妥当，取得接车方电话记录号码和接车线路，核对无误后将电话记录号码和接车线路告知司机，司机复诵正确后，方可发车。

c. 司机必须记录电话记录号码和接车线路，在得到磁浮高铁站的无线电台发车通知，确认站台"好了"信号后，方可动车。列车出库前司机整备检查完毕具备待发条件时，及时向车辆段调度汇报，车辆段调度准备好进路办理完相关手续后，用无线电台通知司机发车。

⑦ 无线电台发车的标准用语。

a. 磁浮高铁站。"××车经出入段线运行至车辆段，电话记录号码×××，车站值班员×××（工号）"。

b. 车辆段调度。"电话记录号码×××，××车经出入段线运行至磁浮高铁站台，车辆段调度×××（工号）"。

c. 司机。复诵后报司机代号。

⑧ 闭塞区段内遇禁止信号时视为无效，越过此信号机的凭证为磁浮高铁站（车辆段）的电话记录号。

⑨ 磁浮高铁站值班站长（值班员）接到调度命令后，派站务人员负责接/发列车。待列车关闭车门、站台门，确认站台安全后，用无线手持台通知司机动车，同时向司机显示"好了"信号。

⑩ 在执行电话联系法行车时，列车运行至相邻联锁正常区段或信号系统恢复正常，收到 CM 模式可用，司机自行转换 CM 模式后报行调。

（4）磁浮高铁站联锁设备恢复正常，取消电话联系法行车，恢复正常运营。

① 列车在区间收到 CM 模式可用时,自行转换 CM 模式后报行调。

② 行调确认联锁故障恢复后,组织磁浮高铁站准备进路人员解除 P0101、P0103 道岔锁定(需要时,恢复转辙机电源),其他道岔视情况利用行车间隔组织解锁。

③ 行调发布取消电话联系法行车的命令。

(5) 当联锁设备发生故障需采用电话联系法时,如首趟列车迫停在道岔区域并压住道岔时,在确认故障区域全部列车位置后,行调组织压住道岔的列车以 RM 模式限速 5 km/h 驶离开道岔区域。

3.1.3.6 项目经验总结

针对长沙磁浮快线磁浮高铁站采用上、下行共用站线,出入段线共用的线路设计特点,在调度指挥和运营组织方面采取了一些措施,如在车辆段和磁浮机场站上行站线同时存放备用车,用于两端车站的列车调整。

3.2 车辆段行车组织

为节约人力成本,实现安全可靠高效运作,DCC 将检修调度和轮值工程师岗位整合成为值班主任,车厂调度和信号楼值班员整合为车辆段调度。

3.2.1 行车组织原则

(1) 车辆段内运作,应认真贯彻安全生产的方针,坚持高度集中、统一指挥、逐级负责的原则,与行车有关部门应主动配合、紧密联系、协同动作,确保及时提供技术状态良好、数量足够的磁浮列车投入服务。

(2) 车辆段行车工作由车辆段控制中心(后续简称 DCC)值班主任集中领导、统一指挥,车辆段调度负责办理接发列车,排列列车进路和调车作业进路。行车人员及相关岗位应严格执行《行车组织规则》和《车辆段运作规则》的有关规定。

(3) 运营时刻表是行车组织工作的基础,以运作命令发布。

(4) 行车时间以北京时间为准,从零时起计算,实行 24 h 制。行车日期划分:以零时为界,零时以前办理的行车手续,零时以后仍视为有效。

(5) 正线、辅助线、出入段线的行车组织由行调负责。出/入段线属行调管理范围,车辆段的行车组织由值班主任负责。所有与正线相关或影响行车的作业,于开始前必须得到行调批准。

(6) 空驶磁浮列车、调试磁浮列车、工程车和救援磁浮列车出入车辆段均按列车方式办理。

（7）所有DCC交付使用的运营磁浮列车，操纵权属司机，其他人员需操作磁浮列车上的设备时，必须得到司机同意。磁浮列车在运行中司机应在前端驾驶，如推进运行时在前端驾驶室须有司机负责引导和监控磁浮列车运行。

（8）在车辆段范围内指挥列车或车辆段调车的信号以地面信号为主，当地面信号出现故障的情况下，以手信号旗/灯作为替代。

（9）列车出库晚点统计方法。比照运营时刻表，每列出库车需提前3～5 min发车至转换轨，因各类原因造成未能及时将列车排出库视为出库晚点，行调应根据列车延误情况及时采取调整措施。

（10）有关人员的书面命令应盖有车站（车辆段）行车专用章，同时监听受令人复诵，确保调度命令准确传达。

3.2.2 调车作业

1）调车作业的领导与指挥

（1）调车作业由值班主任统一领导，具体作业由作业司机及车辆段调度相互配合共同完成。调车作业人员应按车辆段运作的规定和调车作业的具体内容执行。

（2）工程车调车作业时调车作业的安全由调车长负责，磁浮列车调车作业时由司机负责。车辆段调度根据调车作业需求及时开放信号，指挥列车运行，并注意行车安全。调车司机应根据地面信号，平稳地操纵列车，并时刻注意确认信号，不间断进行瞭望，正确、及时地执行信号显示，安全调车作业。

（3）车辆段调度在遇非正常情况下组织调车时（如轨道电路突然出现红光带、道岔失去表示、信号非正常关闭、控制台突然断电及其他功能报警等情况）应立即命令司机停车，并及时通报值班主任。

（4）调车作业完毕后，车辆段调度与值班主任重新核对磁浮列车及工程车停车位置，确认无误后车辆段调度重新摆放线路平面示意图标识，要做到"三准确"，即股道位置准确、车组号码准确、数量准确。

2）调车作业规定

遇下列情况禁止调车作业：

（1）设备或障碍物侵入线路设备限界时，禁止调车作业。

（2）禁止两组车组或列车同时在同一条股道上相对移动。

（3）磁浮列车、工程车辆制动系统故障影响到行车安全时，禁止调车作业。

（4）有维修人员正在磁浮列车上作业影响行车或列车两端司机室内挂有"禁止动车"警示牌时，禁止调车作业。

（5）列车底部悬挂装置脱落时，禁止调车作业。

（6）其他情况影响到调车作业安全时，禁止调车作业。

3）联挂车辆规定

(1) 联挂车辆。司机应显示联挂信号和距离信号三、二、一车(三车 45 m，二车 30 m，一车 15 m)。没有显示联挂信号和距离信号不准挂车。

(2) 接近被联挂车辆 5 m 时一度停车，确认车钩位置正确后再联挂。

(3) 磁浮列车、工程车推进运行前或联挂后，应进行试拉。

4）进/出库内作业规定

(1) 进/出检修库应在车库门一度停车，确认是否有障碍物，确认库门开启状态。

(2) 检查库内线路状态、货物及设备堆放状况，通知有关人员停止影响调车作业的工作和撤销防护标志牌。

(3) 动车凭证。列车调车转线进入洗车线、转换轨，司机换端后必须先向车辆段调度询问进路情况，确认信号、道岔正确后方可动车。调车信号机故障无法开放，需越过关闭的信号机时，司机需得到车辆段调度命令，确认进路正确后方可越过该信号机。单机或牵引运行时，前方进路由司机确认；推进运行时，由调车长确认。接近被挂车辆车钩不小于 5 m 处一度停车，再以低于 3 km/h 速度联挂车辆。

5）开放/取消信号、进路控制的规定

(1) 车辆段调度必须得到司机停稳的汇报后，方可取消已开放的信号。

(2) 原则上不允许利用出入段线进行调车，联锁设备不能正常使用时，严禁越出车辆段占用出入段线调车。遇特殊情况需要越出车辆段占用出入段线调车时，须取得行调的命令，未经行调同意，禁止使用出入段线进行调车作业。调车作业必须占用出入段线时，车辆段调度使用调度直通电话向行调请求授权使用出入段线进行调车作业。用语为"车辆段请求××时××分至××时××分使用出入段线进行调车作业"。在出入段线上的调车作业完毕后车辆段调度向行调汇报"车辆段××时××分出入段线调车作业结束，出入段线出清"。

(3) 取消调车进路时，车辆段调度必须通知调车司机，在得到调车作业已经停止的回答后方可关闭调车信号，严禁联系不彻底擅自关闭信号。

(4) 磁浮列车、工程车原路折返前，车辆段调度必须通过接通光带确认进路道岔位置正确，加锁该进路有关道岔。

(5) 车辆段调度允许磁浮列车或工程车在某一条封锁进路上运行时，可以将能够正常开放的信号机作为办理进路的辅助手段使用，原则上第一个往返运行须开放进路上信号机作为磁浮列车或工程车动车凭证，之后司机在允许区域内动车，进路上信号机的显示不作为行车凭证。严禁越过允许区域范围。

(6) 调车作业中遇压信号调车时，调车司机必须与车辆段调度联系彻底，并取得车辆段调度的同意，方可原路返回并认真确认进路开通状态。车辆段调度要密切注意计算机联锁设备光带的变化，遇列车、车辆位置不清、动态不明，严禁操纵控制台设备。

(7) 组织两列磁浮列车或工程车在同一股道作业时，应通知一列磁浮列车或工程车在指定位置停机待令,向另一列磁浮列车或工程车司机布置安全注意事项及停车位置情况后,再开放防护信号机放行该磁浮列车或工程车到指定位置停止作业。

(8) 计算机联锁设备故障道岔改就地操纵时,调车作业人员与车辆段调度之间必须执行要道还道制度。车辆段调度应逐个确认进路上的道岔开通正确方可显示道岔开通信号。调车司机应在运行中逐个确认进路上的道岔开通正确。

(9) 调车作业时,车辆段调度应排列完整的长进路,如特殊情况需排列短进路时,车辆段调度必须在作业前或动车前通知司机(调车长),司机(调车长)应加强确认进路和信号,严格控制速度。

6) 调车、调试作业计划的提交和实施规定

(1) 作业负责人需动车转轨时,先确认转线磁浮列车状态符合动车条件后,以书面形式(即填写"调车作业通知单")及时向值班主任提报转轨计划。

(2) 调车计划完成后,车辆段调度依据作业完毕后将磁浮列车停留股道及位置重新填写占线簿,并再次与值班主任核对。

(3) 调车作业完毕后要及时报告值班主任本次调车作业完毕,将作业中有无异常情况一并反馈给值班主任。

(4) 一旦调车作业中发生事故,应立即停止调车作业和取消调车计划,并立即报告DCC值班主任,由值班主任负责通知相关人员。

(5) 变更计划不超过三句时,可以口头方式布置,有关人员应复诵。变更作业计划应停车传达,确认有关人员清楚。变更调车作业计划的权限及传达确认办法:计划只能值班主任直接向车辆段调度变更。当批计划变更需超过三句时,应停止作业并重新布置书面计划,当批计划变更未超过三句时,严格执行复诵核对制度。变更调车作业计划的传达可利用录音条件良好的无线调度系统或电话传达。

7) 调车速度

(1) 调车作业要准确掌握速度,在瞭望条件差、天气不良等非常情况下应适当降低速度。

(2) 调车速度不得超过表3-10的规定。

表3-10 调车速度

序号	项目	速度/(km·h^{-1})	说明
1	车辆段内空线牵引运行	15	
2	车辆段内空线推进运行	10	
3	在尽头线调车时	严格按"三、二、一车"速度驾驶	三车8 km/h(距离约45 m) 二车5 km/h(距离约30 m) 一车3 km/h(距离约15 m)

(续表)

序号	项目	速度/(km·h⁻¹)	说明
4	库内运行时	10	停车列检线限速 10 km/h，检修线限速 5 km/h
5	接近被联挂的车辆时	3	

8) 使用无线调车系统的规定

(1) 调车前由调车长向调车人员(含车辆段调度)逐个呼叫，经双方通话试验良好后，方可使用。

(2) 调车作业过程中，严禁关闭无线调车设备和随意转换指定使用频道。

(3) 严格按规定标准用语通话，严禁用对讲机谈论与作业无关的内容。

(4) 调车作业必须认真贯彻单一指挥的原则，工程车调车时除调车长外，原则上其他人员均不得直接指挥司机动车。当调车人员通话时，其他人员不得按下通话按钮，避免干扰。

(5) 调车员站在便于前后瞭望的位置，加强联系。不准在建筑物内或离开作业地点遥控指挥作业。

9) 调车作业手信号的规定

(1) 调车手信号是指示调车工作的命令，有关行车人员应严格执行。

(2) 车辆段内调车作业手信号按《行车组织规则》规定执行。

(3) 显示信号时，应严肃认真，做到位置适当、正确及时、横平竖直、灯正圈圆、角度准确、段落清晰。手持信号旗的人员，应左手拿拢起的红旗，右手拿拢起的绿旗。

10) 压信号调车安全措施

(1) 正常情况下不得压信号调车；当调车车列未能全部进入目标线路信号机内方导致压信号时，车辆段调度不得改变其原进路上(包括已解锁区段)任何道岔(包括防护道岔)的位置。

(2) 因特殊情况需压信号调车，从原路返回时，司机应与车辆段调度联系彻底，必须得到车辆段调度允许压信号调车的口头命令才能动车。

(3) 车辆段调度在计算机联锁设备上检查确认进路，对未锁闭区段的道岔实施单独锁闭；对已解锁区段应重新排列进路并开放信号。压信号时，严禁排列短进路调车。

(4) 压信号调车时，最高限速 5 km/h。

(5) 压信号调车时，车辆段调度准备进路、开放信号必须遵循以下顺序及原则：

① 不能排列进路的区段，按列车运行方向，以单锁道岔方式，由近至远，逐副准备进路。

② 能排列进路的区段，按列车运行方向，由远至近开放信号。

③ 整条进路准备完毕，确认无误后方可通知司机动车。

11) 调车安全

(1) 在带电区段调车作业时,严禁攀登磁浮列车、工程车上、下车,严禁碰触接触轨。

(2) 任何人所携带的物体(包括长杆、扶梯等)与接触轨带电部位需保持 700 mm 以上的距离。

(3) 上、下车时,应停车,应选好地点,注意地面障碍物、接触轨。

12) 个人防护用品使用规定

(1) 个人防护用品必须专人专用、妥善保管。绝缘鞋应定期检测,如发现不符合使用要求应及时更换。

(2) 进入库区作业人员必须穿绝缘鞋,高度树立"无电当有电"的观念,确保个人人身安全。

3.2.3 洗车作业

(1) 洗车计划由值班主任下达,洗车作业人员和车辆段调度负责实施,如行车计划或洗车计划有变,由值班主任决定。

(2) 洗车计划的实施有以下两种方式:① 正线回段磁浮列车直接进行洗车作业;② 段内按照调车作业方式办理洗车。

(3) 正线磁浮列车回段需洗车作业正常情况下由本机班司机负责完成洗车作业,洗车完毕后运行至停车列检股道或检修股道。磁浮列车在段内需要洗车时正常情况下由调车司机负责完成洗车作业。

(4) 洗车作业前,车辆段调度应先通知洗车机操作员,确认洗车机具备洗车条件后开放入段信号或调车信号,与司机联控清洗方式。

(5) 磁浮列车进入洗车区域限速 3 km/h;磁浮列车进入洗车机后正常情况下不得后退,特殊情况需后退时,须经车辆段调度同意,车辆段调度在同意磁浮列车后退前,还应征得洗车机操作员同意及确认后退进路安全后方可同意司机后退。

(6) 洗车作业中,司机应加强与洗车机操作员联系,确认设备没有侵限方可动车。

(7) 洗车机故障时,禁止办理洗车作业。

3.2.4 调试作业

1) 人员安排及职责

(1) 工程车正线调试作业,车辆段调度安排司机值乘。

(2) 正线磁浮列车调试作业时,原则上不得少于 2 人配合调试。

(3) 调试司机必须集中精力加强瞭望、正确操作、按规定驾驶;添乘人员需协助值乘司机瞭望进路,监控好值乘司机按章操作,把好安全关,确保调试作业安全。

2) 调试准备

(1) 调试负责人提前 2 h 将"调试任务书"发至值班主任,值班主任提前 1 h 将其发至调试司机。

(2) 投入运营服务前任何调试作业(包括信号、机车、车辆的任何调试及试验),调试工作负责部门必须派出技术人员跟车负责监控车辆状态。

(3) 磁浮列车到正线调试由车辆段出车时,由值班主任按照施工检修管理相关规定组织调试人员、司机、车辆段调度做好调试准备;调试负责人须提前 1 h 到位并在库内跟随调试司机一起上车,调试作业结束后跟车回段在车库内下车;车辆段调度与行调落实出段进路,并向司机传达、落实运行计划、行调命令。

3) 计划布置

(1) 调试部门或配合部门的调试负责人将调试作业的驾驶模式、运行速度、车辆及设备状况、调试主要内容、作业时间、安全注意事项、跟车人员等在调试、试验作业任务书上详细说明并提前 1 d 提交值班主任处。

(2) 值班主任在向车辆段调度布置计划时将"调试任务书"交司机确认。

4) 调试负责人、司机、值班主任、添乘人员的主要工作职责

(1) 调试负责人。

① 磁浮列车、工程车进行任何调试,由调试负责人统一指挥、负责调试过程中的安全工作。

② 在调试磁浮列车、工程车运行过程中,监控调试人员(含外方人员)禁止擅自动用与行车安全有关的设备设施。

③ 需要按方案进行影响行车的试验操作(如进行紧急制动试验)时须向司机交代清楚,经司机落实好行车安全事宜并同意后方可进行。

④ 其他要求按照《施工检修管理办法》执行。

(2) 调试司机。司机必须根据调试负责人的要求安全操纵磁浮列车、工程车。凡是需要动车时,需要联系行调落实运行进路的安全并得到其同意,确认行车"三要素"(进路、信号、凭证)正确后方可动车。

(3) 值班主任。在接到调试、试验任务时,将调试、试验计划有关内容向调试司机布置清楚,包括试车内容、运行模式、速度要求、磁浮列车、工程车及行车设备状态等,确保车辆段内调试作业行车安全。

(4) 添乘人员。认真核对、落实"调试任务书"各项内容和调试作业的各项规章制度,监控驾驶司机按照规定操作、驾驶磁浮列车、工程车,发现异常及时采取措施,避免安全事件发生。

5) 动车前注意事项

(1) 司机按《磁浮列车司机手册》《工程车司机手册》有关检车流程对调试磁浮列车、工程车进行检查、试验,确保磁浮列车、工程车状态符合行车要求。

(2) 司机检查磁浮列车、工程车制动试验、线路限界、进路信号的显示、调试人员及设备到位等是否具备行车条件,如有异常及时报告值班主任并禁止动车。

(3) 磁浮列车上正线动车前,司机正确理解调度命令内容,明确调试负责人并与其确

认调试内容及安全注意事项,明确调试程序后,双方签名确认。

(4) 动态试验动车前,调试负责人确认有关人员处于安全位置、警示牌已撤除后通知司机允许动车,司机确认前方进路无人无物,鸣笛动车。

6) 调试过程中的注意事项

(1) 司机应严格执行规章制度、控制好速度,加强瞭望和呼唤应答,认真操作,密切注意、观察设备仪表的状态,遇信号异常或危及行车安全时,应立即采取紧急停车措施,并及时汇报调试负责人及行调,听从其指示,确保调试磁浮列车安全。

(2) 调试作业严禁副司机、学员操纵列车。

(3) 严禁任何人爬上磁浮列车、工程车车顶,运行中严禁探身车外,任何人不得扶着手扶杆站在车厢外面。

(4) 动态试车前,必须确保磁浮列车的制动系统作用良好。

(5) 作业途中停止时,没有调试负责人的指示,严禁擅自动车。

(6) 在调试作业过程中磁浮列车、工程车出现车辆或信号故障时,应及时向调试负责人汇报,由其处理,视其需要给予协助。禁止未经调试负责人同意擅自动用车载设备或进行任何试验操作。

(7) 调试过程中,司机需服从调试负责人的指挥,遇调试负责人提出调试要求超出计划内容时,司机应及时向行调汇报并得到其同意后方可执行。

(8) 严禁调试作业人员未经司机同意擅自下车或进入高架作业,司机发现违反规定者报行调,由调试负责人确认所有人员已上车后再动车。

(9) 遇下列情况司机应给予坚决制止,严禁动车,并将情况报告行调处理。调试人员(含外方人员)不听劝阻者,司机有权停止作业。

① 调试指令违反相关安全规定或规章时。

② 危及行车安全(如有物品侵入限界、道岔位置不对等情况)时。

③ 不具备动车条件(如磁浮列车上的设备未恢复正常位置、未进行制动试验等情况)时。

④ 无调试负责人在场时。

⑤ 作业计划不清或计划与实际有出入时。

(10) 试运营前的所有磁浮列车动调,均采用双司机值乘,一人驾驶,一人监控,执行双司机呼唤应答制度。

(11) 磁浮列车在正线调试原则上按信号显示行车,如行调要求磁浮列车在封锁线路进行调试时,司机必须认真确认进路上的每副道岔位置,在通过进路防护信号机、道岔时要适当降低速度运行。

3.2.5 非正常行车组织

(1) 当车辆段计算机联锁系统故障无法开放出段信号,但转换轨占用表示正常时,磁浮列车占用转换轨的凭证为车辆段调度的口头命令（通过无线电台通知），越过出段信号机蓝灯信号出段。

（2）当车辆段计算机联锁系统故障或磁浮高铁站计算机联锁系统工作站故障引起照查电路、联锁监控设备故障，不能从正线 ATS‐MMI（列车自动监督的操作显示子系统）工作站、车辆段计算机控制台上监视转换轨、出入段线占用情况时，改为站间电话联系法组织行车。车辆段组织电话联系法行车，磁浮列车占用转换轨的凭证为电话记录号码。

第 4 章

施工及检修管理

4.1　正线施工及检修管理

1）施工及检修基本原则

（1）原则上在运营时间内不组织影响行车及列车进出段的相关设备进行检修施工作业。

（2）对处于进路锁闭状态的联锁设备,严禁进行检修作业。

（3）正在检修中的设备需要使用时,须经检修人员同意。

（4）进入正线、辅助线及影响正线行车的施工须经行调同意。

2）设备抢修、施工及检修原则

（1）运营时间内与行车相关设备故障处理必须遵循"先通后复"的原则,在不影响运行车安全的前提下,先应急处理恢复行车,待运营结束后再进一步组织维修。

（2）运营时间内抢修及非运营时间施工组织及其防护措施按照《施工检修管理办法》中规定执行。

3）施工组织

（1）对维修、调试、施工等作业按性质、地点分别组织。

① A类作业须经行调批准,方可进行。

② B类施工作业经DCC值班主任同意方可进行,如影响正线行车须报行调批准。

③ C类作业。磁浮公司内部的施工项目经车站值班站长（值班员）批准方可施工,涉及电力或环控设备的施工,车站需征得系统调度同意后方可批准施工。

（2）各施工单位及部门的施工、检查作业,要严格控制作业区范围及作业时间。

（3）施工人员进出站规定。

① 施工负责人（联络人）持施工作业令及其他相关证件在作业令规定施工开始时间前20 min到达请点站,按规定程序办理施工作业手续;如一个施工联络人在同一车站为不同施工办理请、销点手续（不能同时超过3项施工）,该施工联络人须同时承担所办理手续施工的安全卡控。

② 施工作业人员于关站前10 min进站,因工作需要确需关站后进入的应与车站联系,车站根据联系的地点、时间,查验施工作业令和相关证件后开门放行。

③ 原则上各施工作业人员须从该项施工的请点站进出,如遇特殊情况,由施工负责人提前与车站进行联系,征得车站同意后方可进出。

（4）请点规定。轨行区的施工作业,施工负责人（联络人）请点作业时须持施工工器具物料清点清单,清单留存在请点站备案,施工工具物料由施工负责人负责清点、管理,并确保所有作业人员持有接触轨区域安全培训合格证。在办理请点手续前,施工负责人确认无误后方可办理该项施工的申请,所有作业在开始前(含内部员工作业)应由施工负责人对全体作业人员进行安全交底并填写安全交底单,交底内容包括注意事项、作业要求、防护措施、危险因素等。

① 属于 A 类的作业,施工负责人与作业人员直接在车站进、出场作业时,施工负责人在作业令规定施工开始时间前 20 min 到车站请点,经车站审核后报行调核对计划,当满足施工条件后行调通知车站,车站值班员传达允许施工的命令,请点生效,可以施工。当施工负责人与作业人员需在区间直接进、出场作业时,在请点站需配备施工联络人,施工负责人与作业人员在作业令规定施工开始时间前 20 min 到达上桥点位置与车站施工联络人联系,施工联络人在车站请点,经车站审核后报行调核对计划,当满足施工条件后行调通知车站,车站值班员传达允许施工的命令给施工联络人,施工负责人接施工联络人通知后方可进场施工,车站值班员及施工联络人通过 CCTV 加强对下桥点的监控。

② 属于 B 类的作业,施工负责人到 DCC 值班主任处请点,经 DCC 值班主任同意,便可施工(车辆段内进行影响正线行车的作业应经行调批准)。

③ 属于 C 类的作业,经批准,施工负责人到请点站登记请点。

④ 如遇作业区域同时包含正线和车辆段线路时,施工部门到 DCC 值班主任处请点,DCC 值班主任在审核批准该项施工作业前,须向行调请点,征得行调同意后,方可允许施工部门开始施工。

⑤ 有承包商作业时,原则上影响行车设备设施的作业(含轨行区作业)必须由归口部门人员协助办理请点后,方可开始作业。

⑥ 施工负责人(联络人)到作业请点站登记请点时,须持施工负责人证、作业令、工作证件、施工工器具物料清点清单等。

⑦ 在作业令规定施工开始时间 30 min 后,施工负责人(联络人)仍未办理请点,且未提前跟客运管理部行调联系,无特殊原因的,由客运管理部调度主任取消该项作业,并通知相关车站,该作业将视为施工单位擅自取消。

⑧ 施工作业令涂改或内容与施工计划不符时,车站/DCC 可拒绝该项施工,该作业将视为施工单位擅自取消。

⑨ 因特殊原因需取消当日施工作业时,施工负责人在施工作业计划开始时间 3 h 前向客运管理部调度主任汇报取消原因,经调度主任同意后方可取消,由行调通知相关车站。

(5) 销点规定。轨行区的施工作业,销点前施工负责人需对施工工器具、物料进行清点、管理,核对无误,并在施工工器具物料清点清单签字确认后,方可办理该项施工的销点申请。

① 属于 A 类的作业,施工负责人与作业人员直接在车站进、出场作业时,施工负责人

在施工区域出清完毕后,报车站,由车站向行调销点。当施工负责人与作业人员需在区间直接进、出场作业时,施工负责人在施工区域出清完毕后,联系车站施工联络人,施工联络人报车站,由车站向行调销点。

② 属于B、C类作业,施工负责人在施工区域出清完毕后,向DCC值班主任或车站值班员销点。

③ 属于作业区域同时包含正线和车辆段线路的施工的销点,施工负责人在施工区域出清完毕后,向DCC值班主任销点,DCC值班主任在办理销点手续时必须同时向行调办理销点。

④ 原则上请销点必须在同一地点;特殊情况需异地销点的施工作业,施工负责人(联络人)应在请点时在车站施工登记表备注栏中注明异地销点的地点、人数,登记进入施工的车站要及时通知异地销点的车站值班员。

⑤ 当施工作业需异地销点的,销点的时间不得超过施工行车通告上规定的时间。作业结束后,施工负责人向销点站登记销点,销点站经与施工负责人核对销点的施工内容、施工人数、地点全部无误后,记录施工负责人有效证件、姓名、作业令号码、作业人数等,并向请点站核对无误后,销点站向行调销点销点完后通知请点站。

(6) 非运营时间的设备检修施工。

① 每日运营结束后相关部门按计划对各设备系统进行检修作业,并应于规定时间内完成对运行线路巡道和施工区域出清程序。

② 站间正线线路在两站之间作业需要开行工程列车时,由行调指定的车站值班员负责掌握施工情况,监督施工安全。

③ 在正线及辅助线施工开始前,施工负责人(联络人)应进行施工登记,经行调批准、发布命令,车站签认,通知作业负责人设置防护信号。

④ 施工结束后施工负责人负责线路出清、人员撤离现场,施工负责人经检查确认撤除防护后,施工负责人(联络人)办理施工销点登记手续,车站报告行调销点。

⑤ 进入线路的施工不论是否需要封锁线路,车站值班员均应在施工开始前和结束后报告行调。

(7) 施工作业时间调整的要求。当日因特殊原因,施工作业时间需调整时,调度主任通知作业部门或对口专业管理部门,由作业部门或对口专业管理部门通知施工作业人员。

(8) 遇需接触轨停电挂接地线的作业规定。

① 接触轨停电挂地线防护的规定。

a. 接触轨具备停电条件后行调通知系统调度停电。

b. 行调接到系统调度已停电的通知后,向车站发布停电通知。

c. 施工人员到相关车站登记请点,车站向行调请点。

d. 行调批准车站请点;车站接到行调的通知后,方可批准施工人员请点。

e. 施工人员挂接地线后开始施工作业。

f. 施工结束,施工人员拆除地线且出清完毕后,向车站销点,车站向行调销点。

g. 行调确认可以送电后,通知系统调度送电;系统调度根据行调的要求送电。

② 其他注意事项。

a. 人员及所持物件与带电接触轨距离小于 700 mm 的施工作业,接触轨须停电并挂地线。

b. 挂/拆地线为施工作业的一部分,接触轨须挂/拆地线时,各施工部门(单位)按"谁施工,谁组织"原则,承包商施工由归口部门监管挂/拆地线。同一区域多项施工需挂地线时不可共用一组地线。

c. 挂地线人员应在接触轨地线外方(可能来车方向)放置红闪灯进行防护。

d. 须开行工程车进入挂地线的作业区域进行救援、抢修时,OCC 或 DCC 应通知抢修负责人做好防护措施,临时拆除接地线。

e. 需接触轨停电或停电挂地线的检修作业,接触轨停电区域需大于或等于作业区域,需挂地线的检修作业,施工单位可在施工区域内根据实际作业情况来设置地线防护,但在施工计划中须注明根据实际作业区域来挂接流动地线进行安全防护。

4.2 车辆段施工及检修管理

1) 施工作业管理

(1) 车辆段内施工作业计划由各部门向车辆运管部门值班主任(日勤)人员提报,由值班主任(日勤)人员负责对车辆段的施工计划进行审核,再提交至客运管理部门施工管理工程师,然后由施工管理工程师下达施工计划后,并及时下发至各部门。

(2) 请点。车辆段内施工作业负责人按照施工计划填报入段作业申请单;车辆段调度审核其施工人员是否持有施工作业令及施工负责人证。对于需要动火、高空、密闭空间、动土、临时电源(操作特种设备)的作业,还同时应有相关部门开具的许可证明方可批准作业;证明不全的施工作业一律不批准。

(3) 销点。施工结束后施工负责人确认施工区域出清、确认施工对象及影响范围已恢复正常,到 DCC 车辆段调度处进行销点登记。

(4) 施工计划变更按《施工检修管理办法》重新进行提报审批。

(5) 车辆段施工作业请、销点组织程序见表 4-1。

表 4-1 车辆段施工作业请、销点组织程序

项目	步骤	负责人员	工作内容及标准
请点	请点	施工负责人	（1）施工作业负责人出示施工负责人证、施工作业令，如有动火作业需求请出示动火许可证 （2）填写"入段作业申请单"，向车辆段控制中心（后续简称DCC）车辆段调度请点
	审批	DCC车辆段调度	（1）审核其是否在施工计划范围内 （2）审核施工作业内容、作业区域确定其是否影响正常段行车计划、车辆检修作业及是否与其他作业存在有安全性的冲突 （3）如需接触轨停电的作业，确认接触轨已停电 （4）具备施工条件后，审批施工作业并给出施工承认号
			（1）对于需要使用动火、高空、密闭空间、动土、临时电源操作特种设备的作业，还同时应有技术部的相关许可证明方可批准作业 （2）证明材料不全的施工作业一律不批准
			在审批作业申请前车辆段调度做好施工的相关防护等事项
	封锁	DCC车辆段调度	先在计算机联锁设备上做好防护措施，封锁相应施工作业范围；汇报DCC值班主任设置封锁时间，并签字确认
		DCC值班主任	得到车辆段调度的汇报后，在DCC"线路平面示意图"设置防护标志牌
	确认	DCC值班主任	确认作业内容、作业区域并已封锁，并在入段作业申请单中签字确认
	作业	施工负责人	按规定做好防护后方可开始作业
销点	出清	施工负责人	施工作业完毕，确认施工对象及影响范围已恢复正常，现场作业人员、工器具已出清；作业负责人持入段作业申请单向DCC车辆段调度申请销点
	销点	DCC车辆段调度	确认施工区域出清后批准销点，施工结束
			通知DCC值班主任作业完成
	解封	DCC车辆段调度	核对该区域是否还有其他作业，确认无作业后，方可解封；相应施工作业范围并汇报至值班主任
		DCC值班主任	得到车辆段调度的汇报后，在"入段作业申请单"签字确认，并在DCC"线路平面示意图"撤除防护标志牌
	确认	DCC值班主任	确认作业完成

2）施工安全管理

（1）施工防护。

① 车辆段的施工作业由施工人员在施工作业现场实施必要的防护。如设置红闪灯

时，必须在作业现场两端F轨各设置一盏红闪灯，遇多个作业需要在同一地段设置红闪灯时，相邻两个红闪灯之间至少有1 m的距离。

② 段内的施工防护由车辆段调度确认满足施工条件后在计算机联锁设备上做好防护措施，封锁相应施工作业范围，DCC值班主任得到车辆段调度的汇报后在"线路平面示意图"上设置防护标志牌。

(2) 施工安全。

① 凡进入线路施工的作业人员必须按要求穿荧光衣、戴安全帽，并根据作业性质及作业要求使用其他安全防护用品。

② 施工作业过程中如要进行动火作业时，必须按照规定办理临时动火许可证手续，严禁在无临时动火许可证的情况下进行动火作业。

③ DCC发现施工中有违反作业规定或作业内容、地点与请点登记内容不符的情况，应立即要求其停止作业。

④ 接触轨需停电并挂接地线，同时需开行工程车配合的施工检修作业，挂接地线人员应及时将接地线的数量、位置、拆/挂情况和相关要求、注意事项等向值班主任说明。开行工程车、调试列车的施工作业防护区域不允许安排其他施工作业。

⑤ 施工作业需操作转换道岔时，要做好安全防护，加强联系；作业部门在DCC设置联络人员或拨打DCC座机进行联络；施工作业结束前，需测试检查道岔满足运营条件后方可销点。

⑥ 安全防护要求和配合要求必须由各施工单位、部门在申报施工计划时提出，在施工作业过程中，施工单位、部门应严格遵守相关安全规定和施工作业令中的要求。

⑦ 作业防护遵循"谁设置，谁撤除"的原则，实行"自控、互控、他控"原则，施工作业人员必须严格遵守国家、行业、磁浮公司相关的安全管理制度、规则、规定等。

⑧ 发现任何影响安全施工作业的因素，应立即停止施工作业，待问题查清、消除影响后方可批准恢复作业。

⑨ 委外项目施工由归口管理部门负责安全监督及管理。

(3) 施工作业令。

① 周(月)计划、日补充计划的施工作业令由施工管理工程师根据施工行车通告同时签发，临时计划施工作业令提报至OCC(控制中心)调度主任，需在当日16:00前下发。

② 签发的施工作业令以电子文档格式(各部门加盖施工专用章)发放给各作业单位。

③ 各作业(监管)部门核对施工作业令信息，打印并加盖施工专用章后，将原件发放给施工负责人，复印件或传真件发放给联络人以及配合部门，外单位凭施工作业许可单到归口部门处领取施工作业令。

④ 对于节假日(含周六、日)，从放假第一天起至上班后第一个工作日的施工作业令，可于放假的前一天发放。

⑤ 受日补充计划、临时计划影响而调整的施工计划，按日补充计划、临时计划重新办

理施工作业令。

⑥ 施工作业令一经发放，如无特殊情况（指抢修、危及人身及设备安全情况等）不得更改或取消。如因特殊原因确需取消相关作业时，必须在施工作业令规定的作业开始时间前 5 h 向施工管理工程师提出申请，得到批准后方可取消，并将调整情况通报相关部门。

3）施工时间安排

(1) 车辆段内施工时间安排严格按照施工计划的要求执行，DCC 值班主任应根据当日施工计划提前做好线路空闲、列车和司机配合准备，确认施工条件满足后，方可受理施工请点手续。

(2) 如车辆段内施工与车辆检修计划时间有冲突时，由值班主任联系相关主办作业部门协调处理。

(3) 施工单位须在计划作业前 15 min 到 DCC 申请作业，若施工单位在申请作业时间晚于计划时间 30 min 及以上，DCC 值班主任有权取消该项施工作业。

(4) 各施工部门、单位原则上必须按施工计划规定的结束时间完成施工作业及施工区域出清，因故需要延长作业时间，由施工负责人于批准的作业结束时间前 30 min 向 DCC 值班主任提出申请，DCC 值班主任批准后方可执行。延点不得超过 1 h；若延长后的作业结束时间距离列车运行图中首列列车出、入段时间小于 1 h，必须按照临时计划办理。具体规定如下：

① 按临时计划办理的施工区域与原施工计划作业区域必须一致，DCC 值班主任通知 OCC 调度主任协商一致后可继续在原区域作业，施工作业结束后需对该临时计划补请、销点，DCC 需将情况在日报上反映。

② 按临时计划办理的施工区域与原施工计划作业区域不一致，则施工负责人需告知 DCC 值班主任实际抢修所需实际区域，确保除抢修区域外的施工区域已出清且设备正常，得到 DCC 值班主任批准后方可施工，抢修结束后对该临时计划补请、销点，DCC 需将情况在日报上反映。

4）接触轨作业管理

(1) 车辆段单股道施工作业需接触轨停电时，施工负责人应先向 DCC 值班主任办理施工请点登记，再办理停电申请登记，值班主任确认可以停电后，由施工负责人负责单股道接触轨停电，停电完毕后 DCC 值班主任方可批准作业。

(2) 车辆段接触轨供电分区停电由 DCC 车辆段调度向 OCC 系统调度申请，施工负责人应先向 DCC 办理施工请点登记，再办理停电申请登记，DCC 根据作业申请确认具备停电条件后向 OCC 系统调度申请，确认停电完毕通知接挂地线人员接挂地线，地线挂好后到 DCC 签字方可开始作业。

(3) 当停电范围、作业范围无法完全一致时，要求的停电范围必须要覆盖作业范围，以保证作业绝对安全。

（4）DCC值班主任负责安排检修人员将停电区域内的列车断电,确保接触轨停（送）电作业前处于无电状态。

（5）接触轨停（送）电作业过程中,必须一人操作、一人监护,作业负责人必须与DCC保持电台通畅,作业过程中如遇突发事件立即报告。

（6）作业结束后,隔离开关应及时恢复原位并加锁,钥匙及时归还至DCC保管。

（7）当遇到暴风雨及雷电天气时,禁止操作隔离开关及摘挂地线。

（8）接触轨停（送）电作业过程中,严禁作业人员拨打或接听电话,突发情况除外。

第 5 章

磁浮特有设备设施维护

5.1 特有维护装备

1) 智能巡检车

智能巡检车(图5-1)是针对中低速磁浮快线开发的国内首台线路智能巡检车,具备双向行驶、载人运料、线路实时视频监控、轨道智能参数检测等多种功能和用途,用以取代人力进行线路的日常维护作业,大大降低劳动强度、缩短作业时间、提高检测作业的准确性和安全性。

图5-1 智能巡检车

智能巡检车整车以轻量化为设计目标,采用蓄电池提供动力实现运送6人的检修队及工具物料,同时通过高精度检测机构完成对线路的几何参数检测、依靠图像信息识别实现对锚固螺栓松动及丢失的智能判断、依靠云平台实现对线路全生命周期数据处理和分析,完成线路的日常巡检作业。

智能巡检车具有六大创新点:

(1) 新能源。整车采用蓄电池提供清洁能源动力,蓄电池电压76.8 V,电量43.7 kW·h,总质量430 kg,具有无污染、噪声小、振动小、维护方便等优点,符合绿色环保主题。

(2) 轻量化。通过对结构进行优化设计、减重设计保证车辆整备质量4 500 kg,仅相当于磁浮列车两个悬浮架的重量或者磁浮牵引作业车的1/5重量,具有重量轻、运行安全平稳灵活、对轨排道岔载荷作用小、车辆日常维护简单等优势。

（3）双动力桥驱动。采用双动力驱动桥设计方案，满足车辆双向平稳运行，同时车辆具有充足的安全冗余，保证车辆的正常使用。

（4）锚固螺栓松动智能检测。通过两对光电开关精确捕捉轨枕位置，同步触发8组彩色高清工业相机对锚固螺栓进行拍照，再利用机器视觉和深度学习技术对锚固螺栓图像进行实时分析处理，并给出检测结果，整个过程在0.1 s以内完成，大大解放了人工肉眼检查的工作量和劳动强度。高分辨率的彩色图像蕴含着丰富的现场信息，有利于更深入的数据挖掘。

（5）检测数据云平台处理分析。不管是线路检测数据，还是车体本身的运行状态，通过无线终端在线传送至云平台，无须人工干预即可拥有海量信息，结合大数据挖掘技术，对轨道线路全生命周期的参数演变和病害发展进行跟踪和推演，做到提前预测、及时发现。而养护车辆本身的信息可以帮助维保人员提前了解养护装备本身的状态，避免因养护装备本身的故障而耽误线路维保。

（6）高精度轨道检测机构。整车配备了18个高精度位移传感和双轴倾角传感器，能感知0.01 mm的位置变化和0.005°的角度变化，配合高速数据采集卡和高精度同步编码器，检测系统可全面检测出轨道的高低、轨向和错台等不平顺情况并精准地给出病害发生的位置，通过分析软件，维护人员可浏览整条线路的数据曲线，线路质量将一览无余。

2）磁浮轨检仪

磁浮轨检仪（图5-2）是一种可跟随遥控、自走行和无线数据传输的自动检测设备，主要检测F轨的几何参数，是检查线路病害、指导线路维修、保障行车安全的重要检查设备，提高轨道建设维护的效率和质量，为线路建设、运营期间线路验收、维护、保养提供支撑，也是轨道现代化科学管理的重要手段。

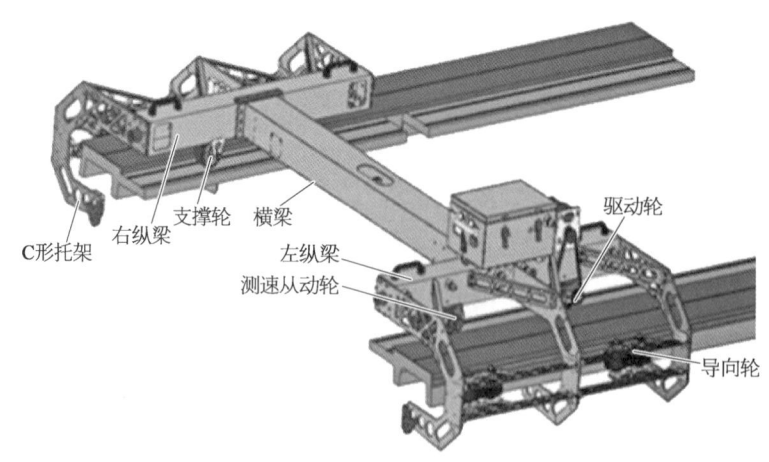

图5-2 磁浮轨检仪

(1) 设备特点。

① 采用三维数字设计平台,设计一款一体化的测量架,具有重量轻、拆装快捷、高稳定度,为实现高精度检测提供重要保障。

② 采用多传感器融合技术抑制快速检测过程中车辆振动对检测精度的影响,提高快速检测的精度。

③ 采用创新滤波算法,有效抑制车辆速度变化对检测的影响,提高检测精度。

④ 优化体系结构,数据采集平台中利用FPGA并行处理能力,完成部分参数计算,加速计算过程,相较传统完全由上位机计算参数模式,实时性更强。

(2) 主要功能。

① 自带动力、遥控自走行,遥控最大距离不低于50 m。

② 采用高速高精度采样,采样步长为25 mm。

③ 可检测感应板的鼓包或上翘等局部异常。

④ 数据通过无线实时传输到手持终端,设备可存储100 km检测数据。

⑤ 手持终端配置数据处理系统,能分选出超出设定标准值的检测数据。

⑥ 走行速度范围为$0\sim5.0$ km/h,巡航速度为3.6 km/h。

⑦ 可检测轨距、水平、轨向、高低、轨缝、错牙等几何参数,并能对线路出现偏差的位置进行精确里程定位。

⑧ 结构简洁、重量轻,能在轨道上进行拆卸、搬运及组装。

3) 综合检测车

(1) 设备特点。

① 接触轨、F轨系统设备检修根据设备架设方式配置专用的综合检测车,主要用于接触轨、F轨设备的安装精度检测及图像采集等工作,该检测系统基于视觉测量原理,采用激光摄像式传感器对接触轨及F轨几何参数进行检测,由多台数据采集计算机和一台服务器共同组成。

② 高清巡视系统采用高清工业相机对接触轨、F轨设备进行高清成像检测,每个高清工业相机配以专用辅助光源,确保在高速动态检测下,各相机能够获得充足的光源补偿。

(2) 主要功能。

① 设备几何参数采集。通过动态检测检测曲线,能较直观地判断接触轨、F轨各区段设备的安装精度,为设备检修维护人员提供相应的数据支撑。

② 设备缺陷成像捕捉。高清成像模块所拍摄的图像基本能够分辨设备及附件松、脱、断等缺陷信息。

(3) 不足之处。

① 因检测车体未安装受流靴,不能对靴轨关系进行动态跟踪与检测。

② 设备检测精度存在优化空间,高清成像模块缺陷排查未能实现智能化过滤。

4) 接触轨专用工具

(1) 接触轨检测靠尺。

① 主要技术参数：总长 645 mm；材质 6061 合金；安装精度控制 1 mm；量程范围 ±10 mm。

② 操作注意事项。本检测规用于以 F 轨为基准，对供电轨沿 Y 向、Z 向安装精度的检测，使用方式如图 5-3 所示。

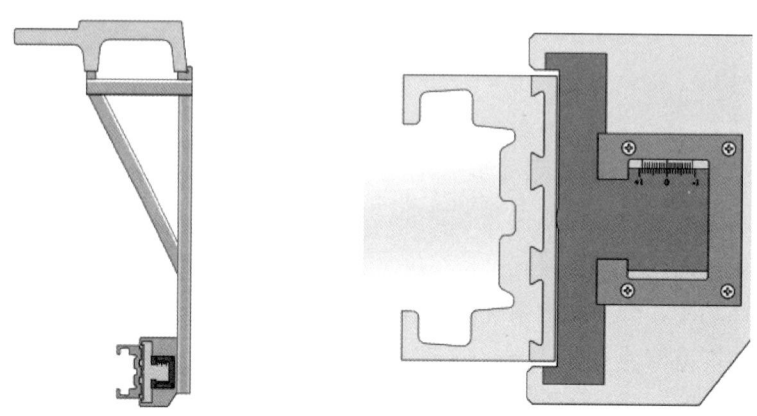

图 5-3　接触轨检测靠尺使用示意图

a. 将靠尺定位块紧贴 F 轨对应的顶角基准面和下平面基准面。

b. 观察已安装的供电轨是否在靠尺的槽口内。处于卡槽内，则供电轨沿 Z 向位置精度符合 ±1 mm 要求。

c. 检测靠尺活动尺的顶尖与轨面接触，表示供电轨工作面俯仰角度满足精度要求，通过刻度即可显示轨面沿 Y 向的安装精度。

d. 检测靠尺刻度读数原理与游标卡尺相同，由活动尺和固定尺两部分构成，固定尺刻度间隔为 0.9 mm，活动尺刻度间隔为 1 mm。

(2) 接触轨拉轨器。

① 主要技术参数：毛重 13 kg；最大夹紧力矩 257 N·m；最大拉力 800 N；行程范围 0～700 mm。

② 操作注意事项。

a. 本专用对接装置主要由夹紧机构、丝杆螺母和扳手组成；用于牵引两段轨体，实现两段供电轨的紧密连接。两端夹持块分别夹紧供电轨，通过丝杆旋转运动带动螺母的直线运动，从而实现供电轨的对接。

b. 使用拉轨器前先用游标卡尺测量相邻两供电轨端部高度方向的尺寸，记录数据，并计算出相邻两供电轨的高差；若两供电轨的高差在允许安装误差范围内，可直接安装中间接头；

若两供电轨的高差超过允许安装误差范围,需使用专用铣床对中间接头内外夹板进行修配。

c. 使用时先将夹紧块的夹持宽度调节至大于轨宽,然后将夹持机构分别固定于供电轨两端,然后再锁紧夹紧螺栓。夹紧后旋转丝杆,即可实现相对运动将动端轨体移动到正确位置。

d. 使用拉轨器拼接轨体时,先在轨体定端将中间接头一端固定,另一端自由,然后将轨体拉至合适位置,使两供电轨之间的接缝满足安装要求,然后将中间接头紧固。

e. 完成轨体中间接头螺栓 M10 紧固后,将压紧螺栓松开,取下拉轨器,使用如图 5-4 所示。

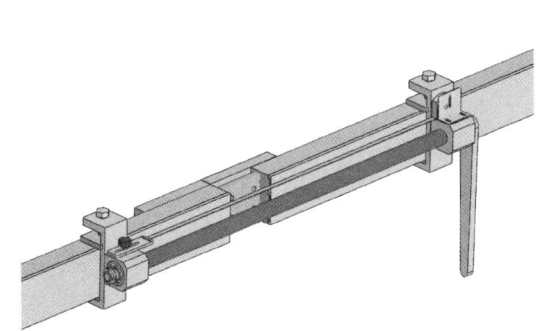 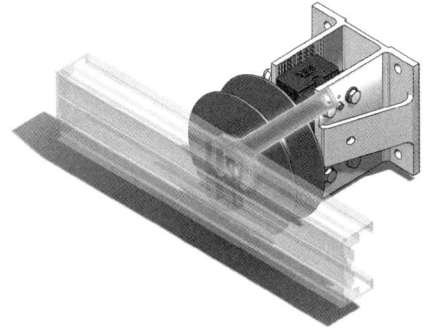

图 5-4　接触轨拉轨器使用示意图　　图 5-5　接触轨旋转扣件扳手使用示意图

(3) 接触轨旋转卡扣扳手。

① 主要技术参数:毛重 1.2 kg;材质 4 mm 厚不锈钢板。

② 操作注意事项。使用时,旋转扣件扳手的方形开口完全套住旋转扣件的方形颈部,部分松开绝缘支撑装置 4 颗夹紧螺栓,通过专用扳手将旋转扣件顺时针转动 90°,使旋转扣件支撑住轨体,使用如图 5-5 所示。

(4) 接触轨检修小车。接触轨检修小车及辅助安装臂是保证绝缘支撑装置准确、快速安装的必要工具。

车身为钢结构件,带有施工操作的工作台、安装使用的安装臂及安全护栏等人员安全保障设施。整个安装车在轨道梁上行走、驻车定位、安装施工。行走动力及施工操作均为人工,以满足大部分无电力区段使用。

涉及接触轨大型施工安装、精调及特殊养护可使用接触轨检修小车。

整车总体结构、外形及各部位名称如图 5-6 所示。检修小车结构名称及主要功能如下:

① 车身。基本主体结构,同时承担安装工件载运。

② 安装臂。绝缘支撑装置专用安装工具。

③ 工作台及翻转踏板。施工人员操作位置,活动的翻转踏板便于整车吊装上线。

④ 导向轮、保险轮机构。导向轮用于引导车体沿线路行走,保险轮防止车辆倾翻。

⑤ 驻车闸。车辆驻车定位。

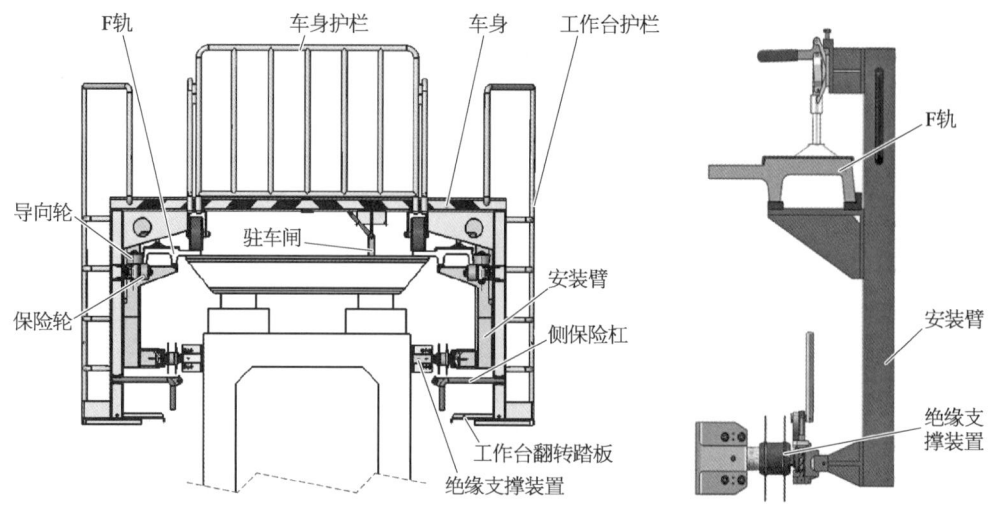

图 5-6 接触轨检修小车及辅助安装臂外形结构

⑥ 工作台安全护栏、车身安全护栏。保障施工人员操作、上下工作台的人身安全。

5.2 F轨基础知识和运营维护

5.2.1 F轨基础知识

（1）轨排。构成长沙磁浮快线线路的基本单元，具有支撑磁浮车辆、承受车辆的悬浮力和导向力及牵引力的功能。轨排由F形导轨、轨枕及紧固件等组成(图5-7)。

（2）F型钢。一种承受磁浮车辆悬浮力、导向力及牵引力的基础构件，是轨道结构最重要的部件。F型钢断面为F形钢结构，由内腿、外腿、腹板和翼板组成(图5-8)。

与悬浮电磁铁两磁极板对应的F型钢内腿和F型钢外腿分别称为F型钢的内磁

图 5-7 磁浮轨排图

极和外磁极。内磁极和外磁极的两个端面称为磁极面。F 型钢腹板下表面称为悬浮检测面。

图 5-8　F 型钢断面图

图 5-9　F 轨断面图感应板

（3）感应板。车辆牵引用直线感应电机次级的组成部分，是非磁性导电材料，安装在 F 型钢上（图 5-9）。

（4）轨枕。轨枕是用来连接 F 轨，是 F 轨与梁体之间保持相对位置固定并传递载荷的基础构件。长沙磁浮快线采用的是 H 型钢轨枕。

（5）扣件。扣件维持轨排在空间的几何尺寸，承受来自轨排的竖向垂直力、横向水平力和纵向水平力并传递给道床。长沙磁浮快线采用的是 CFⅡ型中低速磁浮轨道扣件。

（6）伸缩接头。伸缩接头是设置在相邻轨排间伸缩缝位置的连接装置（图 5-10）。

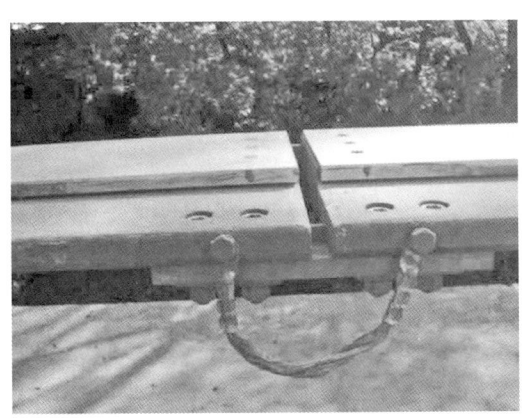

图 5-10　伸缩接头

图 5-11　承轨台道床

（7）承轨台道床。道床（图 5-11）是轨道的基础，处于下部基础与轨枕之间。合理的道床结构形式是保持轨道结构稳定的前提，也是保证列车行车安全的关键之一。

5.2.2 F轨运营维护

5.2.2.1 业务管理

1）基本原则

（1）分级管理原则。线路技术管理、设备维护工作，按逐级负责和科学管理的原则，实行公司、部门、车间三级管理，车间、工班二级管理制度。

（2）周期性维修原则。线路设备维修工作应掌握设备性能，根据设备损耗规律，有计划、按周期地对线路设备进行更新和修理，恢复和提高轨道设备质量。

（3）预防维护原则。线路设备维修应贯彻"预防为主，防治结合，修养并重"的原则，按线路设备技术状态的变化规律和程度，相应地进行维修养护，有效地预防和整治设备病害，有计划地补偿设备损耗，以取得较好的技术经济效益。

（4）逐级上报原则。工班应全面掌握轨道设备状态，根据线路动静态检查、设备病害和其他质量情况，安排维修养护。对需安排大中修和维修的项目，应按要求做好逐级上报工作。

2）计划管理

（1）车间根据线路设备运用实际情况和公司、上级部门有关要求制定相应的年度线路设备保养及检查计划、月度检修计划和临时计划。

（2）年度线路设备保养及检查计划原则由车间依据每年设备检查的情况而编制，经上级部门批准后执行。其主要内容包括：① 线路综合维修数量；② 重点工作安排；③ 各项技术指标（线路设备状态评定合格率、线路保养质量评定合格率、智能巡检车检测质量合格率）；④ 劳力和主要材料计划。

（3）月度检修计划应根据年度线路设备保养及检查计划进行细化，纳入施工作业令系统生成作业，获批准后执行。其主要内容包括：① 维修养护的主要项目、数量、地点、材料和人工数；② 工作量调查、验收的人工数；③ 日常巡查的主要内容、材料和人工数；④ 临时补修人工数；⑤ 封锁施工计划。

（4）检修计划一经审批下达后，必须严格认真执行，必要时工班可根据具体情况向上级申报对计划进行适当调整。

（5）专业技术人员应对设备检修计划进行认真核实，对计划的实施过程进行跟踪，并在月末做好计划完成情况的统计工作。

（6）车间每季度按标准对工班管辖设备质量组织随机抽样检查评定。

3）设备管理

（1）工班应建立、健全线路设备台账和技术资料，并有专人负责，如设备有变动应及时修改相应的台账，确保台账的准确性和完整性。

（2）工班应建立（不限于）以下台账和技术资料：① 线路平面台账、资料；② 线路纵断面台账、资料；③ 线路设备台账；④ 施工图纸；⑤ 设备检查记录及状态评定资料；⑥ 备品备件分布及使用情况等台账。

（3）工班应建立所辖轨道设备完整的台账，并保证固定资产的完好。

（4）工班应按车间下达的年度线路设备保养及检查计划，定期对设备进行检查和保养，使设备取得较好的技术经济效益，延长设备的使用寿命。

（5）每季度由车间组织一次设备检查，对线路的保养质量进行评定，及时掌握设备状况。

4）质量管理

（1）线路维修工作的质量管理是通过系统的质量管理活动，求得设备质量、工作质量、运用质量的稳步提高。

（2）质量管理的基本任务。

① 对全体维修人员进行质量教育。

② 掌握设备质量动态，分析质量问题，编制与执行质量提高计划，及时解决设备存在的质量问题。

③ 制定各项检修内容和标准，完善生产作业指导书。

④ 贯彻质量标准，加强生产过程中的质量控制；建立各项检验制度，开展检验工作。

⑤ 加强轨道故障管理，如实统计故障情况，定期进行故障分析，提出预防措施。

⑥ 建立健全各种原始记录、图表、技术图纸和技术档案。

（3）定期开展设备质量评定工作，维持设备质量均衡、可靠。

① 线路保养质量评定是检查工班工作质量的基本指标，也是安排维修计划的主要依据。

② 线路保养质量评定应以千米或股道为单位，采取评分办法，满分为 100 分，扣除缺陷分后，85～100 分为优良，60～84 分为合格，60 分以下为失格。

③ 线路保养质量评定由车间组织，采取定期抽样的办法进行，抽查数量一般为工班管辖设备的 1/3，线路不足 3 km 时为 3 km。

④ 检查评定当月进行智能巡检车动态检测的区段，其线路保养质量评定可结合智能巡检车动态检查结果综合评定。

5）安全管理

（1）一般规定。

① 全体作业人员必须严格遵守公司各项安全规章制度、各种线路设备操作规程和作业指导书的规定，杜绝违章违纪。

② 各级人员必须认真贯彻执行"安全第一、预防为主"的方针，掌握安全生产规律，加强对安全生产的领导，建立、健全各项安全管理制度，积极采用新技术、新设备，落实防范措施，防患于未然。

③ 凡发生与线路设备有关的事故，线路专业应缜密调查、科学分析、找出原因、吸取教训，并采取有效措施，防止同类事故的再次发生。

(2) 线路系统作业安全通则(不限于以下内容,未提及的安全注意事项遵照公司及部门安全规章制度执行)。

① 线路维修作业必须严格按照规定办理请、销点手续,在获得批准后方可进行作业,并按规定设置相应的防护。

② 进入作业场所前,所有作业人员必须穿戴好防护、劳保用品。

③ 凡涉及动火作业的,必须按规定逐级办理临时动火作业令后方可进行作业。

④ 在有接触轨的区域作业,必须确认接触轨已停电并接挂好地线后方可进行,并遵守有关接触轨作业安全的其他规定。

⑤ 在有工程车配合的施工作业中,工程车的随乘人员应坐稳扶牢,不准坐在堆放较高的物体上和车体连接处,车未停稳,人员不能上下车。装载路料、机具的工程车不准搭乘人员,确因工作需要乘坐人员时,必须安装围栏及扶手。

⑥ 在雨天、露天场所作业时,原则上不得使用电动工器具,如必须使用时,应做好防水、防漏电等措施。如遇雷雨、暴风天气应停止作业,放下手中的金属器具,迅速到安全处所躲避。

⑦ 搬运及装卸重物时,应尽量使用机械作业;人力操作时,应统一指挥、动作一致;夜间应有充足的照明。

⑧ 靠近线路堆放材料、机具等,不得侵入建筑接近限界,施工负责人应组织人员全面检查堆放情况,不符合规定或堆放不稳固的应立即清理。

⑨ 从事特种设备操作人员,必须经过专业培训、考试合格,取得相应资格,方可上岗。

⑩ 作业前,施工作业负责人和机具使用人员应对机具进行检查,机具状态不良或安全附件失效的机具严禁上道使用。

⑪ 多人在一起作业时应统一指挥,相互间应保持一定的安全距离,防止工具碰撞伤人。

⑫ 使用撬棍时,撬棍应插牢固,听从指挥、统一行动,严禁骑压或肩扛撬棍。

⑬ 严禁锤击钢轨枕及F轨。

⑭ 上道使用的机具必须通过产品认证,未经认证的不得上道使用。

⑮ 机具使用前应确认油、水、电、连接件是否符合使用要求,防护装置是否齐全可靠,显示仪表是否正常,整机是否符合现行的安全使用办法。使用中发现故障需紧急处理时,应先停机、切断电路、风路、动力油路等,撤离线路建筑限界以外进行处理,在未确认故障已得到处理的情况下,不得继续使用。机具应由专业人员负责使用、检修、保养、登记工作日志。

6) 技术管理

(1) 线路专业技术人员应进行相应的维修技术管理工作:① 加强对技术文件、技术资料及相关标准化文本的管理;② 做好对所辖设备技术状态的检查工作;③ 及时解决维修工作过程中出现的技术及接口问题。

(2) 技术台账应完整记录设备的维修、故障、报废等情况,线路专业技术人员定期对设备的技术台账进行检查、整理、更新。

5.2.2.2 维修管理

1) 基本原则

线路设备维修工作应贯彻"预防为主,防治结合,修养并重"的原则。按线路设备技术状态的变化规律和程度,相应地进行维修养护,有效地预防和整治线路病害,有计划地补偿线路设备损耗,以取得较好的技术经济效益。

(1) 维修管理制度。

① 施工三检制。在每次开工前、施工中和线路开通前,施工负责人应组织有关人员分别按分工地段对施工准备、施工作业方法和线路设备状态进行检查。

② 工序交接制。前一工序应给后一工序打好基础,在前一工序完成后,应由施工负责人组织工序负责人进行交接。

③ 隐蔽工程分阶段施工制度。每阶段完成后,施工单位应会同车间共同检查,并填写记录,确认符合设计要求,方准开始下一阶段施工。

④ 岗前培训制度。新工人上岗前必须经过安全教育和技术培训,经考试合格方准上岗。采用新工艺、使用新设备时,必须首先制定安全保证措施和操作规程,并对职工培训后方准进行操作和调试。

⑤ 安全检查分析制度。施工安全工作应抓早、抓小、抓苗头、抓薄弱环节,应定期加强季节性、节假日和工地转移前后的检查,及时消除隐患。应组织开展事故预想活动,预防事故的发生。对事故苗头和事故应及时分析、处理,吸取教训。

(2) 设备修程。线路系统设备维修实行预防性维修和故障维修两种修程,以预防性维修为主。

2) 预防性维修

(1) 月度检查。

① 月度检查是指工班每月对所管辖线路设备进行的一次项目齐全的设备静态检查。

② 检查截止日期为每月 25 日前,如临时调整需通知线路工程师。

③ 月度检查应做到全面检查,及时掌握设备变化规律、发现和处置危及行车安全的故障隐患,同时为编制下一月度线路设备维护计划做好状态调查。

④ 工班长对所管辖线路设备月度检查数据签名负责。

⑤ 工班长负责组织本工班月度检查,参加月度检查人员需经培训合格。

⑥ 检查项目及设备主要有轨距、水平、方向、高低、连接零件伤损锈蚀磨耗、钢轨枕、承载台道床、线路标志、伸缩接头等设备状态。

⑦ 检查主要内容与要求:a. 使用轨距尺进行轨距、水平检查;b. 目视观测并使用 4 m 弦线丈量方向、前后高低最大矢度;c. 使用扭矩扳手检测各类螺栓扭力矩;d. 使用轨缝尺检查轨排间轨缝,钢直尺检查接头错牙量;e. 影响轨道行车安全和轨道设备状态的

其他项目。

⑧ 月度检查实测数据应按要求在设备检查记录簿中填写记录。

⑨ 线路主要检查几何尺寸（轨距、水平、方向、高低、正矢等）。

⑩ 专业技术人员应对检查记录超限处所进行标注，对超过标准值的处所及时安排整修。

⑪ 专业技术人员根据超限分类进行标注，按照"先严重，后一般"的处理超限原则组织对超限处所进行消除作业，对危及行车安全的超限处所应立即组织在24 h内消除。

⑫ 超限消除后作业负责人应在检查记录上按规定注明并签字。

（2）季度检查。

① 每季度由车间组织一次季度检查，对线路的保养质量进行评定，并编写评定报告。

② 正线及辅助线使用20 m弦线每季度全面丈量曲线现场正矢。小半径曲线（或连接曲线）用10 m弦每季度全面丈量曲线现场正矢。

（3）年检。

① 为科学合理编制次年度设备维护计划做好状态调查，每年在相对集中的一段时间内由车间组织进行年检。

② 对设备进行实测调查后根据轨道设备状态评定标准进行打分评定，并编写报告。

③ 线路评定以公里或股道为单位，满分100分，扣除缺陷分后，85～100为优良，60～84为合格，60分以下为不合格。

（4）季节性检查。季节性检查是根据线路设备维护的特点，在气候发生影响线路设备时（高温防胀、暴雨汛期、寒冷期）对线路设备重点部位进行必要的加强检查。

季节性（高温防胀、暴雨汛期、寒冷期）检查的起止时间由车间根据惯例和具体情况确定。

当气温达到35℃及以上或者5℃及以下时，安排人员添乘客车观察线路设备变化情况。

季节性检查工作中发现危及行车安全的应立即汇报车间及行车调度，及时组织处理，其他安全隐患应及时上报。

① 高温防胀检查。高温防胀检查主要观察线路、曲线方向变化、碎弯、扣件螺栓松动、轨排接头瞎缝。高温防胀检查应进行轨温测量。

② 暴雨汛期检查。暴雨汛期检查主要检查线路排水情况、承载台道床积水浸水情况、线路轨面下沉情况。

③ 防寒检查。在每年寒冷季节到来初，由线路专业组组织对全线进行一遍设备检查，更换伤损零件、补充备料和防寒物资。

（5）量具检查。

① 量具检查是指对检查线路设备的仪器仪表按国家或企业标准进行定期校核检定。

② 量具检查的周期根据国家标准制定，无国标的可由公司自行决定。

③ 列入量具检查范围的仪器仪表有轨距尺、方尺、扭力矩扳手、轨温计、探伤仪等。

④ 量具检查标准执行国家标准和企业自定标准,标准如有冲突执行国家标准。

⑤ 量具检查应符合有关计量检测体系的要求。

⑥ 经检测合格后的量具应粘贴符合要求的标识,严禁使用无标识或超过有效期的量具。

(6) 动态检查。指用智能巡检车按规定的速度对线路设备进行动态检测。

① 智能巡检车的检查是轨道动态质量检查的主要手段。通过检查了解和掌握线路局部不平顺(峰值管理)和线路区段整体不平顺(均值管理)的动态质量,用以指导轨道养护维修工作,其检查结果也是检验工班工作质量的基本指标。

② 智能巡检车检查周期。车间根据上级要求和线路设备具体情况规定检查周期。

(7) 添乘检查。

① 添乘检查周期。工班长每月对所管辖设备添乘不少于 4 次;线路工程师每月对管辖设备抽查添乘不少于 1 次。

② 添乘检查项目主要有行车晃动、异常响声。

③ 添乘检查发现的行车异常晃动、异常响声均应通知管辖工班在运营结束后进行实测复量予以确认。

3) 经常保养

(1) 经常保养是根据线路设备变化情况,对所管辖线路设备几何尺寸达到经常保养管理值,以及其他计划性维护项目进行的一项月度设备维护,以保持轨道设备质量经常处于均衡状态。

(2) 线路经常保养的基本工作内容有:① 整修轨道几何尺寸超过经常保养容许偏差管理值的线路;② 更换单根失效钢轨枕,更换个别失效扣件;③ 调整轨缝,锁定线路;④ 整修线路加强设备;⑤ 整治接头病害;⑥ 整修扣件,进行螺栓涂油;⑦ 刷新线路标记,加固线路标志;⑧ 清除道床垃圾及影响线路外观的物品。

4) 临时补修

(1) 临时补修是指及时对线路几何尺寸修正超过临时补修容许偏差管理值及其他不良处所的临时性修理,以保证行车平稳和安全。

(2) 线路临时补修的基本工作内容有:① 整治线路几何尺寸超过临时补修容许偏差管理值的处所;② 更换重伤 F 轨;③ 其他需要临时补修的工作。

5) 综合维修

(1) 综合维修是根据线路的变化规律和特点,以全面改善线路弹性、调整几何尺寸和更换、整修失效零部件为重点,按周期、有计划地对轨道进行综合性维修,以恢复线路完好的技术状态。

(2) 线路综合维修的基本工作内容有:① 调整线路几何尺寸,拨正曲线,达到维修作业验收标准;② 成段修理或更换钢轨枕;③ 更换伤损 F 轨和失效连接零件;④ 成段扣件螺栓、紧固螺栓涂油；⑤ 根据线路状态起道、拨道和改道，更换压溃胶垫；⑥ 成段调整轨缝，整治轨排接头病害；⑦ 修理、补充和刷新标志，回收沿线旧料；⑧ 其他需要预防和修理的工作。

6）线路维修主要作业要求

（1）垫板作业。调高垫板的规格尺寸和使用符合标准。

（2）拨道和改道作业。

① 线路直线地段轨向不良，可用目测方法拨正。曲线地段轨向不良，可用绳正法测量、计算与拨正。如需改变曲线头尾位置、缓和曲线长度、圆曲线半径，应用仪器测量改动。线路上其他设备影响轨道不能按应有位置拨正时，应用仪器测量校正，原则上应以线路中线为准，调整其他设备的位置和尺寸，在困难条件下，可通过测量调整轨道中线的位置。

② 用绳正法拨正曲线的基本要求。

a. 曲线两端直线轨向不良，一般应事先拨正，两曲线间直线较短时，可与两曲线同时计算拨正。

b. 在外侧 F 轨上用钢尺丈量，每 10 m 设置一个测点，小半径曲线（或连接曲线）每 5 m 设置一个测点（曲线头或尾是否在测点上不限）。

c. 在风力较小条件下，拉绳测量每个测点正矢，测量三次取平均值。

d. 按绳正法原理计算拨道量，计算时不宜为减少拨道量而大量调整计划正矢。

③ 站台范围内的拨道、改道作业应满足设备限界要求。

（3）调整轨缝作业。轨缝应经常保持均匀，日常有下列情况之一者，应进行调整：

① 原设置的轨缝不符合设计标准。

② 在调整轨缝轨温限制范围以内时，出现 3 个及 3 个以上瞎缝或轨缝大于构造轨缝、轨缝严重不均匀。

7）故障维修

（1）故障维修处理原则。

① 对发生故障的线路设备，应尽快组织对故障设备进行检查、分析，找出故障原因，修复故障，恢复设备使用。

② 在故障修复时应详细记录故障现象及处理修复过程，以备分析故障及在其他修程开展时做出进一步的处理与修复。

③ 在故障处理后，应能保证设备恢复使用功能，正常投入运行；如无法达到时，应采用限制行车速度等措施，以防故障扩大。

④ 线路设备的故障处理要严格执行公司和上级部门的有关规定。

⑤ 线路专业应根据设备的运用情况，制定设备故障应急抢修预案。

（2）故障等级划分。线路设备故障按严重程度分为一类故障、二类故障和三类故障，一类为最严重。

(3) 故障管理。

① 凡属于下列情况之一者,均为线路一类故障:a. F 轨重伤;b. 胀轨跑道;c. 线路专业技术人员认为达到一类故障的其他情况。

② 凡属于下列情况之一者,均为轨道二类故障:a. 几何尺寸超过临时补修允许偏差值;b. 扣件连续失效;c. 线路专业技术人员认为达到二类故障的其他情况。

③ 凡属于下列情况之一者,均为轨道三类故障:a. 几何尺寸超过经常保养允许偏差值;b. 个别扣件及零配件失效;c. 故障严重程度达不到一、二类或轨道专业技术人员认为达到三类故障的其他情况。

④ 线路设备故障处理。

a. 为了迅速进行故障处理,同时便于线路设备故障的管理及考核,要建立完善的故障受理制度。

b. 生产调度受理线路设备故障后,立即通知工班值班人员处理。

c. 线路设备发生故障,有关维修人员应及时准确地判断障碍性质、原因、影响范围,按照"先通后复"的原则,积极组织修复,缩短故障时间,把故障影响控制在最小范围内。

d. 有关维修人员如不能判明原因应立即上报,听从上级指示处理。

e. 车间应建立线路设备故障处理程序和应急抢修预案。

f. 发生线路设备故障的汇报制度。工班应随时掌握管内设备发生故障情况,组织处理,并向生产调度上报;线路值班人员从生产调度处受理故障后要及时报告工班长,故障处理完成后应及时报告生产调度,由生产调度向上级部门报告故障处理情况。

⑤ 线路设备故障管理及考核。

a. 凡线路设备影响正常运用时,不论其时间长短、原因如何,均为故障。

b. 故障性质分责任和非责任两类,凡属于下列情况之一者按责任故障统计,其他为非责任故障:违章人为;维修养护不当。

c. 为了更好地管理线路设备故障,必须建立完善的设备故障登记、统计、分析制度。线路设备故障的情况应及时填写故障记录表;在同一地点,由于同一个原因使多个线路设备发生故障时,按一件统计;同类设备在同一时间内,分别在不同地点发生故障时,应分别统计;如故障发生涉及两种或两种以上的类别规定时,按影响严重的计算,如涉及两种故障性质时,按责任故障计算;线路专业应建立车间、工班两级设备故障统计管理,工班对每日发生的故障进行统计,专业工程师每月 25 日整理月度故障台账,并定期组织各工班长及技术人员对管内线路故障进行综合分析,总结经验教训,不断完善故障处理应急预案,优化处理流程,提出防范措施;每年年末,工班、车间应统计全年线路设备故障、原因分析并附安全总结。

8) 验收

线路维修作业完成后,由当值的施工负责人进行全面验收,验收合格后方可撤离施工现场；如施工负责人无法判定维修后的项目是否超限或能否满足使用要求，需上报车间和部门，由车间或部门组织专项验收，最终确定验收结果。

5.3 接触轨基础知识和运营维护

接触轨是牵引网的主要组成部分，是一个独立的机械系统，它用零部件实现有序的连接和接续，连接成一个能传递电能并且有支持功能，同时具备相应强度的机械性质的整体系统。接触轨沿走行梁两侧绝缘架设，通过磁浮列车受电靴和接触轨的滑动接触，向磁浮列车提供牵引电源。

5.3.1 接触轨结构

接触轨系统主要由接触轨本体、绝缘支撑装置、端部弯头、电连接板、膨胀接头、中心锚结、隔离开关、上网电缆及电连接、分段绝缘器、接地轨、接地扁钢等组成。根据受流方式分上部、下部和侧部受流三种。侧部接触受流方式的结构简单、供电可靠性高、运营维护工作量小，相比其余两种受流方式，对车辆悬浮系统影响小。接触轨结构主要技术要求如下：

（1）在恶劣的气候条件下机械结构具有稳定性。
（2）设备及零件具有足够的耐磨性和抗腐蚀性能力。
（3）设备结构简单，零部件互换性强，便于维护、抢修。
（4）磁浮列车受电靴与接触轨受流面直接接触滑行，保持平滑过渡无突变。

5.3.2 接触轨系统设备维护工艺标准

1）双极电动隔离开关

（1）维护内容。

① 检查二次端子排外观有无损坏、破损等异常，是否清洁干净，安装是否牢固，连接端子是否牢固。

② 检查刀闸状态是否良好，各部螺栓是否紧固到位，有无松动现象。

③ 检查传动机构、操作机构各部件铰接是否良好，分、合闸过程中有无卡滞现象。

④ 检查电缆与母排连接是否牢固、状态是否良好，连接螺栓是否紧固到位。

⑤ 检查各元器件状态是否良好、表面是否清洁。

⑥ 检查门轴、锁等安装是否固定牢固；开关门、上开锁等操作过程有无卡滞。

⑦ 检查柜体基础是否牢固,柜体有无倾斜、下沉、开裂等现象。

⑧ 检查柜体接地各连接部件(电缆扁钢等)有无锈蚀、外表油漆有无缺损、螺栓是否紧固、安装是否固定牢固、是否涂抹导电膏。

⑨ 检查接地刀闸状态是否正常。

⑩ 检查当地手动模式下分合闸是否正常,有无卡滞现象。

⑪ 检查当地电动模式下分合闸是否正常,有无卡滞现象。

⑫ 检查远方电动模式下分合闸是否正常,有无卡滞现象。

(2) 技术标准。

① 二次端子排外观无损坏、破损等异常,清洁干净,安装牢固,连接端子连接牢固。

② 刀闸状态良好,各部螺栓紧固到位,无松动现象。

③ 传动机构、操作机构各部件铰接良好,分、合闸过程中无卡滞现象。

④ 电缆与母排连接牢固、状态良好,连接螺栓紧固到位。

⑤ 各元器件状态良好、表面清洁。

⑥ 门轴、锁等安装固定牢固;开关门、上开锁等操作过程无卡滞。

⑦ 柜体基础牢固,柜体无倾斜、下沉、开裂等现象。

⑧ 柜体接地各连接部件(电缆扁钢等)无锈蚀、外表油漆无缺损、螺栓紧固、安装固定牢固、涂抹导电膏。

⑨ 接地刀闸状态正常。

⑩ 当地手动模式下分合闸正常,无卡滞现象。

⑪ 当地电动模式下分合闸正常,无卡滞现象。

⑫ 远方电动模式下分合闸正常,无卡滞现象。

2) 手动隔离开关

(1) 维护内容。

① 检查二次端子排外观有无损坏、破损等异常,是否清洁干净,安装是否牢固,连接端子是否牢固。

② 检查刀闸状态是否良好,各部螺栓是否紧固到位,有无松动现象。

③ 检查传动机构、操作机构各部件铰接是否良好,分、合闸过程中有无卡滞现象。

④ 检查柜电缆与母排连接是否牢固、状态是否良好,连接螺栓是否紧固到位。

⑤ 检查各元器件状态是否良好、表面是否清洁。

⑥ 检查门轴、锁等安装是否固定牢固;开关门、上开锁等操作过程有无卡滞。

⑦ 检查柜体基础是否牢固,柜体有无倾斜、下沉、开裂等现象。

⑧ 检查柜体接地各连接部件(电缆扁钢等)有无锈蚀、外表油漆有无缺损、螺栓是否紧固、安装是否固定牢固、是否涂抹导电膏。

⑨ 检查接地刀闸状态是否正常。

⑩ 检查手动模式下分合闸是否正常,有无卡滞现象。

(2) 技术标准。

① 二次端子排外观无损坏、破损等异常,清洁干净,安装牢固,连接端子连接牢固。

② 刀闸状态良好,各部螺栓紧固到位,无松动现象。

③ 传动机构、操作机构各部件铰接良好,分、合闸过程中无卡滞现象。

④ 电缆与母排连接牢固、状态良好,连接螺栓紧固到位。

⑤ 各元器件状态良好、表面清洁。

⑥ 门轴、锁等安装固定牢固;开关门、上开锁等操作过程无卡滞。

⑦ 柜体基础牢固,柜体无倾斜、下沉、开裂等现象。

⑧ 柜体接地各连接部件(电缆扁钢等)无锈蚀、外表油漆无缺损、螺栓紧固、安装固定牢固、涂抹导电膏。

⑨ 接地刀闸状态正常。

⑩ 手动模式下分合闸正常,无卡滞现象。

3) 避雷器

(1) 维护内容。

① 检查避雷器安装位置及状态是否良好。

② 检查避雷器各连接部分的紧固状况。

③ 检查避雷器有无损伤及放电痕迹。

④ 对避雷器进行预防性试验(按产品说明书进行)。

⑤ 检查避雷器接地情况及测量接地电阻。

(2) 技术标准。

① 避雷器的型号、安装位置及接线方式应符合要求。

② 避雷器安装应水平端正、固定牢靠,其引线和各螺栓要紧固。

③ 避雷器表面应干净整洁,无裂纹、破损、老化和放电痕迹。

④ 避雷器的接地电阻应不大于 $10\ \Omega$,其电气性能试验可参照该产品技术说明书进行。

4) 分段绝缘器

(1) 维护内容。

① 检查分段绝缘器表面碳粉层附着厚度情况。

② 检查分段绝缘器和道岔分段绝缘器与接触轨的连接状态,紧固螺栓有无松动。

③ 检查分段绝缘器主体是否有机械损伤,是否有电弧灼伤、老化变色及表面剥蚀现象。

(2) 技术标准。

① 分段绝缘器和道岔分段绝缘器所用型号、材质、数量应符合要求。

② 分段绝缘器的安装位置应符合要求,不得有滑移,接触轨受流面与分段绝缘器滑掠面高差不大于 $0.3\ mm$ 且平滑过渡,道岔分段绝缘器滑掠面高差不大于 $1\ mm$,在任何情况下均应满足分段绝缘要求。

③ 分段绝缘器主体不得出现电弧灼伤、老化变色或机械损伤。

④ 分段绝缘器与接触轨连接良好,螺栓紧固力矩符合设计要求及设计标准,分段绝缘器的固定应符合相关标准,固定应牢固可靠。

⑤ 按检修周期定期清理,防止碳粉过度堆积,保证分段绝缘器的正常运行。

5) 钢铝复合轨及附件

(1) 维护内容。

① 全面详细检查、测量定位点的接触轨受流面至轨面的高度、至轨面中心线的限界及与轨面的平行度,对不合要求的点进行维护处理,确保各参数符合要求。

② 检查钢铝复合轨、中间接头夹板等有无烧伤、变色现象。

③ 检查接头连接有无松动,导电油脂涂层是否均匀足够,接头焊缝过渡是否平滑。

④ 检查有无侵限及障碍受流器运行的异物。

⑤ 测量检查跨距中心处接触轨受流面至轨面的高度。

⑥ 检查钢带受流面的磨损是否均匀。

(2) 技术标准。

① 接触轨受流面中心至 F 轨轨面的垂直距离为 650 mm,接触轨受流面中心距离线路中心的水平距离为 950 mm,允许偏差为 ±1 mm;偏斜度应控制在设计规定的角度之内。

② 接触轨受流面距 F 轨轨面中心线的垂直距离为 950 mm,允许施工误差 ±1 mm。接触轨中心距 F 轨轨平面 650 mm,允许施工误差 ±2 mm。接触轨受流面与 F 轨轨平面垂直。

③ 接触轨钢带的连接应平滑顺畅、无阶梯,复合轨的连接缝隙应密贴。

④ 接触轨紧固件齐全,安装牢固可靠。

⑤ 接触轨维护时,严禁硬拉、硬扯或敲击整体绝缘支架。

⑥ 正线接触轨受流面在两相邻绝缘支架处相对高差不得大于 2.5 mm,困难条件下不大于 5 mm。

⑦ 连接螺栓紧固力矩满足设计要求及厂家使用说明书,如无特殊力矩要求,按现行国家标准执行(表 5-1)。

表 5-1 螺栓紧固力矩对照情况

参 数	数 据								
螺栓直径/mm	8	10	12	14	16	18	20	22	24
紧固力矩/(N·m)	13	25	44	70	70	85	130	180	230

⑧ 钢铝复合轨的各电气接触面涂抹的电力复合脂应均匀。

⑨ 各镀锌螺栓无变形，镀锌层和螺纹完好。

6) 中间接头

(1) 维护内容。

① 普通中间接头：a. 检查普通中间接头本体情况；b. 检查普通中间接头连接、接触情况；c. 检查普通中间接头处接触轨等部件的受流面过渡情况。

② 焊接中间接头：a. 检查焊接中间接头本体情况；b. 焊接中间接头需检查钢带连接、接触及焊接打磨情况；c. 检查焊接中间接头处接触轨等部件的受流面过渡情况。

(2) 技术标准。

① 普通中间接头。

a. 普通中间接头表面宜洁净，应无烧伤、发热变色及异常腐蚀。

b. 普通中间接头与所连接的接触轨等部件应安装密贴，机械连接和电气连接应良好。

c. 普通中间接头所连接的接触轨、端部弯头、膨胀接头等部件对接应端正，接缝应密贴、缝隙不大于 1 mm，受流面应过渡平滑，两端不平度不大于 0.2 mm 且需平滑过渡。

d. 紧固部件应齐全、完好，无变形，防腐、防松、紧固力矩符合要求。

e. 普通中间接头带电部分与其他结构体之间的最小净距不小于 150 mm。

② 焊接中间接头。

a. 焊接接头表面宜洁净，应无烧伤、发热变色及异常腐蚀，焊接接头竖缝焊接处焊接前设置坡口，焊接接头平整、光滑，无虚焊及凸凹点，整体与既有轨体保持完整、一致的外观效果。

b. 焊接中间接头与所连接的接触轨等部件应安装密贴，机械连接和电气连接应良好。

c. 焊接中间接头所连接的接触轨、端部弯头、膨胀接头等部件对接竖缝应焊接牢固，焊缝光滑平整，受流面高差不得大于 0.1 mm，需平滑过渡。

d. 紧固部件应齐全、完好，无变形，防腐、防松、紧固力矩符合要求。

e. 中间接头带电部分与其他结构体之间的最小净距不小于 150 mm。

7) 膨胀接头

(1) 维护内容。

① 普通膨胀接头：a. 检查普通膨胀接头有无过热变色、烧伤现象；b. 检查普通膨胀接头的磨损是否均匀，补偿间隙过渡是否平滑；c. 检查普通膨胀接头所有紧固件是否松动；d. 测量普通膨胀接头处受流面与轨面的高度、坡度及限界；e. 测量普通膨胀接头补偿间隙的大小，与温度曲线核对，检查是否符合要求；f. 检查普通膨胀接头的电气连接状况。

② 无缝膨胀接头：a. 检查无缝膨胀接头有无过热变色、烧伤现象；b. 检查无缝膨胀接头的磨损是否均匀，补偿间隙过渡是否平滑；c. 检查无缝膨胀接头所有紧固件是否松动；d. 测量无缝膨胀接头处受流面与轨面的高度、坡度及限界；e. 测量无缝膨胀接头补偿

间隙的大小,与温度曲线核对,检查是否符合要求;f. 检查无缝膨胀接头的电气连接状况。

(2) 技术标准。

① 普通膨胀接头。

a. 普通膨胀接头长度为 1 600~2 200 mm,根据现场实际使用膨胀支点轨体可适当加长,但不得大于 3.6 m,最大补偿量为 100 mm。

b. 普通膨胀接头应安装在两个支架装置的中心部位,普通膨胀接头的每一端距支架装置的距离应相等,且不小于 400 mm。

c. 普通膨胀接头锚固夹板两侧面均匀涂抹导电膏。紧固螺栓时,中间 M10 螺栓紧固力矩为 25 N·m,两边 M10 螺栓紧固力矩为 20 N·m;锚固夹板侧面与左右滑轨侧面紧密相贴,组成膨胀接头的三块轨覆不锈钢带一面应平齐。

d. 电流连接器与接触轨连接的 M10 螺栓紧固力矩为 25~31 N·m,U 螺栓弹簧长度为 14~16 mm,在 M16、U 螺栓与螺母连接处有红油漆标记。

e. 普通膨胀接头间隙调整应与接触轨温度相适应,补偿间隙 α 值应符合设计规定(表 5-2)。伸缩预留值允许偏差为 ±5 mm。

f. 普通膨胀接头的各螺栓紧固力矩符合设计要求,要保证普通膨胀接头在温度变化的情况下能伸缩自如,无卡滞现象。

表 5-2 普通膨胀接头常用安装温度补偿规定

L/m	温度/℃									
	85	80	75	70	65	60	55	50	45	40
45	2	6	10	14.9	19.8	24.9	29.8	34.7	39.6	44.6
37.5	2	6	10	14.1	18.3	22.4	26.5	30.6	34.7	38.9
L/m	温度/℃									
	35	30	25	20	15	10	5	0	−5	
45	49.6	54.5	59.5	64.5	69.3	74.3	79.3	84.2	87.8	
37.5	43	47.1	51.3	55.4	59.5	63.6	67.7	71.9	76	

② 无缝膨胀接头。

a. 无缝膨胀接头受流面高差不大于 0.1 mm,绝缘支撑装置离膨胀头最小距离不得小于 280 mm。

b. 无缝膨胀接头检查楔形滑块之间滑动间隙是否满足不大于 1 mm 技术要求。

c. 无缝膨胀接头应靠近原无缝膨胀接头绝缘支撑点位置安装,并选择跨距较小侧安装。膨胀接头垫片高度需要测量获得,考虑具体施工条件,垫片厚度可通过靠尺及塞尺进行确定。

d. 一条接缝应对应垫片垫设两个位置,分别确定上、下侧的垫片厚度,检查垫片垫设后不得超出轨面宽度。

e. 无缝膨胀接头间隙调整应与接触轨温度相适应,补偿间隙 α 值应符合设计规定(表 5-3)。膨胀接头的补偿间隙满足设计要求,其与钢铝复合轨的连接应平顺,无硬弯,检查无缝膨胀接头伸缩情况,最大伸缩补偿量为不得超过 120 mm。

f. 无缝膨胀接头的各螺栓紧固力矩符合设计要求,要保证膨胀接头在温度变化的情况下能伸缩自如,无卡滞现象。

g. 检查无缝膨胀接头伸缩缝位置偏移情况,其膨胀头的安装长度 δ 在 640~690 mm 范围内,膨胀接头与接触轨轨面高差小于 0.1 mm。

表 5-3 无缝膨胀接头常用安装温度补偿规定

L/m	温度/℃									
	85	80	75	70	65	60	55	50	45	40
45	653	656	659	663	667	671	674	678	682	685
37.5	664	667	670	672.5	676	678	681	683.5	687	689

L/m	温度/℃								
	35	30	25	20	15	10	5	0	−5
45	688	693	696	700	704	707	712	715	718
37.5	692	695	698	700	702	705	708	711	713

8) 上网电缆及电连接

(1) 维护内容。

① 检查电缆接线板周围有无过热变色现象。

② 检查电缆接线板与接触轨的连接状态。

③ 检查电缆接线端子与电缆接线板的连接是否牢固可靠。

④ 检查电缆接线端子的压接处有无松动及异常。

⑤ 检查电缆的弯曲走向是否符合要求,电缆接线端子及电缆不应向走行轨中心倾斜。

⑥ 检查电缆表面有无损伤,电缆固定是否稳固,电缆绝缘层有无老化变色及表皮剥落现象。

(2) 技术标准。

① 电连接电缆及接线端子所用型号、材质、数量应符合要求,同时要求电连接电缆要预留能保障复合轨正常伸缩的余量。

② 电连接电缆的安装位置应符合要求,在任何情况下均应满足带电距离要求。

③ 240 mm² 软电缆绝缘层剥开长度为 70 mm，400 mm² 电缆剥开长度为 90 mm，电缆导体不得被损伤，电缆保护层不得损坏。

④ 电连接电缆与接线端子压接良好，握紧力不小于设计规定值，电气接触面涂电力复合脂，螺栓紧固力矩符合设计要求及设计标准。

⑤ 道岔及股道间接触轨电连接电缆应完整无遗漏。

⑥ 电连接电缆的固定应符合相关标准，在拐弯、水沟等处应就实际情况固定，固定应牢固可靠。

⑦ 电缆弯曲半径满足相关规范，且弯曲自然、布线美观。

9）整体绝缘支架

(1) 维护内容。

① 检查预埋膨胀锚栓是否紧固，有无松动，填充水泥层有无裂纹、松脱现象。

② 检查绝缘支架紧固螺栓是否紧固，有无松动。

③ 检查绝缘支架有无变色、表层剥落、裂纹及其他异常现象。

④ 检查支架底座有无镀锌层脱落、锈蚀现象。

⑤ 检查支架和接触轨的对正情况。

(2) 技术标准。

① 整体绝缘支架型号、各种电气性能和机械性能及安装形式符合设计要求和产品技术条件，整体绝缘支架合格，整体绝缘支架外观检查应完好，安装端正，无损伤变形等。

② 整体绝缘支架固定螺栓安装完整，无损伤、锈蚀，T 形螺栓紧固力矩 44 N·m。

③ 支座安装面平行于线路中心线，绝缘子轴线垂直于线路中心线，以满足接触轨能顺线路方向顺畅滑动。

④ 整体绝缘支架各螺栓无变形，螺纹完好，预留调节余量满足设计要求。

⑤ 绝缘子完好无损，无机械损伤、老化褪色现象。

⑥ 各镀锌螺栓无变形，镀锌层和螺纹完好，预留调节余量满足设计要求，螺栓外露部分要涂防腐油。

⑦ 旋转扣件、滚动头组件、方头螺钉及限位框安装固定完整，安装位置端正，无松动、无损伤、无腐蚀。

⑧ 旋转扣件配套安装减震防转垫片，减震防转垫片与接触轨密贴，无倾斜。

10) 电连接板

(1) 维护内容。

① 对轨间电连接板进行全面详细的检查，不符合要求者进行整修处理。

② 检查电缆接线板表面有无过热变色现象。

③ 检查电缆接线板与接触轨的连接状态。

④ 检查电缆接线端子与电缆接线板的连接是否牢固可靠。

(2) 技术标准。

① 电连接电缆及接线端子所用型号、材质、数量应符合要求。

② 电连接电缆的安装位置应符合要求,在任何情况下均应满足带电距离要求。

③ 电气接触面涂电力复合脂,螺栓紧固力矩符合设计要求及设计标准。

④ 轨间电连接应完整无遗漏。

11) 接地轨

(1) 维护内容。

① 对接地轨支架、轨体及接地连接电缆进行全面详细检查,对不符合要求项进行维护处理。

② 检查接地轨与支架底座间、接地轨接头处接触是否良好,螺栓是否紧固。

③ 检查接地轨有无裂纹、过热变色、烧伤痕迹,沿线布置平顺。

④ 检查接地线与底座及接地轨的连接是否牢固可靠,接地线的固定是否稳固。

(2) 技术标准。

① 任何独立的金属底座都应牢固的与接地轨相连,接地端接地良好。

② 接地轨规格应符合要求,接地轨间连接及接地轨与底座间的连接应牢固可靠,无虚接。

③ 接地轨间的安装紧固,螺栓、垫圈齐全,与支架底座接触良好。

④ 接地轨中间接头处,受流面高差不大于 0.5 mm,接缝不大于 1 mm。接地轨 Z 向 (450 ± 2) mm,Y 向 (900 ± 2) mm,扭转角度全线不大于 1°。

⑤ 接地轨应连续不间断,且应与变电所接地母排相连。

⑥ 接地电缆敷设美观、弯曲自然。电缆与接地轨接触良好,连接牢固、可靠。

12) 端部弯头

(1) 维护内容。

① 检查受流面是否有电弧烧伤痕迹。

② 检查接头是否松动,导电油脂是否均匀足够。

③ 检查端部弯头末端的摆动情况。

④ 测量检查端部弯头上弯状态是否符合要求,不符则进行调整。

⑤ 测量端部弯头末端、上弯始点、绝缘支架处受流面与轨面的高度、坡度及与轨面中心线的距离,检查是否符合要求,不符则进行调整。

(2) 技术标准。

① 端部弯头的断口与接触轨之间密贴,与连接轨体缝隙不大于 1 mm,工作面高差不大于 0.2 mm,没有高低差及由此产生的台阶损伤受流器。

② 端部弯头具有良好的耐电弧烧损、耐冲击特性。每一个端部弯头的端部都经过预弯,坡度更大一些,这样能保证端部弯头具有更好的自熄弧特性。

③ 端部弯头末端绝缘支架处,接触轨接触面距轨面垂直距离(导入高度)为 100~

110 mm。

④ 端部弯头附近应无易燃物,无侵限及阻碍受电靴运行的异物,带电部分与接地体之间的最小净距应满足 150 mm。

13) 中心锚结

(1) 维护内容。

① 检查中锚与接触轨的连接状态,紧固螺栓有无松动。

② 对锚固组件进行全面详细检查,对不合要求的内容进行维护处理。

(2) 技术标准。

① 中心锚结处绝缘支架和接触轨受力后无明显变形。

② 中心锚结的卡块与绝缘支架的间隙应符合安装使用说明书的要求。两连接板接触面应清洁,并涂导电膏。

③ 锚固组件的内夹板与绝缘支架的旋转扣件侧平面贴合。

④ 带电部分与接地体之间的最小净距应满足 150 mm。

14) 道岔接触轨及附件

(1) 维护内容。

① 道岔接触轨。检查接触轨使用状态。

② 普通支点。检查绝缘子是否完好,螺栓是否松动,卡头是否偏转。

③ 限位支点。检查螺栓是否松动,限位框位置是否正确。

④ 滚动支点。检查滚动头限位滑块有无破损,滚动头是否偏转。

⑤ 膨胀接头。检查膨胀楔形滑块状态、膨胀缝大小、铜带状态及其连接附件。

⑥ 中心锚固。检查螺栓是否松动,安装是否到位。

⑦ 上电连接。检查螺栓是否松动、电气连接情况。

⑧ 分段绝缘器。检查磨损情况、左右分段高差情况及其连接附件。

(2) 技术标准。

① 道岔接触轨表面宜洁净,部件应齐全、完好,无变形、异常腐蚀现象。

② M10 螺栓拧紧力矩不小于 25 N·m,螺栓拧紧后做防松标识,方便后续检修巡查,支点卡头在 C 形槽内呈竖直状态,不可偏转。

③ 限位、滚动支点螺栓不可松动,道岔限位、滚动支点的限位组件安装要求按设计正确对中,限位板在限位框内移动顺畅,限位框与限位内夹板不应有阻滞擦剐,润滑情况应符合设计要求。

④ 绝缘支撑装置离膨胀头对接竖缝最小距离不得小于 500 mm,柔性铜带不可破损。

⑤ 锚固组件螺栓不可松动,锚固内夹板安装到位,锚固组件的内夹板与绝缘支架的旋转扣件侧平面贴合。锚固组件处绝缘支架和接触轨受力后无滑移和明显变形。

⑥ 上电连接螺栓不可松动,其安装位置应符合要求,在任何情况下均应满足带电距离要求。

⑦ 分段绝缘器的安装位置应符合要求,不得有滑移,接触轨受流面与分段绝缘器滑掠面高差不大于 0.3 mm 且平滑过渡,道岔分段绝缘器滑掠面高差不大于 1 mm,在任何情况下均应满足分段绝缘要求。

15）防护罩及支撑装置

（1）维护内容。

① 检查防护罩有无变色、表层剥落、裂纹及其他异常现象。

② 检查防护罩上警示标志是否清晰、有无脱落。

③ 检查防护罩、支撑卡与接触轨的结合状态是否良好,特别是膨胀接头、中心锚结、电缆连接板处的防护罩,防护罩不得障碍接触轨的自由伸缩。

④ 对不合要求的防护罩进行更换,对不合要求者进行维护处理。

（2）技术标准。

① 防护罩规格型号、电气性能、机械性能符合产品技术要求且无损伤。

② 防护罩选型正确,安装规范且固定牢靠。

③ 防护罩支撑卡布置合理,无损坏,在特殊防护罩处严格按照设计要求布置,防护罩支撑卡无损坏。

④ 防护罩上的"高压危险,禁止踩踏"等警示标志齐全、明显。

16）可视化接地系统

（1）维护内容。

① 中央级监控装置显示是否正常。

② 中央级监控装置信号反馈、指示是否正确。

③ 接地装置本体机械结构、外观及各显示灯是否正常。

④ 带电显示灯显示是否正常。

⑤ 登录连接正常,功能操作正常,检测电压正常,操作指令有效。

（2）技术标准。

① 检查刀闸状态是否良好,各部螺栓是否紧固到位,有无松动现象。

② 检查柜体有无掉漆、开裂,传动机构、操作机构各部件铰接是否良好。

③ 检查电缆与母排连接是否牢固,状态是否良好,连接螺栓是否紧固到位。

④ 检查光纤传输是否有效,网络监控显示是否正常,视频画面及清晰度是否正常。

⑤ 检查登录连接是否正常,功能操作是否正常,检测电压是否正常,联锁是否有效。

⑥ 检查二次端子排外观有无损坏、破损等异常,是否清洁干净,安装是否牢固,连接端子是否牢固。

⑦ 检查面板控制指示灯工作是否正常,按钮操控是否正常。

⑧ 检查手动、当地电动模式下分合闸是否正常,有无卡滞现象。

⑨ 检查远方电动模式下分合闸是否正常,有无卡滞现象。

⑩ 检查带电显示灯、除湿加热器照明灯工作是否正常。

⑪ 检查光纤交换机电源、光口、网口指示灯是否正常。

⑫ 检查带电显示灯显示内容是否正常。

17）环网电缆

（1）维护内容。

① 检查环网电缆外护套有无破损。

② 环网电缆固定钢卡是否固定牢固。

③ 环网电缆与墙角摩擦处是否设有防护。

④ 环网电缆孔洞是否密封良好、严密。

⑤ 环网电缆支架与接地扁钢有无锈蚀、松动现象。

⑥ 环网电缆上方有无渗水、滴水现象。

⑦ 环网电缆头中间头相序是否清晰。

⑧ 环网电缆排列是否整齐、牢固，有无张力。

⑨ 环网电缆中间接头有无损伤、变形现象。

（2）技术标准。

① 电缆外护套完好，无破损。

② 环网电缆固定钢卡固定牢固可靠。

③ 环网电缆与墙角摩擦处设有防护。

④ 环网电缆孔洞密封良好、严密。

⑤ 环网电缆支架与接地扁钢无锈蚀、松动现象。

⑥ 环网电缆上方无渗水、滴水现象。

⑦ 环网电缆排列整齐、牢固。

⑧ 环网电缆最小弯曲半径满足设计要求。

⑨ 环网电缆中间接头无损伤、变形现象。

5.3.3 运营维护的主要内容及特点

（1）维护内容。接触轨本体、绝缘支撑装置、端部弯头、电连接板、膨胀接头、中心锚结、隔离开关、上网电缆及电连接、分段绝缘器、接地轨、接地扁钢等设备设施。

（2）系统维护特点。接触轨系统敷设于走行梁两侧，多为高空架设，主要以"预防为主，修检结合"的定期运维模式。定期检修分为小修和大修两种修程。

① 小修系维持性的修理，主要是指设备停电后集中处理定期检测后发现的缺陷，如：接触轨参数测量、调整接触轨及其附件的轨偏、轨高；清扫绝缘部件；对磨损的接触轨进行整修或局部更换，以保持接触轨的正常工作状态；更换或整修损坏的零部件，使设备满足安全供电的要求。

② 大修系恢复性的彻底修理，接触轨设备大修主要是整锚段更换接触轨及其附属设备。接触轨大修的目的在于改善接触轨的技术状况，增强供电能力，适应运营的发展需

要。特殊情况下,可以安排局部大修。凡是大修更新的设备及其零部件等,均应符合新建工程的技术标准。

5.4 道岔基础知识和运营维护

5.4.1 道岔基础知识

长沙磁浮快线道岔结构形式为三段定心式道岔,驱动采用曲柄摆杆结构机构。其工作原理为曲柄驱动装置安装于道岔梁中心轴线的基础上,主梁侧面装有导槽,通过电机驱动曲柄来拨动导槽实现道岔的转辙,转辙完成后通过锁定装置进行精确定位并锁定道岔。道岔整机外形如图 5-12 所示。

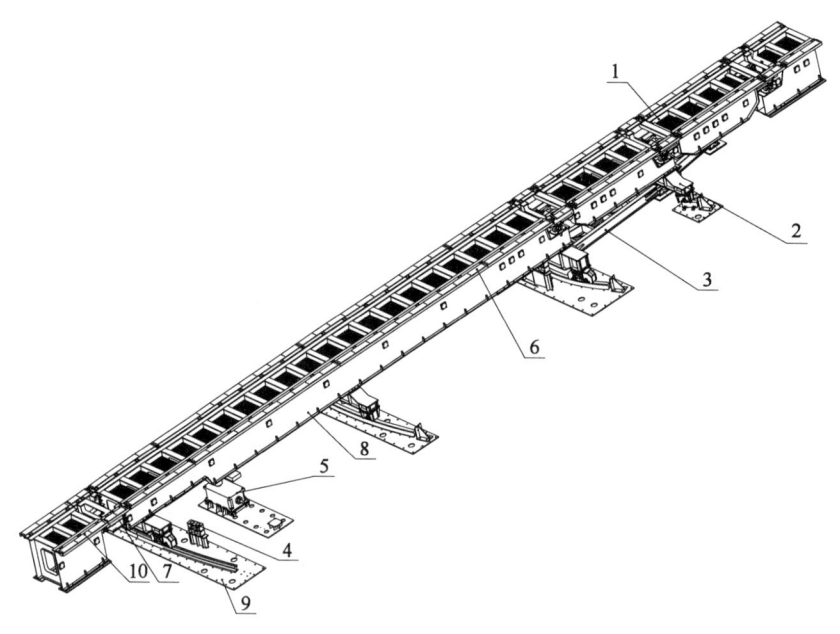

1—道岔梁;2—台车;3—铰轴连杆;4—锁定装置;5—驱动装置;6—梁上导轨;
7—竖向限位;8—道岔减震器;9—基础及预埋件;10—电气控制系统

图 5-12 磁浮道岔整机外形图

L_1、L_2、L_3 为三段道岔梁,每段道岔梁有一个固定的回转中心 O_i,可绕齐转动。L_1 为主动梁,当 L_1 转动时,通过滑块 A 带动 L_2 转动,L_2 通过滑块 B 带动 L_3 转动。其转动的角度关系如图 5-13 所示。

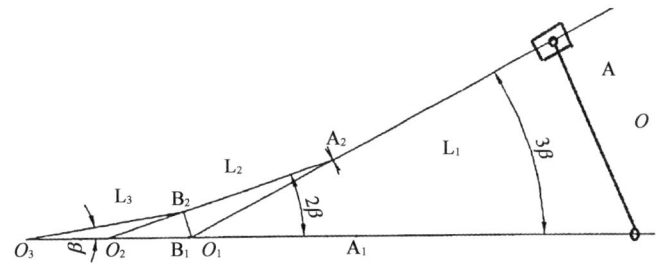

图 5-13 道岔转动角度关系

1) 铰轴连杆

铰轴连杆(图 5-14)是一种呈三角状的结构,一端和台车相邻,另一端通过一个回转铰与道岔基础相连。铰轴连杆为道岔的转动提供一个固定的回转中心。

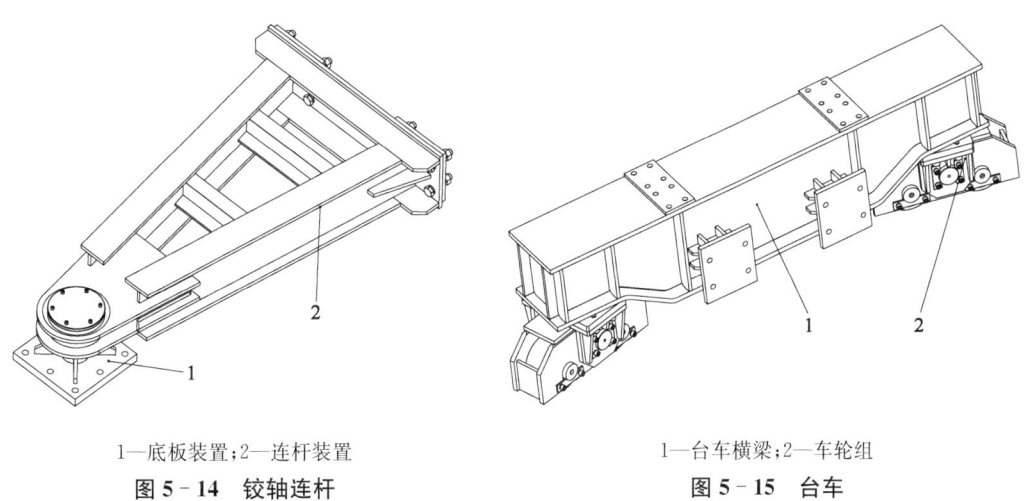

1—底板装置;2—连杆装置

图 5-14 铰轴连杆

1—台车横梁;2—车轮组

图 5-15 台车

2) 台车

台车(图 5-15)是中低速磁浮道岔设备的行走部件,同时起到传递道岔梁及其上面载荷的作用。整个道岔设备一共包括 4 组台车,即台车 1、台车 2、台车 3 和台车 4。道岔梁通过台车上的滚轮在相应的轨道上滚动来实现行走。

3) 锁定装置

锁定装置(图 5-16、图 5-17)布置在主动梁底部靠近梁端。锁定装置插销座组件通过螺栓连接在同一个安装底座上,安装底座焊在基础板上。锁销安装座通过螺栓与安装板连接在一起,锁销可以在锁销安装座沿轴线移动。电动推杆的轴线和锁销的轴线平行,两者通过推力板连接在一起。工作时,通过电动推杆的伸缩实现将锁销插入或者抽出导向滚轮来实现锁定解锁。安装板通过螺栓连接在主动梁底部。

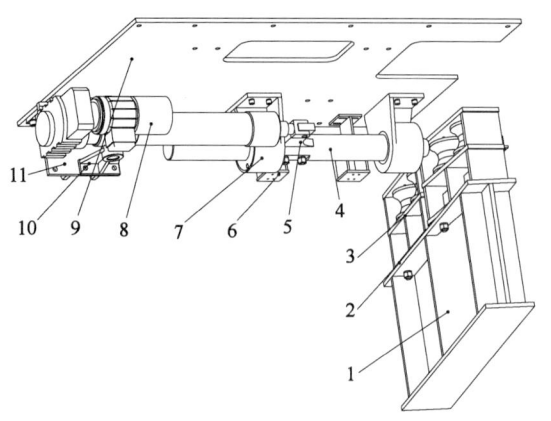
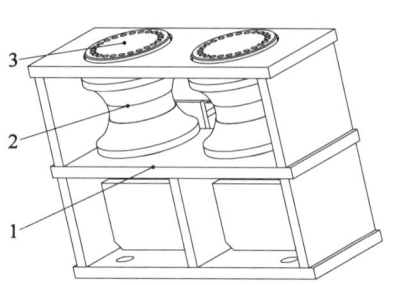

1—底座；2—调整垫；3—插销座组件；4—锁销；5—推力板；
6—限位装置组件；7—锁销安装座；8—电动推杆；
9—安装板；10—支座；11—底座

图 5-16 锁定装置(一)

1—插销座箱体；2—导向滚轮；
3—偏心轴

图 5-17 锁定装置(二)

4) 驱动装置

驱动装置(图 5-18)由电机、离合器、连接轴、联轴器、减速机、摇臂、驱动导槽及导槽安装架组成。电机上有一个抱闸控制螺杆，电动时必须拧松该螺杆，手动时必须拧紧该螺杆。离合器可设定安全扭矩，起到意外情况时保护电机的作用。摇臂的前端安装有导辊，导辊可在导槽中移动和转动。

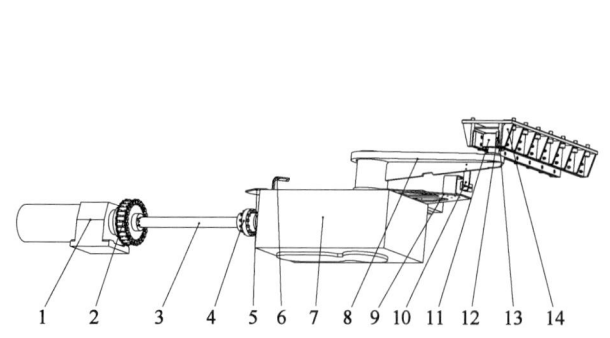
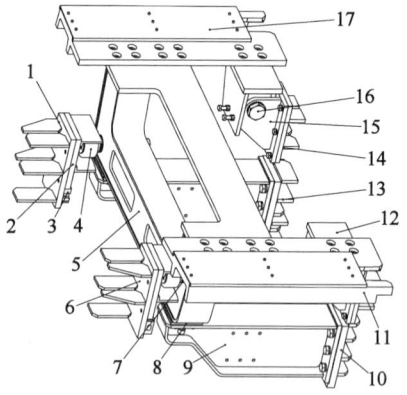

1—DRS减速电机；2—安全离合器；3—轴；4—齿式联轴器；
5—行程开关安装架1；6—开关支座；7—减速机；8—摇臂；
9—行程开关安装架2；10—碰铁；11—导辊；12—耐磨板；
13—调整垫；14—驱动导槽

图 5-18 驱动装置

1—导槽座右；2—导槽；3—楔形板；4—滚轮；
5—活动梁；6—导槽座左；7—轴；8—调整垫；
9—支撑梁；10—支撑梁底座；11—竖向限位连接轨；
12—摆动梁左；13—支撑梁底座；14—支座；
15—摆动梁右；16—螺栓销；17—竖向限位连接轨

图 5-19 竖向限位装置

5) 竖向限位

竖向限位(图 5 - 19)是限定道岔竖向位置的装置,主要由导槽座、导槽、楔形板、滚轮、活动梁、轴、调整垫、支撑梁、支撑梁底座、竖向限位连接轨、摆动梁、支座、螺栓销等组成。

6) 基础及预埋件

道岔基础根据其所安装部件的不同,从前到后依次有活动端垛梁基础、台车 4 基础、驱动装置基础、台车 3 基础、台车 2 基础、二号回转中心基础、台车 1 及一号回转中心基础、固定端垛梁基础。

7) 道岔电气控制

(1) 控制模式。本项目道岔控制包括三种模式:联锁集中控制模式;道岔现地控制模式;道岔强控模式。

联锁集中控制模式为正常控制模式,由信号计算机联锁系统对道岔进行集中控制,可在控制中心、车控室根据进路指令或单操指令控制道岔转辙。

道岔现地控制模式是一种经过计算联锁系统许可的现地控制方式。联锁系统受到道岔现地请求后,进行一定的安全操作(道岔封锁)和安全检查(道岔未锁闭),在条件具备时,授权道岔系统进入现地操作模式。道岔进入现地控制模式后,未经现地人员返还权限操作,联锁系统不能单方撤销现地控制模式。

道岔强控模式为特殊情况使用的模式,转到强控模式需要用钥匙开关进行操作。转到强控模式不需经联锁系统同意。

① 集中控制。当道岔在联锁系统集中控制方式时,联锁系统具有道岔操作的控制权,由联锁系统根据行车进路需要,向道岔控制系统发出"L 位转辙/N 位转辙/R 位转辙"指令,道岔控制系统接收到转辙指令后,自动进行解锁、转辙、锁紧操作,确认道岔转动到位后,生成位置表示信息并把位置信息传给联锁系统。

② 现地控制及强控。道岔控制系统向联锁系统发出现地控制请求,联锁系统同意现地控制后,在道岔控制柜上转动开关到现地控制位置,现场操作人员在道岔现场控制柜处手动发出道岔转辙连续指令,道岔自动进行解锁、转辙、锁紧操作,现场操作人员确认道岔转动到位。

在现地控制方式时,可以进行点动及单动控制,主要用于设备检修或调试使用。在现地控制方式时,联锁系统无法确保列车在现地控制时的行车安全,为确保行车安全,道岔强制现地控制应按照相关管理流程进行办理。

a. 现地请求。道岔控制系统向联锁系统发出现地控制请求,联锁系统需检查进路未锁闭且道岔区段无车条件后,才能同意现地控制,同时联锁系统失去对道岔的控制权。联锁系统每次发出同意现地控制信号后,道岔现地控制操作人员将有 30 s 的确认时间。若在 30 s 内,联锁系统接收到确认进入道岔现地控制状态,则同意现地控制信号将持续保持有效。若在 30 s 内,联锁系统没有接收到确认进入道岔现地控制状态,则此次同意现地控制无效,如需继续同意,需联锁操作人员再次发出同意现地控制信号。

b. 强控。现场人员打开电控柜,插入强控钥匙扭动钥匙至强控位,道岔即转换至强控模式。

(2) 道岔接口。

① 道岔控制系统与信号系统通过继电接口,实现道岔转辙控制、表示状态、模式转换功能。

② 信号集中监测系统与道岔控制系统之间通过 RS485 接口,监测道岔实时状态及故障信息。

③ 道岔接口电路满足下列技术条件:道岔区段有车时(区段锁闭),不能转换;进路在锁闭状态时,进路上的道岔不能转换;道岔如已在所需的位置时,道岔启动电路应不动作;道岔启动电路动作后,如因故转辙电机没有动,启动电路应停止工作、复原;联锁系统可随时人工单操道岔,使道岔回转;道岔转换完毕,应切断转辙电机电源;道岔进入现地控制模式后,未经现地人员操作,车站值班员(联锁系统)不能单方撤销现地控制模式;强控模式不需经联锁系统同意即可进入现地操作状态。

④ 单开道岔为左开道岔时,信号系统反位对应道岔左(L)位;单开道岔为右开道岔时,信号系统反位对应道岔右(R)位。三开道岔动作、表示继电器名称与联锁系统的道岔名称一致。

⑤ 物理接口。信号系统与道岔控制系统的接口分界点在轨旁道岔控制柜的配线端子排和接口设备通信端口处(图 5-20)。

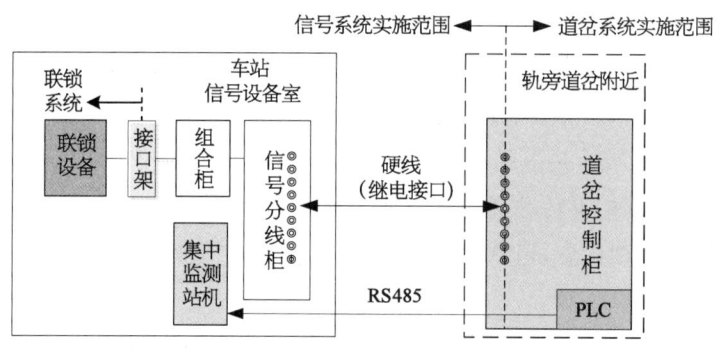

图 5-20 信号系统与道岔控制系统接口分界示意图

联锁系统作为信号系统的一部分,其与道岔控制系统的接口边界设在图 5-20 中联锁设备的接口架,接口架以外(组合柜侧)部分的电路实现方案由设计单位在施工图中体现。联锁设备接口架至道岔控制系统的接口电路及接口信号的采集驱动电路,遵循"故障-安全"的原则。

(3) 操作面板。

① 道岔控制柜操作面板。道岔控制柜 1 柜门上设有道岔控制模式转换开关和表示

灯,包括道岔位置表示灯、道岔模式表示灯、道岔现地请求开关、道岔强控开关(图 5-21)。

a. 道岔位置表示灯。道岔 L 和 R 位为黄色表示灯,道岔 N 位为绿色表示灯。

b. 道岔模式表示灯。道岔处于集中控制模式为绿色表示灯,道岔处于现地控制模式为黄色表示灯,道岔处于强控模式为红色表示灯。

c. 道岔现地请求开关。现地请求时转到"现地请求"位置。

d. 道岔强控开关。钥匙开关,插入钥匙后可转动到"强控"位置。

联锁和 ATS 工作站界面如图 5-22 所示。

在信号联锁和 ATS 工作站界面上设有与道岔相关按钮和表示灯,包括现地控制同意按钮、

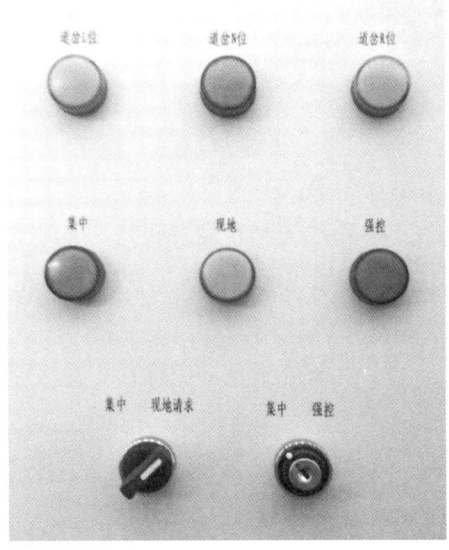

图 5-21 道岔控制柜面板操作开关和表示灯

道岔故障状态表示灯、道岔集中状态表示灯、道岔现地控制表示灯、道岔现地请求灯、道岔现地同意允许灯、道岔强控模式表示等。

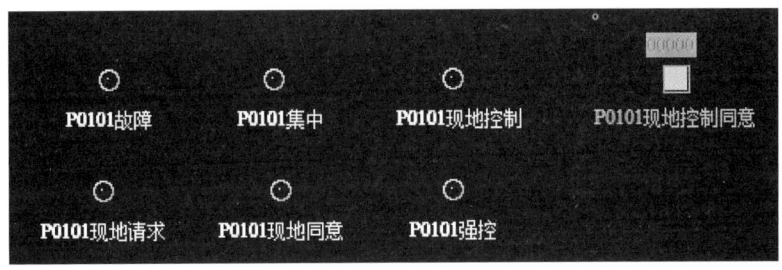

图 5-22 联锁/ATS 道岔模式相关界面

② IBP 盘道岔应急控制。为满足运营部门对道岔应急操作需求,在 IBP 盘上设有道岔应急操作相关铅封按钮。

a. P××××应急。道岔应急操作允许按钮。按下此按钮后,联锁失去对道岔的控制功能,道岔具备应急操作条件,控制台上相关道岔"集中"状态表示灯灭灯。

b. P××××定操。道岔定位操作按钮。

c. P××××反操。道岔反位操作按钮。

正常情况下,道岔处于联锁集中控制状态。当联锁系统或者外围结合电路发生异常,通过 IBP 盘上道岔应急操作,可脱离联锁的逻辑部分(包括继电接口电路),远程控制道岔转辙,应急操作过程如下:

a. 将CCTV监视画面切换到需要应急操作的道岔,监视道岔动作过程。

b. 通过ATS工作站或者联锁工作站界面,监视道岔表示状态。

c. 根据运营管理规则,破除IBP道岔应急操作按钮铅封。

d. 同时按下"应急"+"定操"或"反操"按钮,并保持按下状态,道岔开始转辙,道岔断表示。

e. 正线道岔转辙时间约15 s,此过程应保持"应急"+"定操"或"反操"按钮按下,直至监视界面给出转辙位置道岔表示为止,然后可松开按钮,完成道岔应急操作。

注意事项:

a. 如果在道岔应急操作中途按钮松开,道岔会停在转辙,继续按下按钮,道岔会继续转辙。

b. 通过IBP盘进行道岔应急操作,可能会造成信号设备室接口电继电器(2QDJ)与道岔表示不一致,联锁无法操作道岔,因此在进行道岔应急操作过程中,需要信号维护人员配合确认继电器状态。

(4)手动操作。当由于系统故障无法电动控制或者控制系统无法供电时,此时又必须转动道岔时,则需通过手动的方式来完成道岔的解锁—转辙—锁定的工作过程。

在获得现地操作授权后,确认急停按钮按下,由操作人员手动摇动电机,完成道岔的位置转换,全部操作完成后,将道岔恢复正常状态。

① 锁定电机手动操作。锁定电机带有自动抱闸机构,手动时必须用手扳动电机上的手柄松掉抱闸,才能用手柄驱动推杆尾轴驱动推杆伸缩(注意:手柄驱动和松抱闸必须同时进行)。

② 转辙电机手动操作。

第一步:拆除转辙电机防护罩。

第二步:解除转辙电机抱闸,将锁定螺栓拧入,螺杆头与电机外壳内表面平齐(图5-23),抱闸松到位(初次调试可边拧紧螺杆,边手摇电机,能轻松摇动时,松到位)。

注意:严禁过度拧紧锁定螺栓,否则会导致抱闸机构损坏。

第三步:装上摇柄,摇动电机,进行转辙。

第四步:恢复转辙电机抱闸,将锁定螺栓拧出,螺杆伸出长度超过电机外壳表面10 mm左右(或用手能轻易拧动),抱闸处于自动控制状态(得电自动松闸)。

注意:电动转辙道岔前需确认锁定螺栓是否拧出到位,抱闸处于自动控制状态,否则将无法制动,产生意外,造成损失。

图5-23 驱动电机锁定螺栓

第五步:恢复转辙电机防护罩。

注意：恢复转辙电机防护罩时，应电动转辙道岔不少于2次，确认防护罩无异响，道岔运行正常。

5.4.2 道岔运营维护

（1）中低速磁浮道岔维修保养采用日常巡检保养和定期停机维修保养相结合的方式。

（2）每天进行日常巡检保养。

（3）维修保养工作必须制定维保计划，并且应严格按计划执行。

（4）维修保养采取责任工程师签认制度，所有维修保养工作内容都要有书面记录，并且由责任工程师检查签认。对电气系统的任何修改（包括临时接线等）都要做详细记录、签字并存档。

（5）维保工作必须遵循以下安全说明：

① 只有当磁浮道岔停止运行时才能进行维保工作。

② 确认系统接触轨掉电并挂地线后才能进入轨行区（包括道岔区域）进行维保工作。

③ 断开要维护的电气部件的电源，并确保维护期间不会工作。

④ 人员需要接近道岔时，首先应确保道岔退出集中模式，并确保电控柜上的急停按钮已被可靠按下。

1）钢结构

钢结构主要包括道岔梁、活动端垛梁、台车、铰轴连杆、竖向限位、梁上导轨、锁定装置及驱动装置结构部分、基础板、台车车轮行走轨道等。检查项点及维保方法如下：

（1）清洁。清扫道岔结构及道岔平台垃圾，清除积水，防止结构件长期泡在水中。

（2）防生锈。

① 检查。钢梁油漆损坏或失效表现为漆膜粉化露底、龟裂剥落、起泡及吐锈等。凡是漆膜表面色泽灰暗无光，不及四周光洁匀亮，用手指摩擦有粉末沾手，或粗糙凹凸不平，或局部表面有许多细纹脱皮、鼓包、生锈等，都表示油漆失效。也可以在其表面喷少量的水做试验，如果水珠往下流淌，表明漆膜完好，如果很快地往里渗散，表明漆膜表层已经失效，渗水深度即失效厚度。

② 除锈。钢梁涂装前，对其表面进行清理。钢梁除锈及表面处理的目的在于去除尘埃、油垢、水、氧化皮、铁锈或旧的不坚固的漆膜，以增强新涂漆膜的附着力，提高油漆质量。任何氧化皮或铁锈的余痕将促使钢梁继续生锈。除锈可采用以下方法：手工除锈和溶剂擦洗（严禁使用腐蚀性物质清理钢梁表面），用粗细不同的钢丝刷、平铲、凿子或钢刮刀除锈；小型机械工具除锈，可使用风钻（或电钻）装上钢丝刷，或用小风铲除锈；喷砂清除，采用压缩空气将洁净干燥的石英砂粒通过专用喷嘴高速喷射钢板表面除锈。根据所使用涂料品种、施工方法和构件部位不同，涂装前对钢结构表面清理的清净度有不同

要求。

③ 油漆及防腐工艺。采用与磁浮道岔生产相同的油漆及防腐工艺。

注意：除锈及防腐需找专业作业人员进行，采用方案需设计方和道岔生产商认可。

首先整组道岔要全面检查，查看是否有已经生锈或者有油漆损坏的部分，尤其是运动的部件，如驱动轴、锁定装置、台车、梁间连接装置等。如果有生锈或者油漆损坏的需要立即补漆。

④ 维保周期。每半年检查一次，根据检查结果，局部修复；每3年进行一次全面防腐维保。

(3) 焊缝裂纹检查。磁浮道岔钢结构焊缝的检查和处理除道岔制造时，严格焊缝检查外，还应在运营中特别注意焊缝及其附近母材的检查。

① 检查方法：目视法；磁粉探伤法；超声波探伤法。

② 检查重点：对接焊缝；受拉或受反复应力部件上焊缝及邻近焊缝热影响区的基材；上翼缘板与侧板处焊缝；连接系节点处焊缝。重点检查道岔梁上、下翼缘板与侧板间焊缝等主焊缝、从动梁两端支撑结构主焊缝、台车横梁主焊缝、竖向限位支座与道岔梁的焊缝。

③ 焊缝裂纹的处理。加强观测、监视，做好记录（位置、数量、大小及性质）直至采取必要的措施。

注意：磁浮车辆过岔时引起的振动会影响道岔结构受力，影响道岔正常使用，严重时会缩短道岔的使用寿命，因此应保证车辆平稳通过道岔。

(4) F轨形位检查。道岔F轨形位检查包括F轨直线度检查、F轨平面度检查、F轨接头处外侧线错位检查、F轨磁极面高低差检查、轨距检查和F轨轨缝检查。需满足的技术指标见表5-4。

表5-4 F轨形位检查技术指标

序号	检查项目	技术指标	备注
1	F轨直线度检查	不大于1 mm/3 m、3 mm/全长	
2	F轨平面度检查	不大于0.6 mm/3 m、1.5 mm/全长	
3	F轨接头处外侧线错位检查	不大于0.5 mm	
4	F轨磁极面高低差检查	不大于0.5 mm	
5	轨距检查	不大于1 860 mm±1 mm	
6	F轨轨缝检查	直线位F轨轨缝不大于40 mm；侧线位F轨轨缝不大于55 mm，不小于2 mm	

① F轨直线度如果有超差，根据超差的位置进行道岔梁上的F轨调整或（和）角平分

装置上 F 轨的调整。以主动梁与第一从动梁间的角平分装置为例,其 F 轨调整步骤如下(图 5-24):

a. 将内六角螺栓拧松。

b. 把拉杆上的紧固螺母松开,参照图示把 4 个拉杆长度调整至 440 mm(实际长度可能会有偏差,将 4 个拉杆长度调整一致即可,长度偏差控制在 0.2 mm 以内)。

c. 先选择其中一侧的 F 轨进行调整。取掉一颗内六角螺栓,用撬棍或者锤子(捶打时需垫木方,以免损坏油漆)挪动错位的 F 轨,每挪动一次均要测量 F 轨与相邻 F 轨的侧线错位值并记录。如此反复调整测量,直至调整到满足技术指标。把螺栓稍稍拧紧受力即可。

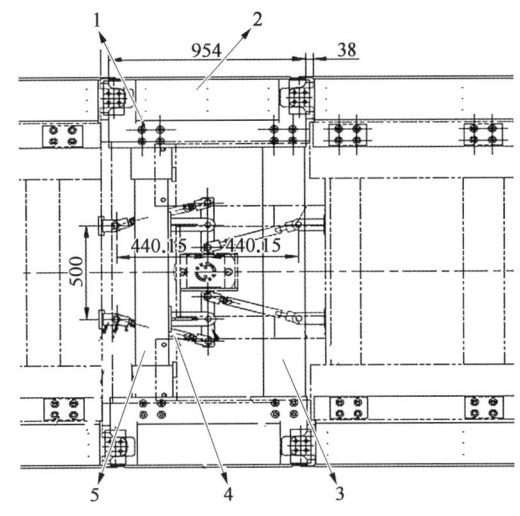

1—内六角螺栓;2—F 轨;3—虚拟轨;
4—拉杆;5—连接梁

图 5-24 F 轨调整步骤图

d. 再按照步骤调整另一侧。调整过程中已经调整好的一侧可能会出现移动的情况,此时需要两侧协调共同作业调整,直至两侧均满足技术指标。调整完后需拧紧所有内六角螺栓并打扭力,做好紧固标记。

② F 轨平面度如果有超差,根据超差的位置进行梁体与台车间调整垫的增减或(和)F 轨与梁体间调整垫的增减。

a. F 轨接头处外侧线错位检查是对 F 轨直线度检查的补充,如有超差情况,调整方法与 F 轨直线度调整方法相同。

b. F 轨磁极面高低差检查是对 F 轨平面度检查的补充,如有超差情况,调整方法与 F 轨平面度调整方法相同。

c. 轨距如果有超差,根据超差的位置进行道岔梁上的 F 轨调整或(和)角平分装置上 F 轨的调整。

d. F 轨轨缝如果有超差,应根据超差的位置进行道岔梁上的 F 轨调整或(和)角平分装置上 F 轨的调整。

2) 紧固件

道岔所有的紧固件都在检查的范围内:

(1) 检查紧固件的防腐涂层是否损伤或损坏。

(2) 检查紧固件的外观有无明显的磕碰、挤压痕迹。

(3) 查看之前打过扭矩已经做好标记的紧固件是否有变化,特别是活动部件及振动部件的紧固件,如有变化需要立即紧固设定扭矩并做好标记。

(4) 检查所有的行程开关安装螺栓是否松动,如果有松动的需要重新紧固。

3）润滑

（1）润滑油牌号。润滑油牌号为 0♯锂基脂。

（2）润滑部位及方法。

① 台车（图 5-25）。加油方法：用手动加油枪，在有油杯的位置加注黄油，直至黄油溢出即可。

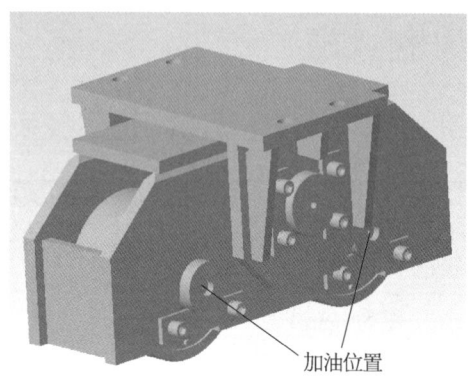

图 5-25　台车加油位置示意图　　　　图 5-26　摇臂导辊及轴承加油位置示意图

② 驱动装置（图 5-26）。加油方法：

a. 摇臂导辊。用铲子等工具将黄油均匀涂抹在导辊表面。

b. 摇臂轴承。用手动加油枪在图示位置加注黄油，直至黄油溢出即可。

③ 联轴器及安全离合器（图 5-27）。加注方法：用铲子等工具将黄油均匀涂抹在联轴器及安全离合器。

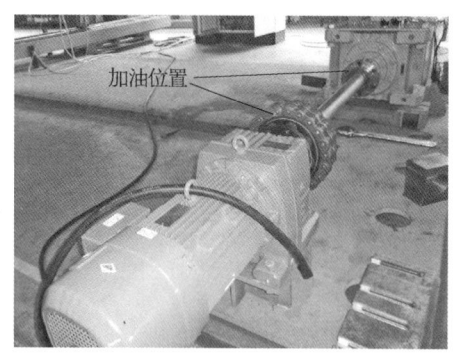 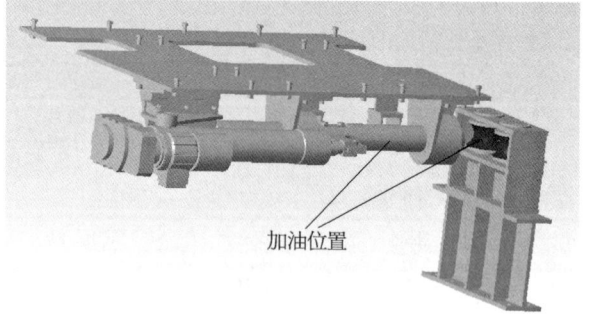

图 5-27　联轴器及安全离合器加油位置示意图　　　图 5-28　锁定装置加油位置示意图

④ 锁定装置（图 5-28）。加注方法：用铲子等工具将黄油均匀涂抹在插销及导向滚轮表面。

⑤ 竖向限位(图 5-29)。加注方法：用铲子等工具将黄油均匀涂抹在导槽上。

图 5-29 竖向限位加油位置示意图

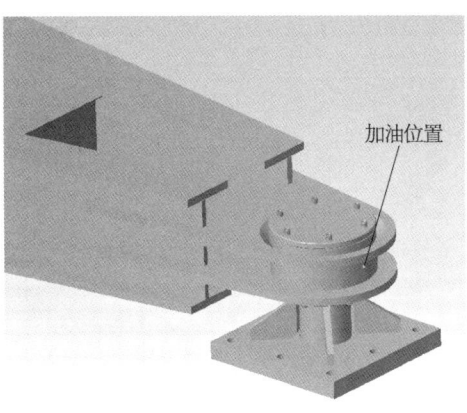

图 5-30 铰轴连杆加油位置示意图

⑥ 铰轴连杆(图 5-30)。加注方法：用手动加油枪在图示位置加注黄油，直至黄油溢出即可。

⑦ 关节铰轴(图 5-31)。加注方法：用手动加油枪在图示位置加注黄油，直至黄油溢出即可。

⑧ 台车行走轨道。用铲子等工具将黄油均匀涂抹在台车行走轨道上表面。

(3) 润滑周期。

① 减速机齿轮油润滑见表 5-5。

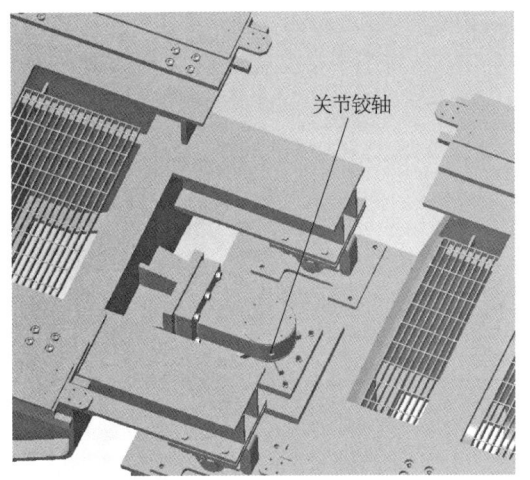

图 5-31 关节铰轴加油位置示意图

表 5-5 减速机齿轮油润滑情况

序号	部位名称	建议油品牌号	注油量	数量	品牌	建议维护或更换周期
1	驱动减速机 X3KS180	S2G320 齿轮油（壳牌）(矿物油)	177 L	1	壳牌	3 年
2	驱动 DRS 电机	Shell omala 220（矿物油）	4.6 L	1	壳牌	3 年
3	推杆齿轮减速机	Shell omala 220（矿物油）	2.5 L	2	壳牌	2 年或 10 000 工时
4	推杆丝杆	Rocol MTS 1000	2 kg	2		6 个月

注：所有油位均为工作状态油位。

② 油脂润滑见表 5-6。

表 5-6 油脂润滑情况

部件(系统)名称	润滑方式	润滑点位置	数量	润滑部位	单次(脉冲)润滑油量	润滑频次(周期)	润滑油牌号
台车	手动	台车1车轮	4	车轮轴	50 g	1年	0#锂基脂
	手动	台车2车轮	8	车轮轴	50 g	1年	0#锂基脂
	手动	台车3车轮	4	车轮轴	50 g	1年	0#锂基脂
	手动	台车4车轮	8	车轮轴	50 g	1年	0#锂基脂
驱动装置	手动	摇臂导辊	1	导辊	50 g	3个月	0#锂基脂
	手动	导辊轴承	1	销轴	30 g	3个月	0#锂基脂
	手动	联轴器	1	联轴器外	50 g	3个月	0#锂基脂
	手动	安全离合器	1	离合器链条处	60 g	3个月	0#锂基脂
锁定装置	手动	弧形导向轮	4	导向滚轮弧面及断面	30 g	3个月	0#锂基脂
	手动	直插销	2	直插销	20 g	3个月	0#锂基脂
台车轨道	手动	轨道表面	5	轨道面	150 g	2个月	0#锂基脂
竖向限位	手动	导槽	1	导槽	20 g	2个月	0#锂基脂
铰轴连杆	手动	铰轴连杆Ⅰ转动部分	1	转动部分	20 g	1年	0#锂基脂
	手动	铰轴连杆Ⅱ转动部分	1	转动部分	20 g	1年	0#锂基脂
关节铰轴	手动	转动部分	1	转动部分	20 g	1年	0#锂基脂

4) 锁定装置

(1) 限位开关。锁定装置分为锁定装置Ⅰ和锁定装置Ⅱ。锁定装置Ⅰ(Ⅱ)采用3组开关来控制锁销的动作(图5-32)。其中限位开关1表示解锁到位,限位开关3表示锁定到位,限位开关2为电动推杆的机械限位开关,是一个极限位置保护开关,并不参与道岔的位置表示逻辑。因此在道岔正常工作时,应将开关2调整至不触发的位置(只要确保在锁销单调时不会过度伸出造成机械顶死即可)。

道岔的行程开关在调整过程中应充分注意到相关位置联动的行程开关和相对位

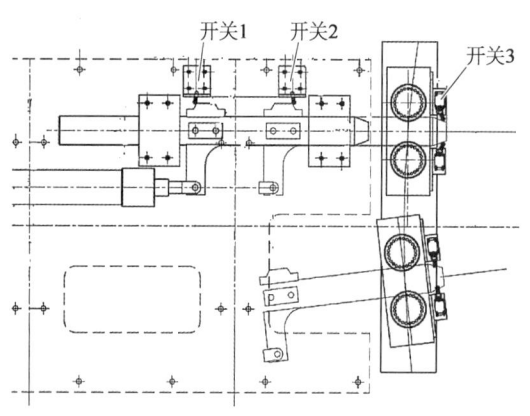

图 5-32 锁定装置限位开关

置行程开关可能受到的影响,确保最终道岔在任意岔位上所有的行程开关的动作角度均符合要求。现场对行程开关动作角度的测量可通过相关工装进行。

道岔的行程开关包括用于位置表示的地面锁孔行程开关和用于道岔控制的行程开关两类。对于控制用行程开关,只要按照上述角度要求调整,并确保行程开关安装稳固、行程开关头部摇臂组件不松动、滚轮摇臂动作正常无卡阻即可。

对于位置表示行程开关,由于其的重要性(由于道岔的位置表示行程开关信号是联锁系统的关键输入信号,一旦失去位置表示会导致列车无法放行的严重后果。而位于地面锁孔箱内的行程开关又是道岔位置表示信号的来源,因此行程开关的安装位置准确可靠是整个系统运转正常的前提条件),为确保道岔工作稳定,在日常维护过程中应定期检查并严格按照如下原则进行调整:

① 由于道岔的位置表示信息仅采集地面锁孔箱内的行程开关,因此现场务必确保锁孔箱内的行程开关在每次转辙时都被可靠触碰。

② 同一地面锁孔箱内的两个行程开关的安装位置应对称,两者应同时被触发。

③ 锁销电动推杆上的"伸出到位"行程开关为电动推杆的机械限位开关,是一个极限位置保护开关,并不参与道岔的位置表示逻辑。因此在道岔正常工作时,应将该开关调整至不触发的位置(只要确保在锁销单调时不会过度伸出造成机械顶死即可)。

(2) 目直视检查插锁和导向滚轮磨损、裂纹,必要性采用检测仪器检查。

(3) 调整插销座组件。

① 横向调整。拆下偏心轴固定螺栓,将两偏心轴同向旋转相同角度实行横向位置调整,调整后再将固定螺栓拧紧。

② 竖向调整。增减插销座组件与底座间的调整垫片。

5) 驱动装置

(1) 检查安全离合器扭矩。安全离合器起到过载时保护电机的作用,必须按要求设置扭矩。安全离合器扭矩设定离合器的扭矩设置值为 700 N·m。通过调整摩擦片的松紧程度来设定安全离合器扭矩,如图 5-33 所示。

注意:必须正确设置安全离合器扭矩,扭矩设置过低,不能正常驱动道岔转辙,扭矩设置过大不能对驱动电机起到过载保护作用。

(2) 驱动导槽与导辊间隙的调整。由于夏季阳光强烈,不同方位的太阳照射会使得道岔梁出现一定程度的旁弯,从而导致活动端垛梁和竖向限位的 F 轨接缝错位大于 0.5 mm。因此夏季时需在无日照变形情况下检查道岔梁定位精度,并以此为依据进行调整。

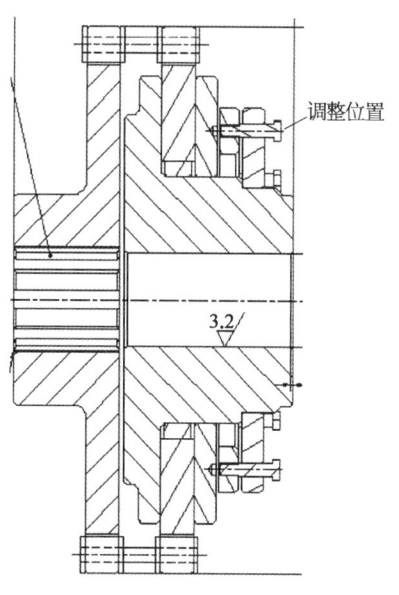

图 5-33 安全离合器

同时需根据道岔的变形程度,观察锁定时是否出现道岔梁冲击摇臂的情况,如若出现需调整导槽内的调整垫厚度,保证锁定后导槽和导辊不接触。

5.5 设备故障管理

1) 故障分类

(1) Ⅰ类故障。造成磁浮 10 min(含 10 min)以上 30 min 以下晚点、抽线及行车大间隔或者中断正线行车的行车设备故障。

(2) Ⅱ类故障。造成磁浮 5 min(含 5 min)以上 10 min 以下晚点、列车清客退出服务(不含终点站)、未完成单列的行车设备故障。

(3) Ⅲ类故障。造成磁浮 2 min(含 2 min)以上 5 min 以下晚点、终点站退出服务的行车设备故障。

(4) Ⅳ类故障。车辆段、车站设备中,严重影响服务质量或正常运营工作的设备故障,另外造成下列情况之一的故障为Ⅳ类故障:造成车站限流的;造成媒体负面报道的。

(5) Ⅴ类故障。所有设备后果较轻的故障或质量问题。

2) 故障的发现和汇报

(1) 磁浮公司的故障信息实行统一归口管理,公司各级调度机构是故障的接收、发布和处理指挥中心,设备设施故障处理信息均需通过调度机构进行传达。

(2) 磁浮公司全体员工有责任、有义务报告所发现的任何设备设施故障信息。

(3) 涉及行车设备设施、大面积影响客服和人身安全的故障向 OCC 调度报告,其他故障向设备设施归口管理部门调度报告。

(4) 公司各级调度之间应各司其职、分工协作,及时、准确地做好故障信息的传递、问题反馈和故障处理等工作。

(5) 故障发现人报告故障应简明扼要、要素完整,使用规范的专业术语,准确翔实地说明故障情况,报告应包含(不限于)以下内容:① 故障发生时间(年-月-日,时:分);② 故障发生地点(如车辆段、车站名、区间地点或主所等);③ 故障具体位置(如建筑单体名称、楼层、站厅、站台、设备层、A/B端、房间名称、上/下行线、区间里程或空间位置等);④ 故障设备名称及编号(必要时说明主要性能参数);⑤ 故障现象、原因;⑥ 设备损坏情况、影响范围;⑦ 事件的简要经过、已采取的措施;⑧ 报告人姓名及联系电话。

3) 故障信息的传递

(1) 故障信息的传递应遵循快速、准确、完整,先紧急、后一般,专业归口,逐级传递的原则。

(2) 对于紧急故障,受理调度应迅速对接报故障的管理维护归属进行甄别归类,根据不同故障实际情况对故障性质、影响范围和程度做出初步判断,并指派专业人员核实情况;对构成抢修、抢险条件的,立即启动应急处理程序。

(3) 对于非紧急故障,受理调度应及时通知故障设备设施维护责任部门及人员,详细说明故障的细节,提出故障处理要求和完成时间。

(4) 公司所有设备设施维护人员(含委外维保人员),应认真履行岗位职责,服从当值调度的安排和指挥。对调度指令有疑问时,应核实清楚;如可能危及人身或设备安全时,受令人应详细说明;如调度违章指挥,受令人应进行询问、纠正乃至拒绝作业,并及时向上级领导报告。

(5) 当信息模糊不清或细节不明时,当事人应迅速与相关人员取得联系,核清事实前不得臆测行事。

(6) 故障信息应详细做好记录,原始记录应定期整理归档、保存。

4) 故障处理

(1) 故障处理原则。

① 故障的处理应遵循快报告、快处理,积极采取措施,尽快恢复运营,尽量减少损失的原则。

② 故障处理人接到指令后,应迅速行动,准备好备品备件、工器具及安全防护用品等,赶赴设备设施故障现场,做好现场的故障信息传递、人员组织和故障处理等工作。

③ 维修人员到达故障地点后,应按规定办理相关手续,根据属地管理原则向车站或调度说明维修工作内容、影响范围、所需协助及注意事项等;遇重大设备故障抢修时,按公司相关规定进行处理。设备设施属地管理人员应做好记录,积极配合抢修工作,跟进故障的处理,并将进展情况逐班详细交接。

④ 受理调度应根据故障影响范围、影响程度、接口关系及外部条件等综合考虑,兼顾全局,做好人员安排、物资调配及技术支援等工作。

⑤ 故障处理完成后,需进行相应的功能试验,且在必要情况下安排人员值守和跟踪。

⑥ 故障处理完毕后,维修人员应及时将处理情况反馈给属地管理人员和归口管理调度,并做好相关记录。

(2) 故障支援。

① 已造成 2 min 以上晚点且存在继续扩大可能时,设备设施所属车间需根据实际情况组织相关工程师赶赴现场(或 OCC)。

② 已造成 5 min 以上晚点且存在继续扩大可能时,设备设施所属车间负责人、部门专业工程师、安全管理部门、技术部门相关工程师需根据实际情况赶赴现场(或 OCC)。

③ 设备故障救援或造成 10 min 以上晚点且存在继续扩大可能时,设备设施所属部门负责人及安全管理部门、技术部门相关车间(室)主任需根据实际情况赶赴现场(或

OCC)。

④ 故障造成列车晚点时，OCC应及时发布故障晚点信息；设备管理部门应及时安排抢修汽车。

5）故障处理信息的反馈和追踪

（1）所有设备设施故障一旦发生就必须持续跟进，直至处理完毕。

（2）故障处理人必须及时主动、分阶段向归口管理调度报告故障处理情况，原则上归口管理调度为对外联络和信息交换接口人。外部人员应避免直接与维修人员联系，以免造成接口过多，干扰故障的处理。

（3）各级调度机构需及时将设备设施的故障信息及处理情况向OCC专业归口调度汇报。

（4）故障处理的信息反馈内容应包括（不仅限于）故障原因、故障排除方法、所采取的措施、更换备件情况及处理后的设备设施状态、对影响范围及设备损坏情况（如造成列车晚点或中断几分钟、造成设备停止使用小时数、造成设备损坏情况）、预计修复时间、故障处理人、联系电话等。

（5）各专业/属地管理人员和各级当值调度人员须积极跟进故障处理情况，将处理信息真实、详细、及时地写入当班工作日志，并在每天的工作日报中进行汇总、提炼后提报。

（6）各部门在设备故障处理中要相互衔接、密切配合，OCC、DCC或者车站对相应故障进行报告、登记，各生产部门在故障修复后应在报告、登记该故障的部门进行销记，如特殊情况不能现场销记，则由其生产调度及时销记（原则上在现场进行签字）。

（7）各级人员对上一个班未处理完毕的故障，须跟进和处理，并将最新的处理情况向归口调度汇报。对当班不能完成处理的故障，应做好记录、交接和汇报。

6）故障现场及故障部件保护

（1）运营期间发生影响正线运营的故障时，按照"先通后复"的原则先进行临时处理，以确保正常运营，任何人不能故意破坏故障现场，若发现人为故意破坏或者假造故障现场时，即对该员工及所在车间、部门进行严厉批评和考核。

（2）各类设备设施故障应做好详细记录和拍照，在不影响正常维（抢）修过程的前提下，应做好故障信息、证据与数据的保全。

7）故障调查分析

（1）故障调查分析原则。

① 故障调查分析须查找分析故障发生原因，分清故障责任，提出处理意见和整改措施。

② 每日生产调度例会上，OCC简要说明Ⅰ、Ⅱ、Ⅳ类故障的发生和处理情况，相关部门对故障的处理和分析情况进行说明。对故障归类等存在异议时，须在生产调度会上提出，以便立即开展分析与处理。

（2）故障调查分类处理。

① 对于责任明确的故障,可在生产调度例会上直接定责。

② 对于责任明确的Ⅰ、Ⅱ、Ⅳ类故障,由责任部门写出故障分析报告,提报技术部;技术部对分析、整改情况进行监督和检查,并组织召开分析会议。

③ 对于责任不明确,可能涉及两个及以上部门的Ⅰ、Ⅱ、Ⅳ类故障,由涉及部门写出故障分析报告报技术部,技术部汇总各部门提交的故障分析报告,对故障发生相关情况做进一步调查,根据相关记录或数据等资料,形成专题故障分析报告,对故障进行定性和定责。

④ 对于原因复杂,难以定性、定责的故障,可成立调查小组,以公司主管领导或部门领导为组长,开展相关调查和分析,及时组织相关部门和人员召开故障分析会,对故障进行定性和定责,并最终形成故障分析报告。

⑤ 对于Ⅲ、Ⅴ类故障,原则上由各部门进行分析,但Ⅲ、Ⅴ类故障可根据实际情况升级处理。

(3) 故障调查分析有关要求。

① 故障调查分析人员有权向故障发生部门及其他有关部门和个人了解情况,提取有关资料,查阅相关作业记录(包括各级修程和作业标准、相关工艺、技术措施落实情况,核对故障设备或部件质量保证周期,查看相关履历数据等)、台账资料、人员培训记录、管理制度等,各有关部门应予以积极配合,任何部门和个人不得以任何理由拒绝、阻碍、干扰故障调查分析人员的正常工作。

② 发生Ⅰ、Ⅱ、Ⅳ类故障时,故障责任部门和相关部门原则上应在故障处理告一段落或结束起48 h内向技术部提报电子版故障分析报告。

③ 故障分析会基本议程:a. 当事人或现场有关人员介绍故障发生概况并接受会议与会人员询问;b. 故障分析人员及故障有关部门出具分析报告及相关证据;c. 讨论分析故障原因,进行定性、定责,制定整改措施。

8) 故障的责任划分及判定

(1) 进行故障调查分析后需要对相关责任部门定责,设备设施故障分为责任故障和非责任故障。设备设施故障责任分为全部责任、主要责任、次要责任、一定责任、同等责任、无责任。

① 全部责任。负有设备故障及其不良影响100%的责任。

② 主要责任。负有设备故障及其不良影响60%～90%的责任。

③ 次要责任。负有设备故障及其不良影响30%～40%的责任。

④ 一定责任。负有设备故障及其不良影响10%～20%的责任。

⑤ 同等责任。各方均负有设备故障及其不良影响的相同比例的责任。

⑥ 无责任。因外部单位或外部个人或不可抗力造成的故障。

(2) 责任判定以事实为依据,以规章规程、技术标准、维修标准为准绳,并遵循以下原则:

① 故障全部由单方造成的,则由其承担全部责任。

② 故障由双方共同造成的,主要原因方承担主要责任,非主要原因方承担次要责任或一定责任。

③ 故障由三方或三方以上原因造成的,视各方影响依次承担主要责任、次要责任及一定责任;若非直接造成故障但与故障发生有着一定关系时,则负有一定责任。

④ 故障由两方或多方原因造成,当各方责任等同时,则各方承担同等责任。

⑤ 故障发生涉及两个及以上部门,或在接合部发生的故障,不能判定主要原因时,定相关部门同等责任。

⑥ 故障由两方或多方原因造成,但各方推诿,造成责任难以分清时,可裁定各方均承担同等责任。

⑦ 材料(含零配件)、工器具原因致使设备设施质量不良而造成故障或不良影响的,经故障分析会后按分析结果划分物资采购部门、验收部门和设备部门责任。

⑧ 由于不可抗力的外因造成的故障,不纳入故障考核指标,但需纳入统计指标。

⑨ 因承包商在磁浮范围内进行设备维修、施工而造成的磁浮故障,根据故障的分析结论,追究承包商和施工配合监管部门相应责任。

(3) 凡发生隐瞒不报、弄虚作假、破坏证据等情况的,一经查实,可列该部门或人员的全部责任,并视情况加重处罚,并追究其领导责任。

(4) 对定责有异议需申诉时,需在自知道或应知道定责结论做出后的 2 个工作日内提出书面申诉(支持材料可以延长到 3 个工作日),填写"故障定责申诉表"后报技术部,呈报主管领导,提出处理意见后进行回复。

9) 故障的统计分析与管理

(1) 故障统计分析按月进行,各设备归属部门每月须对当月发生的各类设备故障进行统计、梳理、分析,并制定相应的应对措施,检查前月各项整改措施的落实情况和效果。

(2) 所有的设备设施故障的发生、处理、分析、改进、实施都必须按本办法规定的格式进行填写,于每月的第五个工作日 12:00 前(如遇节假日适当提前,特殊情况另行通知),将审核无误后的上月(自然月)电子版资料提报给技术部。

(3) 磁浮公司每月度召开一次技术质量分析会,对当月度发生的设备设施故障进行梳理、分析,查清设备设施故障产生的原因和趋势,制定相应的应对措施;同时检查各项措施的落实情况和效果,部署下一阶段的重点工作,各部门质量负责人和部门故障管理相关人员及专业工程师参加。

10) 故障的考核

(1) 设备故障的考核工作分公司和部门两级进行。

① 公司级的考核由技术部按相关部门每年设备设施运营指标完成情况和故障综合管理完成质量对部门进行考核;技术部将考核结果报企业发展部。

② 部门级的考核由各生产部门自行负责。根据部门内部各室的故障指标完成情况

和故障综合管理情况进行综合评定,考核结果纳入部门内部季度考核。

（2）故障指标考核内容：① 设备故障持续时间；② 设备故障累计时间；③ Ⅰ、Ⅱ、Ⅲ、Ⅳ类故障的发生件数；④ 设备的故障率、故障修复率；⑤ 设备的可靠程度；⑥ 故障维修质量（对同一故障修复后的频发情况）。

（3）故障综合管理考核内容：① 各种原始记录的完整性；② 故障的报告、处理、组织、反馈与追踪情况；③ 故障的分析、整改措施的制定及落实情况；④ 故障案例的编制情况；⑤ 信息提报的时效性、完整性；⑥ 各种故障报表台账填写的准确性、完整性和及时性。

（4）故障影响构成公司其他管理类文本的考核条件时,以考核重的为准,但需对故障进行分析和总结,制定改进措施,对整改情况进行复查。

（5）故意瞒报、虚报、谎报故障或不执行上级部门要求的,将对相关部门严格考核。

＃ 第 6 章

磁浮列车维护

6.1 修 程 修 制

6.1.1 国内地铁维修模式现状

随着各城市地铁的不断发展,在保证设备安全可靠的条件下,逐步改变维修策略、降低运营成本、提高列车投运率已是地铁列车维修体系发展的趋势。据了解,各地铁公司在运营初期大多采用传统的计划性维修,如双周检、月检、季检、年检等,但随着车辆质量趋于稳定后,均对修制进行了调整和优化,积极探索均衡修维修模式。目前上海、深圳、广州等地铁均已采用均衡修。上海高速磁浮列车也采用日检加均衡修的模式,甚至将架修及大修项目也融入了均衡修。表6-1为部分地铁公司列车修制情况。

表6-1 各地铁公司列车修制情况

序 号	城 市	修 制
1	长沙	日检、均衡修
2	深圳	双日检、均衡修
3	上海	日检、均衡修
4	南京	日检、均衡修
5	西安	日检、均衡修
6	昆明	日检、均衡修
7	杭州	日检、均衡修

6.1.2 长沙磁浮列车维修模式

1) 运营初期维修模式

长沙磁浮快线运营初期,磁浮列车采用传统检修模式:双周检、三月检、年检等修程。初期配置的车辆较少,因此对车辆扣修利用率有较高的要求,传统维修模式在磁浮快线运营维护中,暴露出以下几个问题:

(1) 生产计划安排困难。长沙磁浮车辆段基地前期股道设计仅配置了一条股道含检修登车平台,因此每天仅能扣修一列车,部分车辆扣修需利用节假日完成,生产计划组织较为困难。

(2) 车辆扣修时间长、投运率低。长沙磁浮快线前期配置 7 列车,根据列车运行图 4+1 的行车组织模式,必须有 5 列车作为运营列车,考虑后期架修及故障处理等情况,将导致车辆运用紧张。

(3) 集中维修存在交叉作业,安全隐患大。双周检、三月检和年检由于采用集中扣修模式,承修作业内容较多且各系统存在交叉作业的情况,极易存在相互冲突,有一定的安全隐患。

(4) 存在过度维修,增大维修成本。长沙磁浮快线作为首条自主运营的中低速磁浮快线,缺乏可借鉴的车辆维保经验,因此在维护保养方面采取相对保守的维修模式,存在一定的过度维修,这将直接造成维护生产成本增加,影响企业经济效益。

(5) 信息化管理系统不科学。长沙磁浮快线试运营初期依靠传统方式进行人员卡控流程、填写台账,缺乏一套适用于中低速磁浮列车维护管理的信息化平台,因此开发一套简化工作流程、储存大数据、提高工作效率的信息化管理平台,可有效推动中低速磁浮产业的发展。

2) 基于均衡修发展的精益修

长沙磁浮快线作为新兴产业,不仅要体现在设计建造阶段的成本优势,更要体现在后期维护成本的优势,因此湖南磁浮交通发展股份有限公司探索出一套更精细的维修模式及管理方式来降低维护成本,即基于均衡修发展而来的精益化维修。

(1) 均衡修模式。均衡修是建立在充分掌握列车可靠度和零部件故障周期基础上的一种修程制度,它通过调整列车检修修程来创造合适的维修条件,在管理上发挥最大效能,从而缩短列车维修停运时间、提高列车的投运率和运行可靠性。

均衡修可用图 6-1 表示,原修程(计划修)将若干小时数的维修工作集中在几天内完成(图中斜线区域),列车需停运数日;而均衡修则将若干小时数的维修工作分布在较长时间内完成,每天仅需数小时即可(图中实心无色区域),这对列车上线运营和下线维修提供了更大的调整空间。

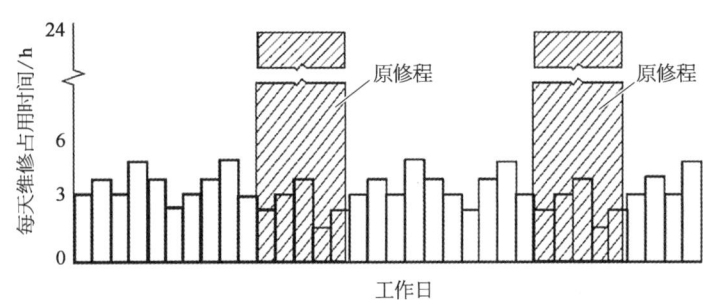

图 6-1 磁浮列车维修方式对比

(2) 均衡修特点。

① 投运率高。不需扣车集中维修,是均衡修策略的核心内容。通过对短周期的零部

件维修作业内容分解成小作业包,在运营窗口时间实施完成,对长周期的零部件维修也可适当分解,减少列车的停库时间,可大大提高列车出车率。

② 维护成本低、可靠性高。对车辆而言,各系统故障间隔时间、故障率各不相同,且各部件具有不同的使用寿命和维修周期。传统预防修体制维修周期固定,容易造成有些部件得不到及时维护而有些部件又进行了不必要的维修。均衡修可根据零部件的寿命周期和维修周期制定不同的检修频率,能有效预防过度维修,降低维护成本、提升列车可靠性。

3) 精益修模式

精益生产思想的核心目标为彻底消除各种浪费。通过消除浪费,实现成本降低、提高品质,并充分发挥员工能动性的工作环境及适应市场快速变化的生产方式。依照精益思想归纳,传统生产过程中主要存在过多制造的浪费、等待的浪费、搬运的浪费、加工本身的浪费、库存的浪费、时间的浪费。

在精益视角下分析国内均衡修依然存在诸多可以优化的地方,如维修成本可以进一步降低、工作效率可以进一步提升,湖南磁浮交通发展股份有限公司在调研上海高速磁浮列车均衡修和深圳地铁均衡修的基础上,结合精益生产管理的理念,调整均衡修的合理性,将架/大修的维修项目拆分,通过运营窗口时间完成检修,将这种维修模式称为"精益修"。

(1) 精益修优势。精益修模式扣车时间短、列车投运率高、人员利用率高、无过度维修、无交叉作业,更加适应于长沙磁浮快线。从节约成本考虑,精益修模式也远远优于传统的计划修模式,较均衡修更为精细,工作效率更高。具体优缺点对比见表 6-2。

表 6-2 维修模式优缺点对比

维修模式	优 点	缺 点
传统维修	(1) 实施可以借鉴相关地铁行业经验,组织架构及运维模式成熟 (2) 人员能够快速上岗,技能要求较低,遇突发故障有较长时间处理	(1) 扣修时间长,用车紧张 (2) 人员利用率低 (3) 集中维修,交叉作业多,安全隐患大 (4) 存在过度维修 (5) 间接增加维修成本
均衡修	(1) 扣修时间短 (2) 列车投运率提高 (3) 无交叉作业,安全隐患减少	(1) 对车辆检修管理的灵活性和严谨性要求更高 (2) 前期准备时间长,对车辆各系统零部件故障周期统计要求高
精益修	(1) 扣修时间短,科学合理分配 (2) 列车投运率高 (3) 工作效率高 (4) 无交叉作业,安全隐患减少 (5) 无过度维修,检修周期更科学 (6) 间接降低维修成本	前期人员培训时间长,人员综合素质及故障处理能力强,能够熟练在窗口时间完成作业,对突发故障处理能力要求高

(2) 精益修生产组织。精益修在传统计划修检查内容、最小检修周期上进行优化,其差异主要体现在扣车停时及对各零部件修程的优化上。以磁浮列车年检修程为例,每次检修将导致列车扣修 8 d,而精益修则是根据部件维护周期,有针对性地对列车部件进行每天定时检修,其余时间仍可上线运营,极大地提高了车辆运用率。同时在车辆检修标准及检查内容方面进一步优化,在满足安全的前提下,缩短维修时间。将磁浮列车原维修模式改为精益修、特别修、均衡架修模式后,可以有效保证列车运行安全。

① 精益修由精益修 1~24 组成,每个月完成 2 级修程(允许调整范围为 2 d),即每个精益修时间间隔为(15±2)d。排列方式:精益修 1~24,如此循环。

② 特别修由特别修 1、特别修 2 组成,特别修内容主要针对年检的部分内容及 2 年检的内容进行编排,如此循环。

(3) 精益修规程制定原则。

① 为科学合理制定精益修修程,根据各系统现有计划修作业规程进行工时核算,结合故障率、部件寿命及维护手册的要求,将各检查项目分摊至各级精益修、特别修中,原则上精益修 1 d 内完成,特别修最长扣车时间不能超过 3 d。

② 对于作业时间较长的检修项目,采用分单元或分车的方式纳入各级精益修中。例如空调系统年检作业内容工时较长,可将 Mc1 车、M 车、Mc2 车作业内容分开放入精益修中进行。

③ 对作业条件相同的检修项目进行整合,优化作业流程。例如将各系统涉及开箱检查的内容放至同一级精益修中,可提升工作效率,同时降低因盖板未锁闭产生的安全风险。

④ 对存在相互影响,不能同时进行的检修项目进行梳理,放入不同级别的精益修中,提升工作效率。例如车顶空调清洁不与客室车门检查、车底设备吹尘不与车底开箱检查放入同一级精益修中。

⑤ 充分考虑作业条件、外部环境对维修作业的影响,避开天气因素对磁浮检修工作的影响。例如电气设备的清洁、检查不适合在"回南天"天气进行,以免因设备受潮而引起列车故障。

⑥ 综合考虑重大节假日设备普查需求,对重点系统项目检查时间进行优化。例如结合春节、中秋、国庆等重要节日完成磁浮列车重点电气、机械部件检查。

6.2 维护重点与难点

磁浮车辆的"运用、管理、维护"是中低速磁浮运营管理的重要组成部分。长沙磁浮快线作为国内第一条运营线,磁浮车辆维护缺乏可借鉴的相关经验,很多部件寿命周期及维护保养均需自主探索,且磁浮车辆关键系统部件未统型,车辆数量较少,运营供车压力大,因此在实际运营中对车辆维护创新方面提出了更高的要求。

1) 维护重点

长沙磁浮列车采用3节编组模式,分别为Mc1车、M车及Mc2车(图6-2)。中低速磁浮车辆的工作原理决定了与轮轨车辆的根本差异,轮轨列车是靠轮轨关系运行和支撑,而磁浮列车的主要特点是利用受控制电磁力把车辆悬浮在轨道上,再利用直线电机纵向驱动车辆运行,因此磁浮车辆的维护重点与难点也与传统的轮轨车辆有差异。

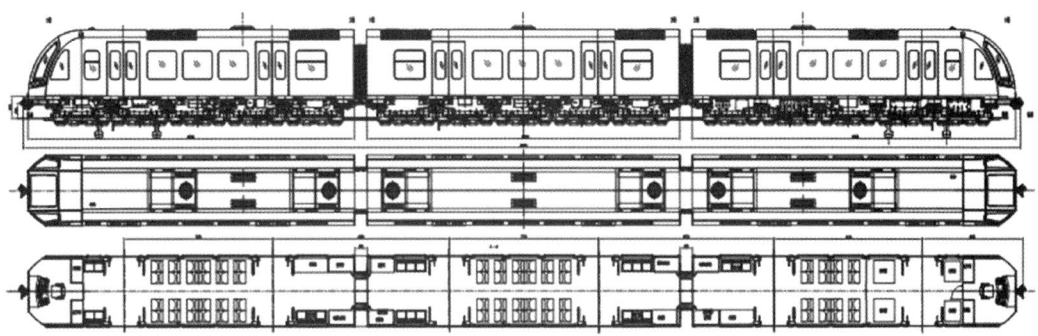

图6-2 长沙磁浮列车编组示意图

(1) 磁浮车辆日检。每日结束运营后车辆进行日检作业,日检的范围主要是针对车体、走行部、车厢等车辆设备的外观检查及车辆功能性检查,处理司机报修的各种车辆故障,保证次日车辆的正常运行。

(2) 磁浮车辆精益修。对车辆进行全面检查,对主要零部件技术状态进行测试、保养,对技术状态不良的零部件进行更换。对电气和机械部件的技术整定值进行检测和调整。

(3) 磁浮车辆特别修。对车辆关键部件进行全面、细致检查,主要是悬浮传感器标定、制动系统更换液压油及车底的牵引辅助等设备的检查和校验。

(4) 磁浮车辆架修。将车辆全面解编,对车辆各部件进行全面深入维护检测,对达到寿命周期的零部件予以更换。对悬浮电磁铁、直线电机、悬浮架等各部件进行性能测试,以满足车辆安全性能的要求。

2) 维护难点

(1) 磁浮车辆车底部件、线缆等零部件繁多,结构复杂检修空间有限,一节车有5套悬浮架、20套空簧、10套电磁铁、20套悬浮控制箱和传感器及牵引逆变器、辅助逆变器、悬浮电源等大部件,车辆检查维护空间极其有限。

(2) 车辆悬浮电磁铁经过长时间运营,绝缘电阻值有降低趋势,现场无便捷的配套拆装工装,维护及拆装工作量较大。

（3）牵引逆变器箱、悬浮电源箱等车底大部件集成化程度高,部件故障后无法直接更换子部件,需频繁拆装逆变器、悬浮电源等大部件。

（4）悬浮传感器每年需进行静态、动态测试及标定,且标定后需对4路间隙进行调平处理,调平工艺较为复杂,检修维护工作量较大。

（5）液压制动系统每两年需进行液压油更换,注排油工艺技术要求高、检修维护停时长。

6.3 车辆故障管理

为更加科学地管理磁浮车辆故障,湖南磁浮交通发展股份有限公司建立了一套完整的故障管理体系。根据磁浮列车故障信息的来源,一般分为正线故障和库内故障。

1）正线故障

（1）司机将故障填报在"磁浮列车状态卡"上,将故障信息及时反馈至车辆基地各系统专业技术人员,由专业人员填写"车辆故障报告单"并及时通知相关人员予以处理。

（2）故障处理结束后,故障处理人员填写"车辆故障报告单"并详细记录故障处理过程与处理结果,对未能修复的故障在"车辆故障报告单"上应注明未完成的原因,专业技术人员根据备品备件的到货周期、故障跟踪等情况持续跟进解决,若需列车带故障上线运营且故障超出《磁浮列车上线运营标准》所列规定的,由专业技术团队共同决定。

2）库内故障

（1）库内故障由检修人员自行处理,车间级专业技术员应给予技术支持,对于疑难故障部门级专业工程师协同专业技术团队,共同完成故障处理。

（2）故障处理完毕后,由作业人员填写"车辆故障报告单",并由专业人员录入"磁浮列车故障统计清单",同时报专业技术员审核故障处理情况后签名确认后,方可关闭"车辆故障报告单"。

3）故障交接管理

（1）接班人员应全面了解接班前的故障处理情况,凡故障在没有处理完成前,作业人员应将自己的处理及检查情况在"车辆故障报告单"中做好书面的记录,详细说明之前的处理情况及下一步的处理建议。

（2）故障处理完毕后,如需进行跟踪观察,应做好交班记录,说明跟踪的要点及紧急应对措施,并填写"遗留故障处理表",故障处理结束后及时关闭故障工单,并在"遗留故障处理表"填写故障处理结论。

4) 故障件管理

(1) 建立故障件管理制度，更换部件前需确认新换部件状态良好，并填写好相关台账。更换周转性部件时，需详细记录上、下车部件的履历信息，主要有日期、车辆号/位置、部件名称、部件序列号、作业人、修复合格证号等。

(2) 专业技术人员及时对"磁浮列车故障统计清单"内的部件更换情况进行复核，核实各系统部件更换台账，及时掌握部件更换动态。

5) 遗留故障管理

车辆发生的故障，经维修人员检查、处理后不能明确故障原因的，需要持续跟踪观察的疑难故障或者因备件、生产安排、技术等原因未能及时处理的故障。湖南磁浮交通发展股份有限公司建立了一套系统的管理措施，主要有以下几点：

(1) 故障遗留由专业技术人员负责确认、跟踪，明确计划处理时间，严禁随意放行车辆。当车辆承修时对能在本次修程中进行处理的遗留故障，需将其列入维修计划当中并要求相关人员进行维修处理，部门质量管理人员负责对落实情况进行核实、督促，对在本次修程中不能进行处理的遗留故障，需注明补修措施、补修时间、跟进人等。

(2) 部门级专业技术人员根据历史故障统计数据、遗留故障等，进行针对性的分析。交代作业人员维修作业时需要重点检查的部位和采取的临时措施。如有超范围修的项目，需将其列入维修计划并制定相应的维修工艺和验收标准，所有遗留故障需在计划修时进行处理关闭，故障遗留的时间最长不得超过3个月。

(3) 如遗留故障无法在3个月内处理完毕的，必须在相关台账记录中填写原因并每月填写跟踪情况。

6.4　重大故障调查分析

1) 重大故障汇报与调查

(1) 当发生车辆及设备重大故障与突发事件后，应第一时间按照要求进行通报，不得隐瞒不报，相关人员持续跟进车辆故障或事件处理情况，并按相应规章制度进行处理。

(2) 发生重大故障或重大事件后，相应部门立即成立故障调查小组，组织专业技术骨干开展调查工作，并将阶段性调查结果及时汇报。在重大故障或事件调查过程中，所有相关员工应积极配合调查小组工作。

(3) 因车辆故障造成正线救援、清客及造成较大行车晚点事件的故障，必须撰写车辆重点故障分析报告并填写"车辆故障分析报告单",重点故障分析报告的内容应包括故障发生经过、检查情况(故障记录信息、安防系统信息、正线检查、库内检查及试验等)、原因分析、应对措施等方面。

(4) 在故障原因未彻底查清前,应做好相关预防及临时应对措施,防止类似故障的再次发生。

2) 故障统计分析

(1) 各系统专业技术人员根据"磁浮列车故障统计清单"统计车辆各系统故障信息,整理本系统故障,对于影响行车质量的故障,由部门级专业技术人员牵头编写"车辆故障分析报告"。

(2) 各系统专业技术人员根据"磁浮列车故障统计清单"统计车辆各系统故障信息,编制各系统的质量分析月报和年报,部门质量技术人员负责汇总,形成磁浮车辆质量分析月报和年报。

(3) 质量分析月报对车辆的质量问题,按照系统/部件进行分类统计,内容主要包括列车当月运行公里数、质量状况分析、存在的难点问题及下一步措施等。

(4) 月报按照系统/部件对惯性故障、疑难故障给予重点关注,与上一月进行对比,有针对性地提出建议及需要采取的措施。

(5) 车辆质量分析年报对一年中发生的重大故障、惯性故障、其他重大技术问题、技术攻关及技术改造进行总结,反映全年车辆总体质量状况,质量分析年报应为下一年提出车辆质量问题的改进建议和解决措施。

(6) 年报对车辆的质量状况按系统/部件的分层结构进行说明,内容主要包括列车全年运行公里数、列车总体运行状况、列车线上表现、列车故障统计、列车技术改造、列车存在的问题等。

6.5 维修质量控制

为科学合理地开展磁浮车辆质量管理工作,建立标准化的磁浮车辆质量管理体系,保证质量管理的规范化、制度化和标准化,明确质量问题的责任划分,确保生产质量有序可控,湖南磁浮交通发展股份有限公司成立了质量管理小组,分层级卡控磁浮车辆质量。

1) 质量管理例会

(1) 质量管理工作组每月召开一次例会,工作组全体成员及各专业技术人员参会,听取质量工程师和各系统专业技术人员汇报上月的磁浮车辆及设备典型故障分析和质量检查情况。

(2) 对发生的质量事故坚持"四不放过"的原则,落实细则。对影响正线指标的故障持续跟踪观察并形成闭环管理。各专业技术人员对质量的发展趋势进行分析,对存在的质量问题进行研究,对重大质量问题进行立项攻关制定对策。

2) 质量过程控制

(1) 磁浮车辆质量管理实行三级卡控:自检、互检、他检。各承修班组对作业质量负整体责任并由承修工班管理人员统筹协调,确保不发生漏检漏修情况。部门和车间级质量卡控由质量专业技术人员牵头,各系统技术人员配合,对作业过程进行现场检查,对发现的质量问题及时指导并改正。

(2) 磁浮车辆在建立三级卡控的同时,对重点故障和关键部件制定了关键项点检查项目,确保磁浮车辆关键项点不发生质量问题。各系统专业技术人员对关键控制项点检查后,填写关键项点检查记录表存档。

3) 质量工艺标准检查

为确保磁浮车辆检修工艺符合标准,杜绝发生漏检漏修的现象,确保各项检查及处理均符合工艺流程,湖南磁浮交通发展股份有限公司制定了一系列工艺检查措施,主要如下:

(1) 各系统专业技术人员每天开展工艺执行情况检查,工艺标准检查的主要范围是作业规程、生产通知、技术通知单、安全通报及相关文件。工艺标准检查人员在完成检查后按规定填写工艺标准检查表并将表格交到质量专业技术人员处及时存档备查。

(2) 各系统专业技术人员根据国标和行标结合磁浮车辆实际运行情况,开展编制了大量工艺文件,并严格按照工艺文件要求对作业现场情况进行核查。

(3) 各级修程由质量及各系统专业技术人员在修程范围内设置模拟故障,以此来检验作业人员是否按工艺要求进行作业。

第 7 章

磁浮列车驾驶运作及应急处理流程

7.1　作业安全基本原则

1）整备作业安全基本原则

(1) 整备作业前必须确认列车停放位置及列车状态。

(2) 进行车底检查时,严禁翻越股道围栏,应注意人身安全,保持在安全线以外,避免碰伤、触电。

(3) 整备列车时必须做好个人防护、携带行车备品,并严格按整备列车标准执行,列车没有整备作业严禁动车。

(4) 列车带电后,严禁进入股道围栏检查,触摸电气带电部位及攀登车顶。

2）调车作业安全基本原则

(1) 调车作业目的不清不动车。

(2) 没有信号/信号不清或没有行车凭证不动车。

(3) 进路、道岔开通不正确不动车。

(4) 凭自身动力动车时,没有制动不动车。

(5) 机车、车辆没有经过整备不动车。

(6) 线路、设备侵限不动车。

3）列车运行安全基本原则

(1) 司机在取得岗位资格证并经鉴定合格后,方可驾驶列车;司机学员必须在司机的监督下才能驾驶列车,严格遵守规章制度,正确执行各项作业程序,确保列车运行安全。

(2) 列车运行严格按照规章中规定的速度运行,严禁超速运行。

(3) 严格按运营时刻表时刻发车,动车前必须确认行车凭证,列车退行或推进运行时,运行前端必须有人引导。

(4) 司机在班前注意休息,驾驶列车运行时集中精力,保持不间断瞭望。

(5) 操作各旁路开关前,必须确认符合安全条件,并取得行调的授权。

(6) 发布调度命令或行车指示时,司机必须记录在司机日志上,认真逐句复诵并做好交班。

(7) 工作时严守岗位,不得擅自离岗,严禁在列车运行中打盹、看书或做与工作无关的事。

(8) 严禁擅自带无关人员进入驾驶室,因工作需要登乘列车驾驶室时必须确认其登乘证。

(9) 列车在区间故障需要清客时,司机必须得到行调的授权,做好防护,才能疏散乘客。

4) 折返作业安全基本原则

(1) 严格遵守交接班制度,坚持"有车必有人"。

(2) 动车前必须确认行车凭证及所有人员均在安全区域。

(3) 折返时,确认接车司机到位,折返成功后方可关闭主控钥匙。

5) 站台作业安全基本原则

(1) 列车在站停稳后,应先确认列车停在规定的范围内,相应侧具有开门使能信号,再进行站台作业。

(2) 车门、站台门不能联动开关时,与车站联控,先开(关)站台门,再开(关)车门。

(3) 关车门、站台门前应先通过站台监控屏监控乘客上下情况,与车站联控关车门、站台门。

(4) 车门、站台门关好后,司机须与车站联控确认站台门、车门无夹人夹物。

(5) 动车前,司机应观察站台监控屏确认站台安全,确认具备行车凭证后方可动车。司机作业如图7-1所示。

图 7-1 磁浮列车司机标准化作业

6) 洗车作业安全基本原则

(1) 列车在进入洗车线前,司机必须联系 DCC,明确洗车方式。

(2) 严格按洗车线行车标志、信号机的显示行车。

(3) 洗车过程中严禁后退,严禁超速驾驶。

(4) 保持精力集中、不间断瞭望,严格确认线路、设备状态,发现异常立即停车,报告 DCC,再次动车前必须得到 DCC 的同意并确认安全后方可动车。

7.2 磁浮列车驾驶运作

1) 司机出勤规定

(1) 出乘准备。

① 出乘前严禁饮酒或服用影响精神状态的药物,做好充分休息,保持精力充沛。

② 公寓备班时，必须严格执行公寓备班管理制度，入寝后严禁外出，准时关灯休息。

③ 司机按规定时间提前出勤，认真抄/阅调度命令、行车指示及安全注意事项，做好行车预想。

（2）出勤规定。

① 车辆段发车司机在车辆段派班室出勤，正线接车司机在正线派班室出勤。

② 司机出乘应按规定着装，携带证件、规章文本，签借行车备品，如图 7-2 所示。

③ 派班人员确认司机的精神状态，符合出勤条件后发放手持无线电台、对讲机、钥匙、司机报单、运营时刻表等行车备品，给予出勤。

图 7-2 磁浮列车司机出退勤作业

④ 司机签借行车备品时确认其状态良好、齐全。

⑤ 司机需确认列车停放股道及技术状态，领取磁浮列车状态卡，并核对状态卡信息正确，再到规定地点进行整备列车作业。

⑥ 调车班司机认真抄写当天车辆段调车作业计划及安全注意事项后出勤，出勤后与交班司机当面交接。

⑦ 司机在正线接车时，提前在站台接车端立岗，面向列车方向立正站立，看见车头时以标准姿势向列车方向立定敬礼，车头越过站立位置时礼毕；待列车停稳后进驾驶室与到达司机进行交接，交接内容包括列车状态、行调命令及线路状况等安全注意事项。

2）整备作业

（1）整备列车作业。

① 到达规定的股道后，确认股道、车底号符合要求，列车两端无警示标志，列车两边无人无异物侵限。

② 采用目视、手动、耳听、口呼的方式，做好列车整备和试验，确保列车在出段前，技术状态良好（图 7-3），如发现列车故障，立即汇报 DCC。

③ 发现列车故障或不符合运行技术要求时，按 DCC 的指示执行，并按照《磁浮列车故障应急处理指南》进行处理，由 DCC 决定是否出段。

（2）整备作业要求。

① 司机作业前必须确认列车前后端无警示牌（灯）、无侵限等。若有，立即通知 DCC，按其指示执行。

② 列车出段前，司机严格按照标准检查、试验列车，负责检查两端司机室、两侧走行部和客室内部，并在两端司机室进行列车操作的功能试验。具体检车路线如图 7-4 所示。检查顺序：a. 车下检查（表 7-1）；b. 非出段端司机室检查试验（表 7-2）；c. 客室检

图 7‑3 磁浮列车司机整备作业

查(表 7‑3);d. 出段端司机室试验(表 7‑4)。

③ 司机确认设备安全且相关人员处于安全位置后,方可整备作业。

④ 司机在出段前确认好列车消防等备品情况。

图 7‑4 司机整备列车作业检查路线图(U 形)

(3) 整备列车作业标准(表 7‑1～表 7‑4)。

表 7‑1 走行部检查标准

序号	主要检查项目	内 容 及 要 求
1	车体外观(包括受流器)	无明显损坏,无变形,列车标志(徽记、标志灯)完整清晰;车门上的盖板无打开且锁闭良好
2	运行灯、头灯/尾灯	外观无破损
3	车钩及缓冲装置(包括半自动车钩、半永久牵引杆)	无明显损坏变形,电气盖板和解钩盒锁闭良好,电缆软管无脱落,各塞门位置正确,车钩连接处无异物

(续表)

序号	主要检查项目	内 容 及 要 求
4	悬浮架	悬浮架外观良好,空气弹簧无明显破损漏气
5	各系统控制箱	箱盖锁闭良好
6	车间电源	锁闭良好,位置正确
7	空气压缩机	阀门位置正确
8	制动控制单元	箱盖锁闭良好
9	风缸及气路塞门	各塞门位置正确
10	悬浮电磁铁、传感器	外观良好

表 7‑2 司机室检查标准

序号	主要检查项目	内 容 及 要 求
1	司机控制器(方向手柄、主控手柄)	均在零位,完整无缺,运转灵活,无卡滞现象,警惕按钮作用良好
2	手持(车载)无线电	作用良好
3	车辆、信号显示屏	无明显损坏,信息显示正确
4	司机室通道门	锁闭良好,动作灵活,无明显卡滞现象,司机室侧窗玻璃无破裂(开关锁闭良好)
5	各种仪表、指示灯,司机台	外罩完整,显示正确;按钮、开关位置正确
6	前窗玻璃	清洁,无破裂,刮雨器完整无缺,遮阳布功能良好
7	继电器柜	旁路开关铅封完整,自动开关位置正确
8	司机室备品	防护设备、行车备品功能良好,灭火器材齐全
9	司机室通风	通风良好,调速开关作用良好
10	司机室座椅	无明显损坏

表 7‑3 客室设备检查标准

序号	主要检查项目	内 容 及 要 求
1	客室内观(地板、门窗玻璃等)	清洁,无明显损坏
2	照明	照明良好
3	车门	门页无损,锁闭良好,指示灯显示正确,紧急开门手柄处于水平位,塑料盖安装良好,乘客报警按钮完整无缺
4	车顶通风	通风隔栅完好
5	座椅	座椅良好,制动截断塞门盖板锁闭良好
6	继电器柜、微机柜、贯通道侧护板	锁闭良好,完整无损坏,卫生条件符合出段运营条件

表7-4 司机室动态试验内容

序号	项目	试验内容	备注
1	激活列车	将列车激活开关置"合"位,确认: (1) DC 110 V 蓄电池电压正常 (2) DC 330 V 蓄电池电压正常 (3) 主风缸风压压力正常	
2	激活司机台	合"主控制器钥匙"开关,确认显示屏正常显示,无故障信息显示,并确认以下红色指示灯亮: (1) 高断"分"灯亮 (2) 左右门"关"灯亮 (3) 确认网压在 DC 1 000~1 800 V	
3	试灯	按压"灯测试"按钮,确认操纵台所有指示灯和发光按钮指示灯亮	
4	紧急/非常按钮试验	非出段方向端司机室:将方向手柄置"向前"位,拍下紧急停车按钮,确认气压是否为紧急制动气压,按压"HSCB合"按钮后,高断无法闭合,恢复紧急停车按钮后,按压非常落车按钮,确认气压是否为落车制动气压,按压列车起浮按钮,列车无法起浮	另一端司机室紧急制动按钮试验按照检查走行部线路顺序按上述程序进行
5	无线电台设置	(1) 确认司机室继电器柜内的自动开关在"合"位 (2) 确认车载台显示正确,无卡滞 (3) 按下对讲话筒后有接通提示音	到达另一司机室重复上述试验
6	列车客室门试验	(1) RM 模式下,按压"强开门"按钮给出开门使能信号 (2) 确认开关门指示灯均亮,按压左侧车门"开"按钮,"关"指示绿灯灭,所有车门随即打开,车辆显示屏左侧车门蓝色图标全亮(行李车厢切除车门除外)。按压左侧车门"关"按钮,客室车门报警声连续响,左侧车门"关"指示灯亮,车门关闭,"所有门关好"指示绿灯亮,车辆显示屏左侧车门绿色图标亮 (3) 右侧车门试验与左侧车门试验程序相同	到达另一司机室重复上述试验
7	列车广播系统试验	(1) 在车辆运行显示屏单击"设置"→"线路选择",点击"确认"后按压"离站广播"按钮,报站正确、系统工作正常 (2) 按压人工广播按钮,报站播音中断,按压手持麦克风上的对讲按钮进行测试,监听客室音量,人工广播正常	到达另一端司机室重复上述试验
8	制动试验	(1) 开主控钥匙确认车辆显示屏各车的气制动图标底色为黑色,列车气制动施加指示灯亮 (2) 方向手柄至"向前"位,控制手柄缓慢移动至"全制"位。车辆屏上"制动条"显示制动力逐渐上升 (3) 将主控手柄拉至"快速制动"位,制动缸压力是否正常	到达另一端司机室重复上述试验

(续表)

序号	项目	试验内容	备注
9	悬浮试验	（1）检查车辆屏悬浮电源"绿色"运行正常，无故障 （2）从车辆屏"车辆状态"选择"悬浮详细状态"确认悬浮间隙、悬浮电压、温度等是否正常 （3）按压司机台上"起浮"按钮，确认悬浮状态显示绿色，起浮指示灯亮，悬浮间隙约 8 mm；电压、温度是否正常 （4）按压司机台上"降落"按钮，确认悬浮状态显示蓝色，降落指示灯亮，在非出段段保持落车状态 （5）按压司机台上"起浮"按钮，出段段保持悬浮状态	
10	"开关门模式"开关、空调、客室灯、车头灯及客室状态的确认	（1）确认司机台"开关门模式"开关旋钮开关在"半自动位"，以 ATO 模式驾驶时，确认在"手动"位 （2）司机上车后按压列车空调"开"按钮，确认显示屏无故障 （3）把客室灯打到"合"位，打开通道门确认客室内照明正常 （4）进入客室时确认车门及盖板、紧急解锁手柄、乘客紧急对讲、设备柜门、贯通道侧护板、座椅下制动截断塞门盖板锁闭良好，灭火器器材齐全，客室照明、空调运行正常	
11	刮雨器试验	先按压刮雨器操作面板的"喷水"按钮，再将刮雨器操作面板打至"慢速"或"快速"位，刮雨器摆动正常，打至"停止"位，刮雨器能复位	

(4) 试验程序。

① 非出段端司机室检查，将"列车激活"开关置"合"位（图 7-5），开司机室照明开关，确认：DC 110 V 蓄电池电压正常（图 7-6）；DC 330 V 蓄电池电压正常（图 7-7）；主风缸风压力正常。

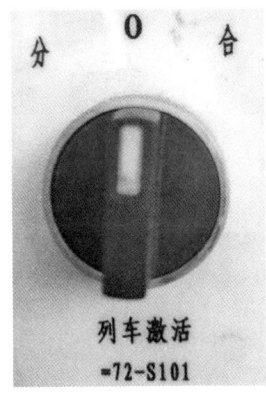
图 7-5 列车激活

图 7-6 DC 110 V 蓄电池

图 7-7 DC 330 V 蓄电池

② 司机室静态检查,见表 7-2。

③ 非出段端司机室试验,合"主控制器钥匙"开关(图 7-8),确认以下红色指示灯亮:"气制动施加"灯、"HSCB 分"灯。"左门关""右门关"绿灯亮,仪表灯亮。紧急制动按钮试验:a. 方向手柄置"向前"位,确认制动缸压力;b. 按压操纵台紧急制动按钮,确认制动缸压力,按压"HSCB 合"按钮后高断无法闭合;c. 恢复紧急制动按钮,确认制动缸气压。另一个紧急制动按钮试验同上步骤。

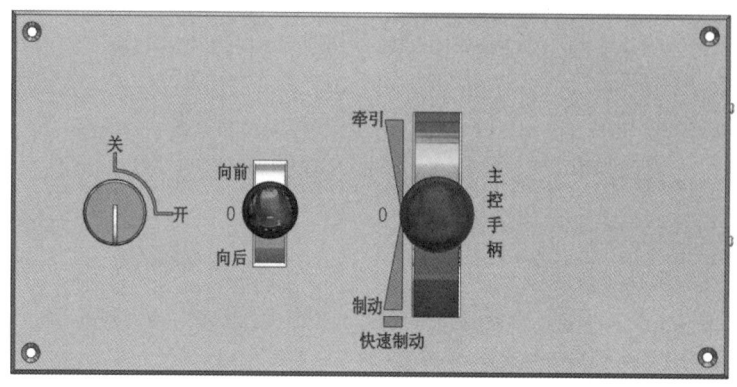

图 7-8　司机控制器

④ 确认 DC 1 500 V 网压正常(波动范围在 DC 1 000～1 800 V),如图 7-9 所示。

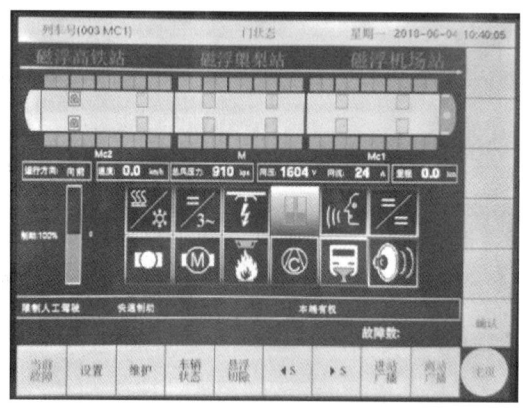

图 7-9　车辆屏

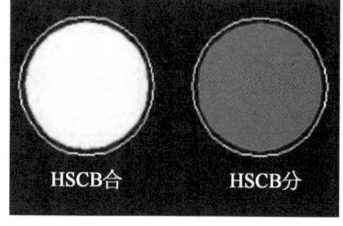

图 7-10　高速断路器开关

⑤ 高速断路器试验。按压"HSCB 合"按钮,"HSCB 合"绿灯亮,"HSCB 分"红灯灭(保持高速断路器在分位),如图 7-10 所示。

⑥ 悬浮试验:a. 检查车辆屏悬浮电源"绿色"运行正常(图 7-11),无故障;b. 从车

辆屏"车辆状态"选择"悬浮详细状态"确认悬浮间隙、悬浮电压、温度等是否正常;c. 按压司机台上"起浮"按钮(图 7-12),确认悬浮状态显示绿色,起浮指示灯亮,悬浮间隙约 8 mm,电压、温度是否正常;d. 按压司机台上"降落"按钮,确认悬浮状态显示蓝色,降落指示灯亮,保持落车状态。

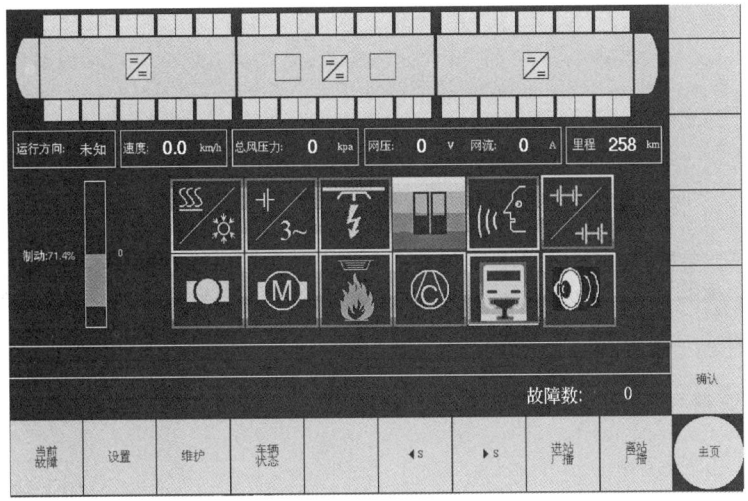

图 7-11 起浮状态显示

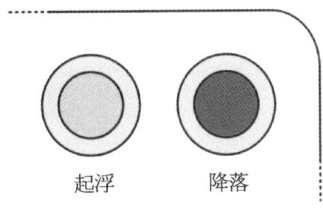  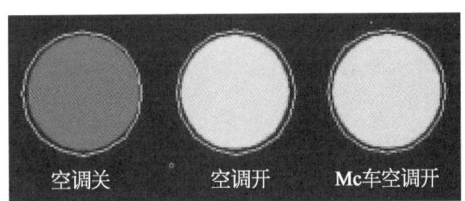

图 7-12 悬浮按钮开关　　图 7-13 客室照明开关　　图 7-14 空调开关

⑦ 客室照明试验。旋动客室照明开关至"合"位(图 7-13),客室照明指示绿灯亮,打开通道门确认客室照明灯全亮;检查完毕后保持在"合"位。

⑧ 空调试验。按压"Mc 车空调开"按钮,"Mc 车空调开"绿色指示灯亮(图 7-14),再按压"列车空调开"按钮,"列车空调开"绿色指示灯亮,待确认车辆屏全列车空调启动显示绿色后,按压"空调关",关闭列车空调。

⑨ 刮雨器试验。先按压刮雨器操作面板的"喷水"按钮(图 7-15),再操作刮雨器操作面板的"慢速"或"快速"旋钮开关,刮雨器

图 7-15 刮雨器开关

摆动正常，打置"停止"位，刮雨器能关闭复位。

⑩ 乘客信息系统试验：a. 在车辆运行显示屏单击"设置"—"线路选择"，选择线路后点击"确认"，按压"离站广播"按钮，报站正确、系统工作正常；b. 按压人工广播按钮（图 7 - 16），报站播音中断，按压手持麦克风上的对讲按钮进行测试，监听客室音量，人工广播正常。

⑪ 头灯试验。将头灯打至"远/近光"位，前照灯变亮/暗，如图 7 - 17 所示。

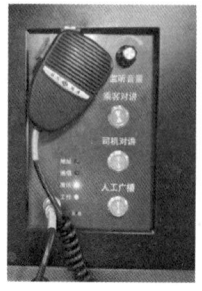  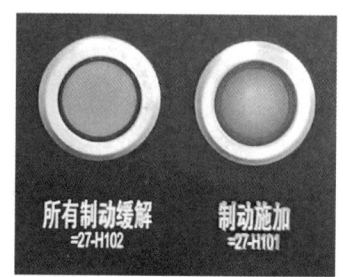

图 7 - 16　广播对讲　　　图 7 - 17　头灯开关　　　图 7 - 18　制动指示灯

⑫ 制动试验：a. 开主控钥匙确认车辆显示屏各车的气制动图标底色为黑色，列车气制动施加指示灯亮，如图 7 - 18 所示；b. 方向手柄至"向前"位，控制手柄缓慢移动至"全制"位，车辆屏上"制动条"显示制动力逐渐上升；c. 将主控手柄拉至"快速制动"位，制动缸压力是否正常。

⑬ 客室门试验：a. RM 模式下，操作"强开门"按钮开关给出车门使能信号；b. 确认开关门指示灯均亮，按压左侧车门"开"按钮（图 7 - 19），"关"指示绿灯灭，所有车门随即打开，车辆显示屏左侧车门蓝色图标（行李车厢切除车门除外），按压左侧车门"关"按钮，客室车门报警声连续响，左侧车门"关"指示灯亮，车门关闭，"列车门关好"指示绿灯亮，车辆显示屏左侧车门绿色图标；c. 右侧车门试验与左侧车门试验程序相同。

图 7 - 19　开关门按钮

3) 出段凭证及速度要求

（1）列车整备完毕后司机联系 DCC，确认行车凭证，按规定速度、运行模式驾驶列车出段。

（2）严格控制速度，按规定速度运行，在库门前一度停车，确认线路、限速、库门状况良好后动车。

库内和车辆段内运行速度见表 7 - 5。

表 7-5 列车在车库内运行的速度要求

项 目	速 度 要 求	备 注
车辆段内运行	(1) 列车在停车列检库的 A 端限速 10 km/h 行驶，B 端限速 5 km/h 行驶 (2) 列车在检修库上限速 5 km/h 行驶 (3) 洗车作业时限速 3 km/h 行驶 (4) 其他按限速 15 km/h 行驶	三车 8 km/h 二车 5 km/h 一车 3 km/h
列车出段	(1) 停车列检库道由 B 端到 A 端限速 10 km/h (2) 检修库道限速 5 km/h (3) 列车尾部越过出段信号机后限速 15 km/h	
列车入段	限速 15 km/h，入库后按车辆段内运行规定的速度执行	

4) 列车出段

(1) 列车在车辆段动车前必须鸣笛，严格控制速度，确保行车安全。

(2) 出段。司机凭 DCC 指令及信号显示运行到出段信号机前一度停车后，报行调"行调××次××车已经到出段信号机前停车"，凭行调指令动车，确认列车收到车载信号后，凭信号显示以 ATO 模式运行，按运营时刻表在规定的车站投入运营服务，特殊情况按行调命令执行。列车出段如图 7-20 所示。

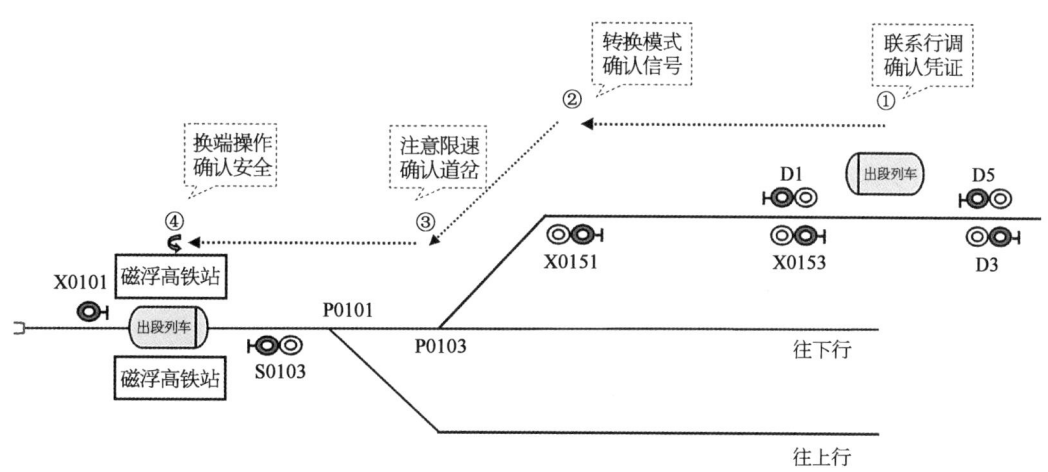

图 7-20 磁浮列车出段线路图

(3) 当列车经过出段信号机后，列车不能成功转换为 ATO 模式或列车收不到目标速度时，报行调按其指示执行，凭行调命令动车。

(4) 出入车辆段出现信号系统故障时，按电话联系法执行(行车凭证确认电话记录号，动车凭证得到无线电发车通知后才能动车)。

5) 列车回段

(1) 列车到达终点站,广播清客,与车站联控清客完毕,关闭车门、站台门,换端凭道岔、信号显示回段。

(2) 运行至入段信号机前停稳,与 DCC 联系回段进路,凭入段信号显示,转 RM 模式驾驶列车回段。列车回段如图 7-21 所示。

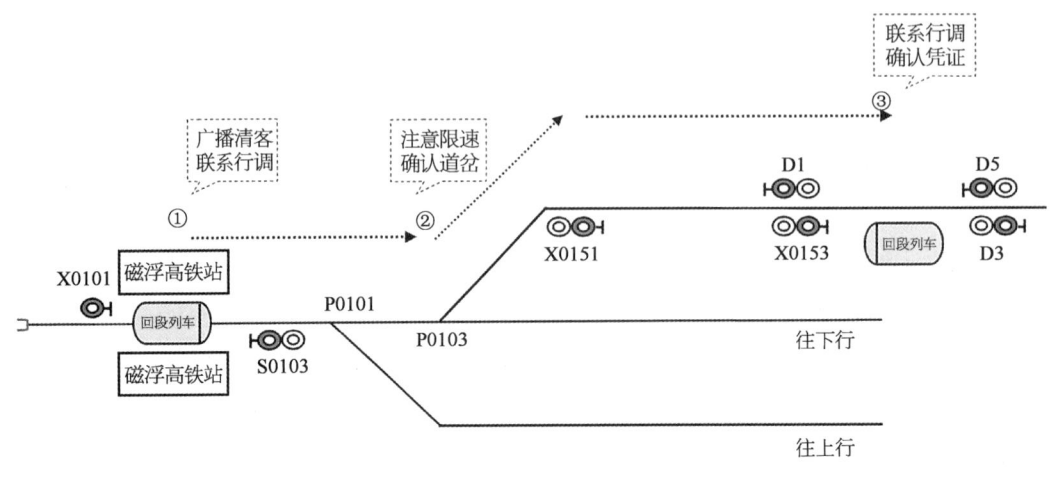

图 7-21 磁浮列车回段线路图

(3) 到达车辆段相应股道停稳后,报 DCC,听从 DCC 指示执行。

6) 非正常退出服务及转备用

(1) 列车因故需在中途站退出服务后进入就近车站/终点站或返回车辆段时,司机按行调的指示做好退出服务相关工作,在停车位置标处停稳列车,按规定开门后做好清客广播,确认清客完毕、站台"好了"信号后关车门、站台门,凭行调命令及进路信号、车载信号驾驶列车进入车站/终点站或回车辆段。

(2) 到达折返站停稳换端后,以及备用车准备从车辆段、转换轨或机场上行站台开车前,司机必须确认信号开放后方可开主控钥匙、推方向手柄,RM 模式动车前必须要得到行调或 DCC 的同意,严禁臆测行车,避免列车冒进信号。

(3) 退出服务列车进入正线存车线转备用或临时停放时,司机必须将方向手柄回零位、主控手柄回零位,分主断、照明、空调,并落车待令。

7) 退勤

(1) 列车回段收车后,前往车辆段派班室处办理退勤手续。

(2) 正线退勤时,前往正线派班室办理退勤手续。

(3) 退勤时,签还运营时刻表、钥匙、手持无线电台、对讲机等行车备品,在司机日志填写下一次交路的出勤时间、地点等,派班人员进行确认后允许司机退勤。

8) 调车作业

(1) 利用自身动力调动列车计划时,司机需要询问列车的车辆状态(悬浮系统状态、制动系统状态、车辆悬挂装置的状态等),并听取DCC布置的相关安全注意事项。

(2) 司机必须严格进行检查、试验列车,重点检查制动状态并进行制动、悬浮试验,全面负责列车在车辆段内运行的安全。

(3) 动车前,确认动车凭证、无障碍物侵限、无人员在车上作业,运行中司机加强瞭望,确保调车安全。

(4) 列车进出检修库线时,在库门前一度停车,司机确认库门及线路限界情况,确认安全后,限速进入股道。

(5) 调车作业中,司机得到DCC有关"××车××道待令"的通知时,严禁擅自动车。动车前必须得到DCC的"××车××道待令司机,可以动车"通知,司机复诵,确认信号、道岔正确后再动车。

9) 洗车作业

(1) 在出段信号机前"停车位置标"对标停车,列车停稳换端,司机确认列车停在规定的调车信号机内方后告知DCC。

(2) 得到允许动车的指示后,联系洗车库值班员,得到洗车允许命令,确认洗车机信号、调车信号开放后,方可开主控钥匙打"慢行模式"限速洗车。

(3) 洗车完毕后,联系DCC回库。

10) 调试作业

(1) 司机提前出勤,认真确认调试任务书的内容及速度、驾驶模式要求,严格执行《行车组织规则》和《磁浮列车司机手册》规定进行整备列车,确保列车状态符合上正线运行要求。

(2) 列车出段前,司机必须检查调试人员到位情况,确认调试区间具体线路,明确调试项目、程序及其安全事项;司机接到行调的书面封锁命令时,认真确认命令的内容及注意事项(如线路限速),核对调试线路是否与封锁线路一致。

(3) 正线调试司机按照调试计划的安排按行调的命令听从调试负责人指挥,明确调试程序及其安全事项,在指定的区域进行调试。

(4) 列车在正线调试时,要密切注意列车运行前方的线路状态,严格遵守调试的速度和线路限速,按行调命令行车,封锁区域内听从调试负责人指挥。

(5) 列车调试原则上按信号显示行车,如列车在封锁线路进行调试,司机必须认真确认进路安全。

(6) 每次动车前,司机要得到调试负责人的同意,列车通过曲线或限速区段及较难辨认信号的车站或区间时,司机应提前降低速度,确保列车运行安全。

(7) 列车在两端终点站或在运行中途站需要折返换端时,司机认真确认信号机的显示、道岔位置正确后,方可开主控钥匙凭调试负责人的指令动车。

（8）遇恶劣天气能见度较低或 F 轨湿滑时,禁止进行高速调试。

11）非正常情况下的处理

（1）其他设备情况影响列车运行时,司机应立即报告行调,听从行调指挥,列车在区间应尽量维持进站,在车站应打开站台门车门,必要时要求车站协助,若无法维持进站,必须将列车停靠在有疏散平台区域。

（2）车辆设备故障时,按照故障处理的原则进行处理,处理故障应避免有拖延、依赖的思想,司机应在第一时间了解判明故障,及时处理,同时报告行调。如需到客室处理故障,司机应在离开驾驶室前先将情况简要汇报行调,得到同意后再到客室处理。

（3）司机处理故障时,经处理无法动车时,需请求技术支援,如仍不能动车时,由行调确定处理办法。

（4）操作所有旁路开关及紧急牵引前,司机根据现场情况确认安全后,报告行调,并得到行调授权方可操作旁路开关。

（5）在非正常情况下司机要保持沉着冷静,按照操作流程处理,尽量避免在关键环节上出现问题,防止事态的进一步扩大。

7.3 正线运行规定

1）正线注意事项及要求

（1）司机在驾驶列车时,除了认真监控车辆显示屏、各种仪表、指示灯/按钮的状态之外,还需要加强在运行中眼观、耳听、鼻闻的意识,时刻注意列车运行中的变化;发现异常时,司机先采取措施,立即报行调,按行调指示执行。

（2）列车运行中坚持"动车集中看,瞭望不间断",掌握"远看信号,近看道岔"的原则,确认前方进路安全;严格按照《行车组织规则》的规定及行调命令控制好列车运行速度,严禁超速。

（3）司机必须按照信号显示行车,准确对标,防止越出停车标、错开车门等。

（4）正常情况下列车采用 ATO 模式驾驶,改变驾驶模式前必须要得到行调的授权（有特殊状况时除外）。

（5）司机采用手动模式驾驶时,必须时刻保持按压警惕按钮,列车在区间运行时保持实际速度低于推荐速度,进站时注意严格控制速度,制动时采取"早拉、少拉"的原则。

（6）列车故障或其他原因需临时停车,司机通过列车语音广播或人工广播,做好乘客的解释工作。

(7) 当车辆或信号设备发生故障时,司机按《行车组织规则》有关列车故障处理原则执行,并应正确掌握好与行调的汇报时机,按照"先汇报、后处理"的原则和《磁浮列车故障应急处理指南》的相关规定进行处理,如故障无法排除且在申请技术支援后仍无法处理,列车不能运行时,立即报告行调请求救援。

(8) 两人机班值乘列车时采用"一人操作、一人监控"的原则,严禁交叉作业。列车出现故障等其他情况时,驾驶司机处理如未按相关要求处理,监控司机及时进行提醒或者制止,有必要时介入操作处理。

(9) 发现接触轨故障、线路及其他轨旁设备损坏或超限时,立即采取紧急停车措施并报告行调。

(10) 区间列车发生故障及火灾时,尽可能维持进站处理。

(11) 遇故障列车需维持运行至终点站时,司机必须密切监控列车运行状态,防止列车故障的进一步扩大。

(12) 对于需经车站中转的行车指示或命令,双方必须认真核对命令内容并复诵。

(13) 接收命令时严禁使用"明白""清楚""好的"代替,命令不清不准动车,严禁臆测行车,司机岗位确认通话完毕时,需以"司机代码"作为结束语,加强联控安全措施,确保列车安全、准点运行。

(14) 正常情况下,列车采用ATO模式运行,凭车载信号及进路防护信号的显示行车;严格按照运营时刻表和发车倒计时器时分掌握停站时间及运行时间。

(15) 非正常情况下需使用引导信号时(红黄灯),司机必须驾驶列车限速通过。

(16) 当车载信号设备故障时按《信号故障处理指南》处理。

(17) 当正线连锁设备故障需要采取降级模式运行时,按《行车组织规则》执行。

2) 对标停车及开门要求

(1) 严格按《行车组织规则》的规定速度驾驶列车,严禁超速,进站对标停车,停车对位后,此时按规定开站台门、车门上下客。

(2) 如列车对标超出规定范围,影响乘客上下车时,司机必须按照要求重新对标。

(3) 司机在操作开门按钮时,应该执行"先确认、后呼唤、再开门"的开门作业程序,防止误操作造成错开车门。

(4) 列车运行中或在站台区域发生紧急制动时,应先报告行调,按行调命令执行。

3) 站台作业

(1) 正常情况下列车进站ATO模式对标停稳,停车位置在规定范围以内,列车会自动开启相应侧车门及站台门。

(2) 车门与站台门未能正常打开时,司机应按压站台侧开门按钮,与车站联控打开站台门,乘客上下完毕后按规定关站台门、车门。

(3) 列车以RM模式正常进站对标停稳,站台门需手动打开。

(4) 列车以ATO模式进站对标停稳,若列车信号屏出现停车精度图标但无开门使能信号,需要司机操作列车"强开门"按钮,再按"开门"按钮,相应车门及站台门联动打开。

4) 开门作业

(1) 列车对标停稳后,确认有开门允许信号、列车已施加气制动后,呼唤"开左/右门"。司机开关门作业如图 7-22 所示。

图 7-22 磁浮列车司机开关门作业

(2) 监控站台监控屏,按压"左/右"侧开门按钮开启车门,确认车辆屏显示相应侧车门、站台门全部打开,并手指口呼"车门、站台门开启"。

(3) 若发现车门、站台门不能正常打开时,联控车站手动打开站台门,通过站台监控屏监视乘客上下车。

5) 关门作业

(1) 司机确认车门打开时间满足要求,乘客上下车完毕,与车站联控关门,呼唤"关左/右门",按压车门"关门"按钮。

(2) 确认司机室相应侧车门关闭指示绿灯亮,车辆屏上相应侧车门全部关闭呼"车门关好",确认站台门状态复示灯上"全部门关闭锁紧"绿色指示灯亮,呼"站台门关好"。

(3) 与车站联控后呼唤"站台安全",确认信号开放后,手指口呼"绿灯/黄灯好",有道岔时应呼"道岔好"。

(4) 发现站台门不能关闭时,与车站联控,按"先通后复"的原则,司机报告车站和行调,确认站务人员的"好了"信号,由站务人员旁路站台门或司机报行调申请 RM 模式限速出站。

(5) 特殊情况下列车采用 NRM 模式驾驶时,由行调通知车站操作站台门操作盘开关站台门。按照"先开站台门再开车门,先关站台门再关车门"的原则,司机与车站站台门操作人员加强联控,密切配合,协同动作,确保开关门作业正确、不发生夹人夹物、同步操作相应门控系统。车站站台门操作人员确认列车停稳、停准后,立即打开站台门,站台门操作人员确认乘客上下车完毕后,立即关站台门。

6) 折返作业

(1) 司机立岗接车时,需要认真监视列车进站状态。接车司机必须提前到达指定接车位置进入接车状态,面向列车方向立定,车头越过自己时,接车人员以标准姿势向列车方敬礼,列车达到指定停车位停好后,确认客室车门、站台门开启。到达司机打开客室车门、站台门后,按规定与接车司机进行交接。交接完毕后,接车司机确认到达司机已下车,乘客上下完毕后,确认发车时间,关闭客室车门、站台门,按程序发车。

(2) 折返时,交接班司机均必须执行交接班制度。

(3) 司机进入驾驶室后需要检查司机室内设备开关状态及列车状态卡信息。

7) 原班折返要求

(1) 原班折返时,列车进站对标停稳后,按规定程序打开车门、站台门。

(2) 开门后,播终点站到站广播,保持车门、站台门开启状态。

(3) 非载客列车时,在确认所有乘客下车完毕,收到站务人员清客"好了"信号后,关闭车门、站台门,关主控钥匙,确认通道门及行李车厢通道门锁闭良好,携带相关物品从客室行走到另外一端驾驶室。若为载客列车,则从开门侧站台行走到另外一端驾驶室,沿途注意服务礼仪。

(4) 到达另外一端驾驶室后,将通道门锁闭良好,开主控钥匙,设置好起始站广播,确认时刻表发车时间和行车凭证,按规定投入载客服务。

7.4 应急处理流程

1) 车门、站台门夹人夹物应急处理

(1) 在车门站台门打开后,发现乘客手被夹或接到站务人员的通知。

(2) 司机马上报告行调,并做好列车乘客广播。

(3) 将"门紧急解锁"打至站台侧,带方孔钥匙到夹手车门处,将车门解锁。

(4) 配合车站人员进行处理。

(5) 处理完毕后经站台回驾驶室恢复"门紧急解锁"至OFF位,再进行关门作业。

(6) 继续投入服务,向行调报处理情况。

2) 接触轨大面积停电应急处理

(1) 牵引供电中断的原因:列车本身故障,牵引变电所或接触轨故障。

(2) 列车在运行中发生牵引供电中断的故障:① 立即报告行调;② 维持列车"惰行"

进站,尽可能地进站对标停车,停车落车,开门报行调待令;③ 做好乘客服务。

(3) 如果列车有一部分停在站台内,司机应:① 立即报告行调;② 人工解锁在站台区内的车门、站台门,做好乘客广播;③ 站务人员组织乘客下车并清客;④ 按照行调的指示执行。

(4) 如果列车整列被迫停在区间,司机应:

① 立即报告行调列车所在位置听行调指示执行。

② 如果行调组织疏散、清客,则:a. 分主断,落车,做好乘客广播;b. 接到行调命令后解锁疏散平台侧的车门,组织乘客有秩序地下车;c. 报告行调清客情况,做好列车防护,待令;d. 在正线出现主断跳闸时,司机在未得到行车调度的同意时严禁再次合主断。

3) 非紧急疏散程序

(1) 接到区间疏散的行调命令后,确认下桥点方向与公里标(夜间进行疏散时,司机需穿戴荧光衣)。

(2) 落车做好人工广播安抚好乘客,解锁疏散平台侧的车门,配合车站人员进行疏散(疏散前确认车站接应人员到位方可解锁疏散车门)。

(3) 司机用人工广播告知乘客疏散路线,并引导乘客疏散避免发生混乱(如行调安排使用邻线列车进行接驳,则等待邻线列车按要求停稳,车站人员下车到位后再进行开门疏散)。

(4) 确认所有乘客均下车并疏散到桥下后,关闭列车蓄电池,回到列车恢复解锁车门,报告行调。

4) 紧急疏散程序

(1) 落车并打开疏散平台侧的车门。

(2) 人工广播引导乘客往同一方向进行疏散。

(3) 报告行调停车位置、大概人数及疏散方向。

(4) 确认车内及沿途无乘客遗留,跟随人群进行疏散。

(5) 将乘客带到指定地点后汇报行调。

5) 列车救援

(1) 在做推进救援时,故障列车司机在前端引导,负责指挥全列救援列车的运行,并且不间断与后方救援列车司机联系,给予其相应的速度指引,前方进路确认;运行安全由故障列车司机负责,如列车在区间故障需要救援时,司机要做好人工广播安抚乘客。

(2) 推进救援时,救援列车司机服从故障列车司机指挥,密切与其联系,掌握运行前方信息,严格准确控制运行速度。

(3) 遇紧急情况,故障列车司机立即通知救援列车司机紧急停车,必要时采取相应紧急措施。

(4) 在救援过程中,故障列车司机应密切监控列车状态。

(5) 严格执行《行车组织规则》有关规定,控制好速度,在接近目的地或前方停车信号前,提前降低速度。

(6) 故障列车需要在前方站清客时,故障列车司机要指挥好救援列车司机控制好速度,按要求对标停车;待对标停稳后,故障列车司机进行落车操作(如故障列车无法落车,则救援列车司机进行落车操作),通知站台打车站台门再开车门;人工广播通知乘客全部在此站下车,站务人员负责清客,此车退出运营服务,确认站务人员"好了"手信号后关门,按行调的指示继续指挥救援司机推进运行到目的地。列车救援连挂如图7-23所示。

图7-23 磁浮列车救援连挂演练

6) 异物、人员侵限应急处理

(1) 运营中发现轨道有人处理程序。

① 司机发现轨道上有人,立即施加非常落车。

② 做好客服广播。

③ 初步判断情况,并向行调报告有关情况。

④ 若列车撞上人,听从事故处理主任的指挥执行。

⑤ 若列车未撞人,则报告行调按行调的指示执行。

(2) 列车在区间或站内撞人时。

① 报告行调发生的情况。

② 事故处理主任到达后,关闭驾驶台并取出钥匙,听从事故处理主任的指挥。

③ 当需移动列车时,司机确认所有工作人员在安全区域,限速移动列车,并做好随时停车的准备。

④ 当线路出清后,按事故处理主任和行调的指示,确认所有人员处于不侵限的位置,限速运行到前方站退出服务。

(3) 运营中发现轨道有异物的处理。

① 司机发现疏散平台有异物时,立即降速运行,确认异物不侵限时,报告行调,按指示执行。

② 如确认异物侵限,立即停车,做好客服广播,报告行调进行处理,处理完毕后按指示执行。

③ 司机发现轨道上有异物时,立即减速运行或立即施加紧急制动/非常落车;将情况报告行调,做好客服广播进行处理,处理完毕报告行调,按指示执行。

(4) 其他要求。

① 司机下车处理异物时,必须穿戴安全绳、绝缘靴、绝缘手套、使用绝缘杆等应急处

图 7-24 磁浮列车司机应急工器具培训

理工具。应急备品穿戴如图 7-24 所示。

② 遇大雨、暴风雪等极端恶劣天气时,司机报告行调,按指示执行。

7) 列车发生冲突应急处理

(1) 立即施加非常落车。

(2) 报告行调(车辆段内报告 DCC)。

(3) 确认有无人员伤亡。

(4) 确认事故现场是否影响其他邻线,做好线路及列车的防护。

(5) 保护现场,坚守岗位。

(6) 当事故处理主任到来时,听从其指挥。

8) 乘客报警应急处理

(1) 列车在区间运行中,乘客按压乘客报警按钮。

① 司机马上广播安抚乘客。

② 报告行调,并维持列车进站。

③ 列车进站停车后,打开车门、站台门,并通知车站进行处理。

④ 确认车站处理完毕,确认站务人员的"好了"手信号关门,凭信号显示动车。

(2) 列车在停站时,乘客按压乘客报警按钮。

① 保持车门、站台门打开,并通知车站进行处理。

② 报告行调,并做好临时停车的广播。

③ 确认车站处理完毕,确认站务人员的"好了"信号关门,凭信号显示动车。

(3) 列车在站内启动后,乘客按压乘客报警按钮。

① 立即人工介入,快速停车,做广播,报行调,如需退回车站时,二次启动列车后退对标。

② 开车门、站台门,通知车站派人前往处理。

③ 确认车站处理完毕,确认站务人员的"好了"信号关门,凭信号显示动车。

9) 火灾应急处理

(1) 贯彻"救人第一,救人与救火同步进行"的原则,积极施救。

(2) 把握起火初期 5 min 内的关键时间,做好两项工作:一是尽快利用灭火器材扑救;二是同时报警。

(3) 做好个人防护,及时穿戴防烟面具等防护用品。

(4) 汇报原则。火灾发生后,立即报告行调和车站,报告内容主要包括列车车次、火灾位置、火势、乘客大概人数等火灾现场情况,同时报告语言必须精练、明确。

(5) 列车火灾的处理。

① 列车在区间运行中发生火灾时,司机应:

a. 认真判明火情,并迅速向行调报告。

　　b. 维持运行至前方车站,并广播安抚乘客,用人工广播引导乘客使用车上灭火器进行灭火。

　　c. 若列车在区间停车,司机再次动车,维持列车进站处理。

　② 列车到达车站或在车站发生火灾时,司机应:

　　a. 立即打开车门、站台门,落车,分主断。

　　b. 广播通知乘客疏散。

　　c. 报告行调现场情况。

　　d. 车门、站台门正常打开后,做好个人防护,迅速进入客室疏散乘客,并前往着火处所确认火灾情况,协助车站灭火。

　　e. 若按压开门按钮无法打开车门、站台门时,通知车站协助并广播引导乘客使用紧急解锁打开车门、站台门,并且进入客室协助引导乘客开门。

　　f. 加强与行调或事故处理主任联系,并按其指示执行。

　③ 列车在区间发生火灾被迫停车后,司机应:

　　a. 列车发生火灾在区间被迫停车后,司机须迅速判明火情,立即报告行调。

　　b. 落车,分主断。

　　c. 广播安抚乘客,引导其使用灭火器自救,同时经行调同意后,广播通知乘客从疏散平台疏散(如:火灾发生在头部时,采取尾端疏散;发生在尾部时,采取首端疏散;发生在中部时,采取首尾两端同时疏散)。在迅速实施疏散后,要及时确认、判明疏散情况,若还有乘客未能疏散时,在确保安全的前提下帮助其疏散。

　　d. 做好个人防护,随即前往客室灭火。

　　e. 若无法与行调联系时,立即通知车站扣停后续列车,并要求车站派人前来协助处理和接应疏散乘客。

　④ 列车发生火灾,列车部分进入站台被迫停车时,司机应:

　　a. 报告行调和车站。

　　b. 立即手动打开在站台侧的车门、站台门,若车门未能对好站台门时打开相应的站台应急门疏散。

　　c. 落车,分主断,广播通知乘客疏散。

　　d. 迅速疏散乘客,并前往着火处所确认火灾情况,协助灭火。

　　e. 加强与行调或事故处理主任联系,并按其指示执行。

　10) 车站火灾应急处理

　(1) 站厅发生火灾时,司机应:

　① 接到列车运行前方车站发生火灾的通知后,如在车站则立即按行调指示扣车接运被困乘客或迅速动车离站,并做好乘客广播;如在区间则按行调指示不停站通过或停车接运被困乘客。

② 进站时发现车站火灾,立即报行调,确认不需要接运乘客情况下,不停车通过火灾车站,如果行调指示需要接送乘客则立即广播告知乘客不能下车,对标停车后立即开门上客,确认上客完毕后立即关门动车。

(2) 站台发生火灾时,司机应:

① 接到列车运行前方车站发生火灾的通知后,如在车站则立即按行调指示扣车,并做好乘客广播,如在区间则按行调指示执行。

② 进站时发现车站火灾,立即报行调,得行调同意后不停站通过火灾车站。

③ 若行调要求扣车,司机严格执行行调命令,做广播安抚乘客,待令,按其命令执行。

(3) 高架火灾时,司机应立即报告行调,并在着火点前拉停列车,如果不能在着火点前停车,则不停车通过,运行到前方站停车,报行调,按其命令执行。

11) 站台门故障应急处理

(1) 列车进站前发生站台门故障的规定。

① 列车以 ATO 模式驾驶进入站台区域时,若出现站台门打开或故障,列车会产生紧急制动。

② 司机立即报告行调,做好乘客服务,在确认前方运行进路安全情况下,得到行调授权后以 RM 模式进站对标停车。

(2) 列车停站后,站台门不能跟车门正常联动打开。

① 列车进站对标(停车位规定范围以内)停稳后,车门打开但整列站台门不能联动打开时,司机立即再次按压"开门"按钮,仍不能打开,则通知车站人员打开站台门,待乘客上下完毕后,按规定先关站台门再关车门;如站台门关好后复示灯不亮时,司机应报告行调申请 RM 出站,确认站台安全后凭车站的"好了"手信号动车。

② 车站人员无法打开站台门时,做好广播引导乘客自行打开站台门下车,乘客上下完毕后,司机按规定关闭站台门、车门,确认站台门和车门关闭良好、复示灯亮后按正常动车,动车后报行调;如果站台门不能正常关闭或复示灯不亮,凭站务人员的"好了"手信号后,按规定申请 RM 动车。

12) 终点站或车辆段联锁故障应急处理

终点站或车辆段发生联锁故障时,采用电话联系法组织行车:

(1) 司机接到执行电话联系法的命令时,确认调度命令的内容。

(2) 电话记录号码作为占用闭塞区段的行车凭证,按车站/车辆段的无线电话发车通知发车。

(3) 闭塞区段内只允许一趟列车占用,列车以 RM 模式出段(出站),在闭塞分区内使用 RM 模式限速运行,在车辆段内线路运行速度按《磁浮车辆段运作规则》执行,注意加强瞭望和控制好运行速度,确保行车安全。

(4) 电话记录号码自每日 0 时起至 24 时止,按日循环编号。电话记录号编号方式为车站(车辆段)编号加顺序号,如磁浮车辆段编号为 0,车站编号为 01~05 固定使用,顺序号为 01~99 循环使用,其中下行采用连续奇数,上行采用连续偶数。

13) 应急处理流程

各类应急处理流程如图 7-25~图 7-35 所示。

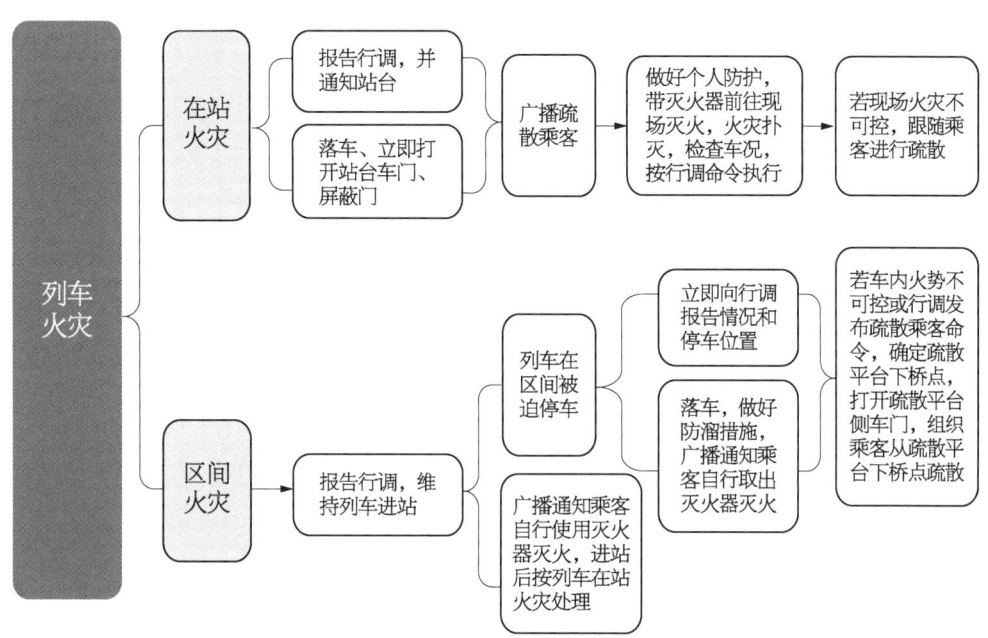

图 7-25 列车火灾应急处理流程

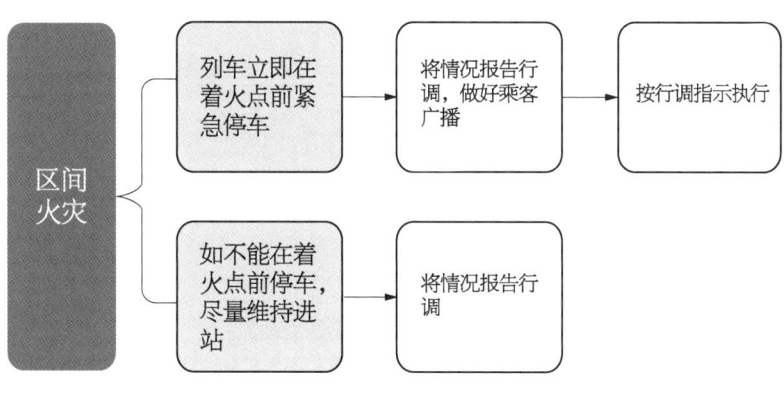

图 7-26 区间火灾应急处理流程

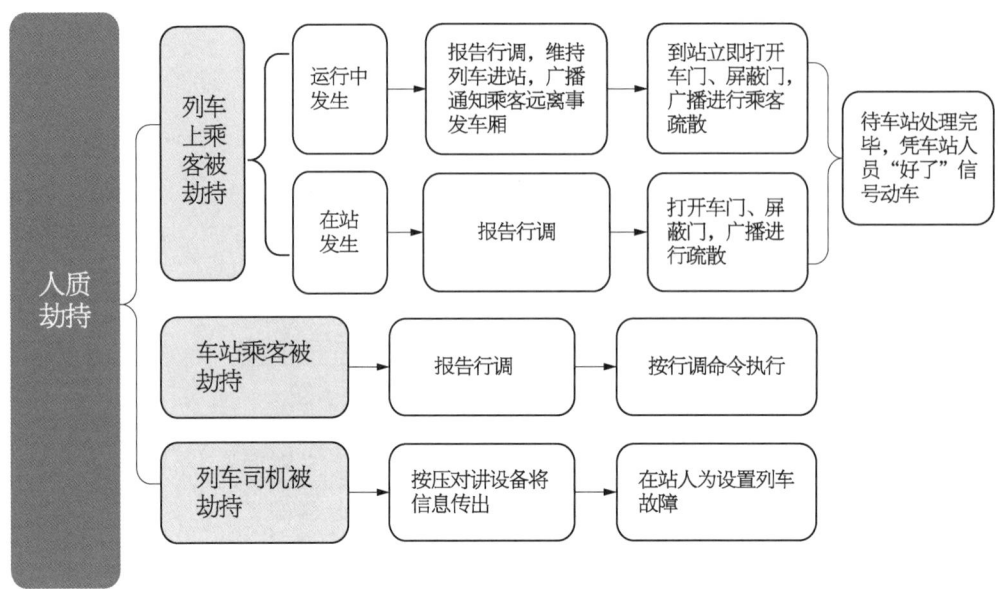

图 7-27 人质劫持应急处理流程

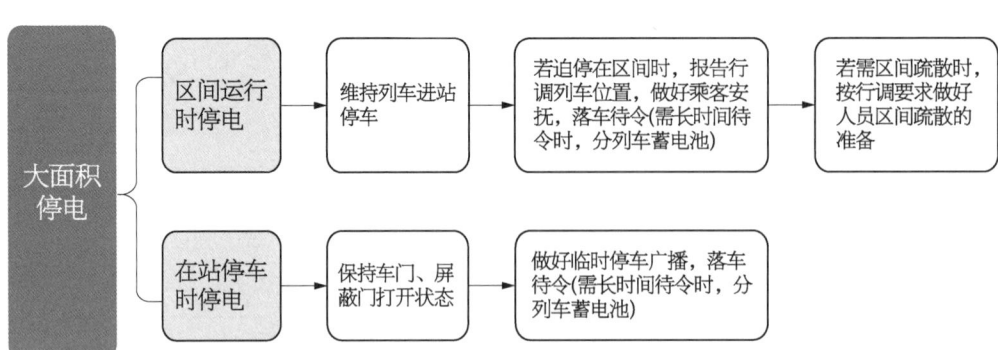

注：1. 列车分蓄电池后，乘客可自行解锁客室车门，分蓄电池前必须先做好乘客广播，告知不要擅自解锁车门。
2. 遇到区间停电长时间停车待令时，在规定的时间范围内，保持列车在激活状态。

图 7-28 大面积停电应急处理流程

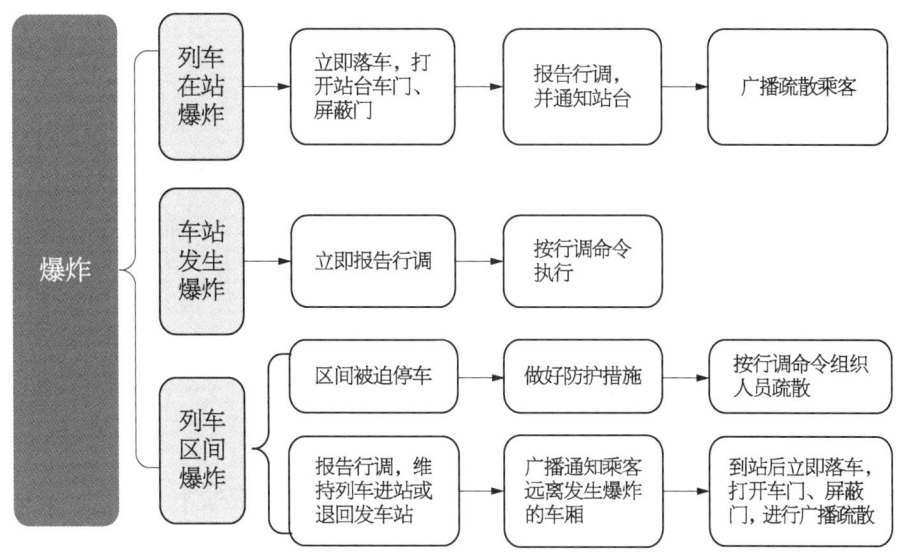

图 7-29 爆炸应急处理流程

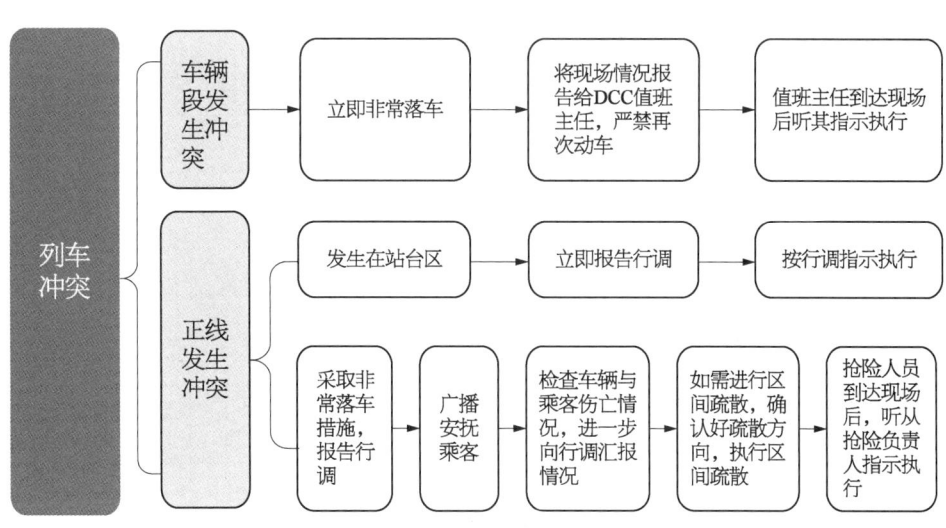

图 7-30 列车冲突应急处理流程

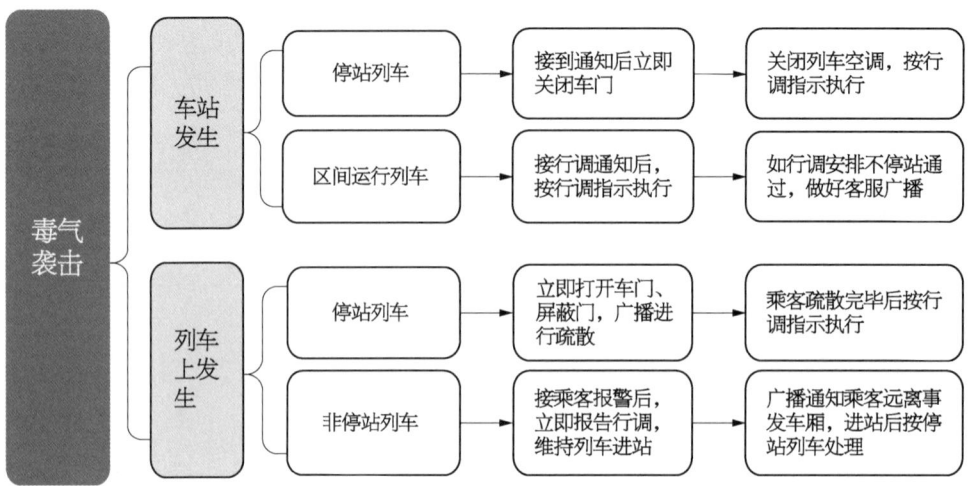

图 7-31　毒气袭击应急处理流程

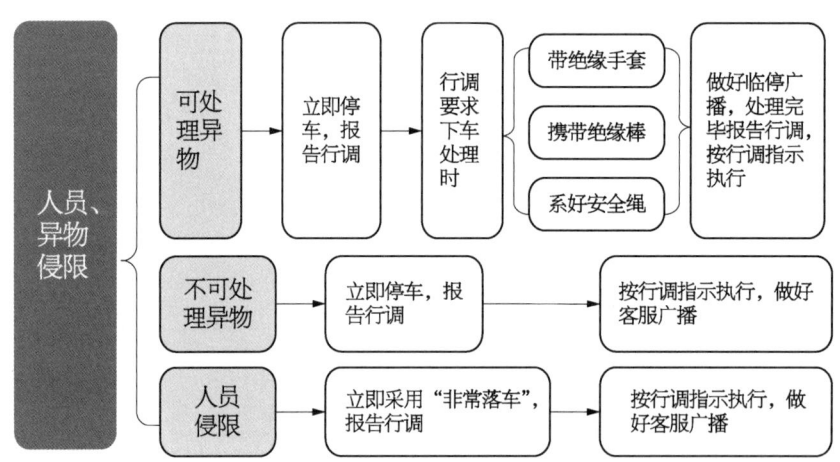

图 7-32　人员、异物侵限应急处理流程

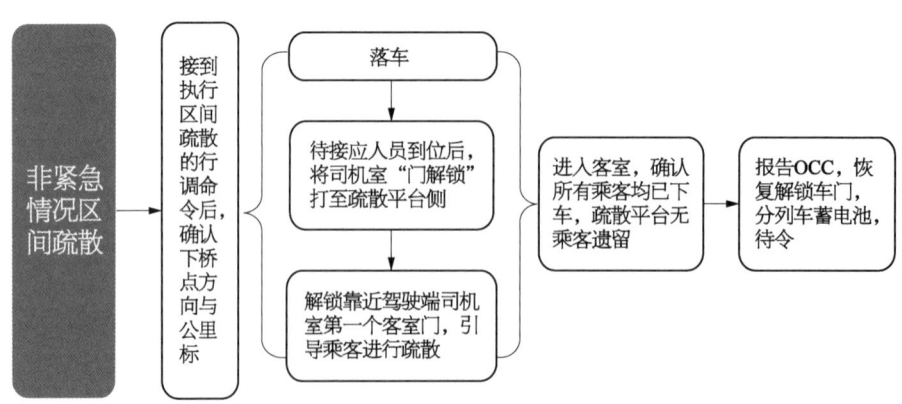

图 7-33　非紧急情况区间疏散应急处理流程

图 7‑34 紧急情况下的区间疏散应急处理流程

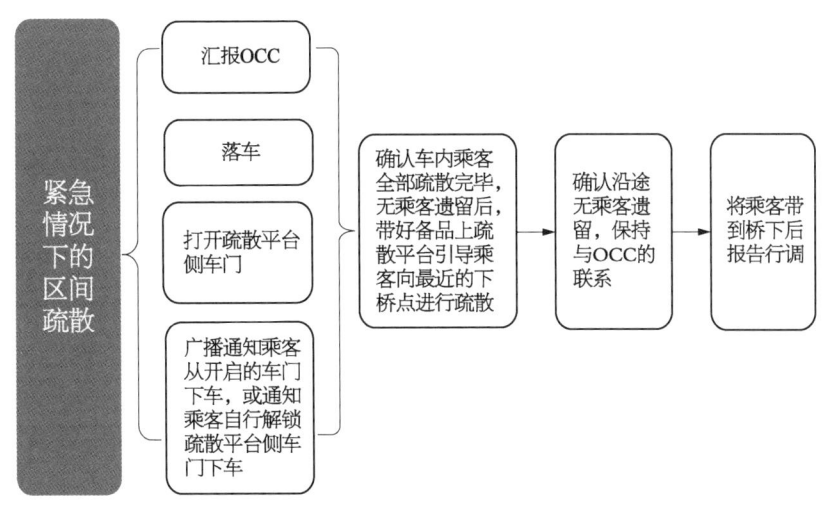

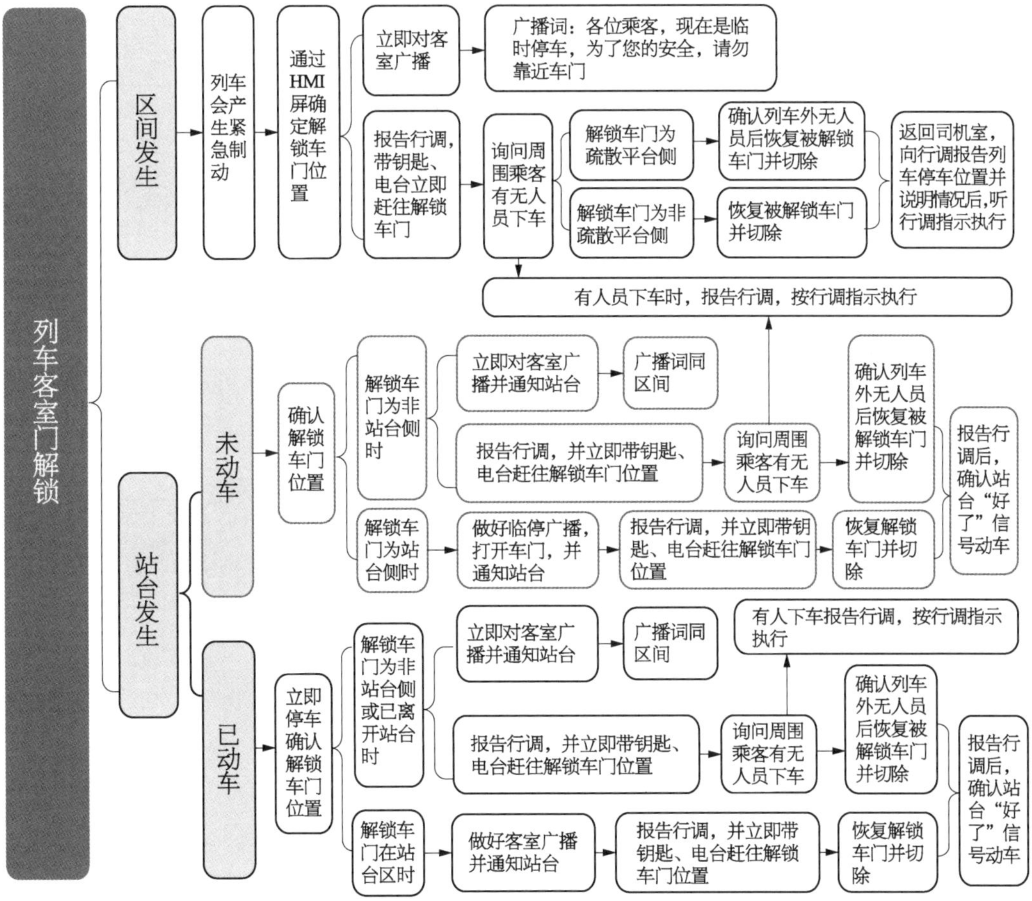

图 7‑35 列车客室门解锁应急处理流程

14) 联挂救援程序流程(图7-36)

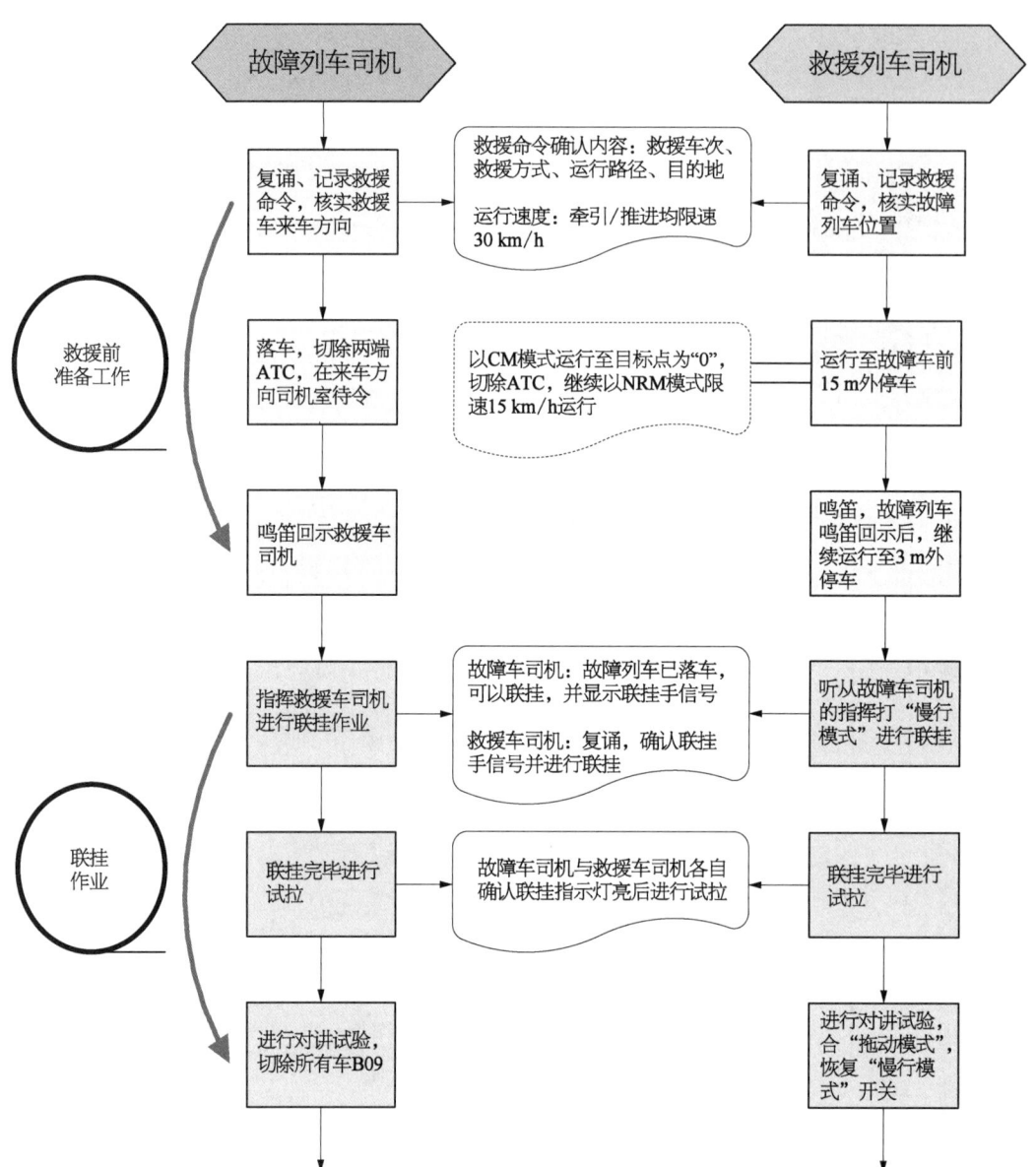

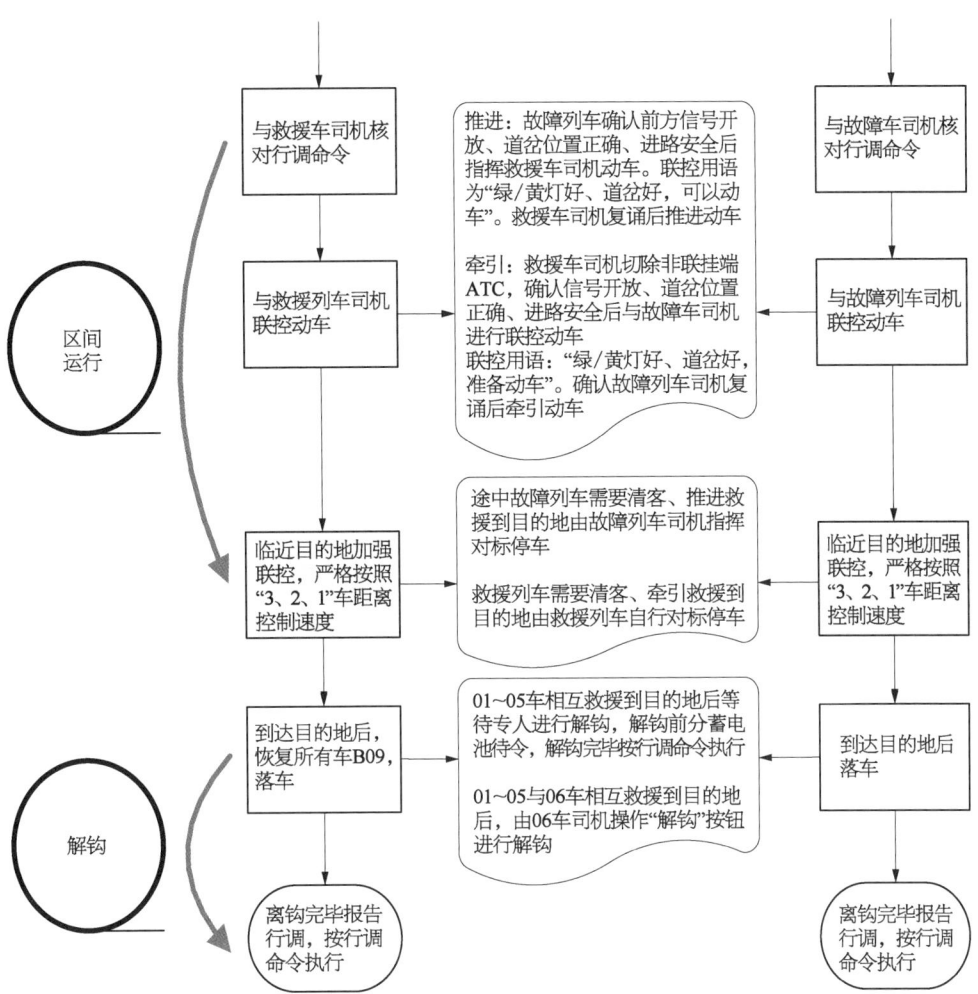

图 7-36 联挂救援程序流程

第 8 章

票务管理

8.1 车票管理

在长沙磁浮快线运营管理体系中,票务管理是对车票流向、票款收益和自动售检票系统的运行情况进行总的监视、控制、协调、指挥和调度。票务管理作为运营组织管理的核心,直接影响长沙磁浮快线的票款收入与经济效益。

1) 车票种类

长沙磁浮快线 AFC 系统可处理所有长沙磁浮快线专用车票、长沙市轨道交通储值票、长沙公交 IC 卡、全国交通一卡通(交通联合卡)及长沙轨道交通 APP 虚拟电子票,兼备后续市民卡、未来的长沙城市通卡接口,并在功能和硬件上预留增加后续发行票种的能力。

长沙磁浮快线专用车票应包括磁浮单程票(含普通单程票和优惠单程票)、磁浮储值票[含普通成人储值票、普通异形储值票、优惠储值票(如磁浮通勤卡)]、员工票、测试票、备用票种。

磁浮单程票只能在长沙磁浮快线 AFC 系统中使用,长沙磁浮快线储值票可在长沙地铁、长沙公交系统使用,长沙磁浮快线专用车票通过长沙市轨道交通 ACC 车票生产管理系统的编码分拣设备进行初始化,其在轨道交通 AFC 系统的使用及运作参数可以通过 ACC 进行统一设置,并通过网络下载到 LCC、SC,再通过 LCC、SC 下达到各相关设备。单程票采用符合 ISO 14443 Type A 的代币型简易非接触式 IC 卡(简称 Token),其他票种采用符合 ISO 14443 Type A 的非接触式 IC 卡。

长沙磁浮快线 AFC 系统所有设备均具备处理交通运输部一卡通标准下"交通联合卡"非接触 IC 卡车票及电子虚拟票能力。长沙磁浮快线 AFC 系统具备 APP 电子虚拟票(含二维码、短距离蓝牙及 NFC 方式)处理能力,可支持不限于长沙地铁 APP、和包支付 APP、长沙公交 APP、云闪付 APP、长沙城市一卡通 APP 等电子虚拟票刷闸功能。

(1) 磁浮单程票。磁浮单程票只限于在长沙磁浮快线 AFC 系统中使用,一次使用有效,在乘客完成车程出闸时,单程票由出站闸机回收,并被写入出站状态信息。单程票可以在长沙磁浮快线 AFC 系统网络中循环使用。

(2) 磁浮储值票。

① 磁浮储值票可设置多种类型,包括普通成人储值票、普通异形储值票、优惠储值票(如磁浮通勤卡)等。每种类型的储值票都可以通过 LCC 进行参数设置(包括票值、押金、车票余值的上限、有效期、有效期编码由何设备写入、车票由何设备出售、乘次旅行时间、

票价表、允许充值、充值设备、允许透支、允许更新、允许替换、允许退款、允许延期、使用闪灯报警、使用声音报警等)。

② 乘客在使用磁浮储值票时,每车程的车费在通过出站闸机时从车票的余值中扣除。储值票在进/出站闸机使用时,闸机的乘客显示器上将显示车票的余值。

③ 当磁浮储值票的余值低于系统的最低票价时,进站闸机不允许乘客通过。

④ 磁浮优惠储值票在通过闸机时,具有特殊的声响和灯光显示。

⑤ 磁浮储值票的有效期可以根据运营的需要通过LCC进行参数设置。储值票过期后,乘客可在车站的客服中心办理延期手续。

⑥ 磁浮储值票可以通过自动售票机及半自动售票机进行充值,可在半自动售票机办理退票,磁浮通勤卡属于记名类储值票,可办理挂失补办。

(3) APP电子虚拟票。APP电子虚拟票为乘客通过电子支付方式在APP购买的虚拟票(含电子单程票和电子储值票)。

① 电子单程票在起始站当站、当日运营时段内进站有效。

② 电子储值票为先付后乘(通过电子支付方式对电子钱包进行充值后方能使用)与先乘后付(绑定车票扣费支付渠道并对长沙地铁APP进行信用金充值后方能使用)两种方式。乘客使用电子储值票进、出闸,仅限一人一票,检票成功后长沙地铁APP在线自动支付本次乘车费用。

(4) 员工票。

① 员工票应可设置多种不同的类型。员工票的有效期、乘坐次数、进出站次序检查、进出站的地点限制及乘车时间检查等参数都可以灵活地通过LCC进行设置。

② 员工票在通过闸机时,具有特殊的声响和灯光显示,每种员工票对应的声响和灯光颜色的组合应有区别,可以通过LCC进行设置。

(5) 测试票。

① 测试票是用于对AFC设备进行维修诊断的特殊车票,不包括在测试密钥环境下进行系统功能测试的车票,这种车票只能在设备处于维修模式时使用,并只能在长沙市磁浮交通AFC系统中使用。

② 测试票包括回收型和不回收型两种,以满足设备测试的需要。使用测试票可以测试设备整体协作功能。

(6) 备用票种。

① 长沙磁浮快线AFC系统预留多种备用票种类别,各项功能可通过参数设置,在需要增加使用票种时,只需要系统的运营人员在LCC进行设置和修改相关的设备的控制软件,就可以完成票种扩展,设置车票的类型/运用方式/功能等。

② 车票设置的参数包括以下内容:车票种、类别、乘次或票值、押金、车票余值的上限、有效期、有效期编码由何设备写入、车票由何设备出售、有效使用区域、有效使用时间段、在发售的当天有效、在发售车站进站有效、乘次旅行时间、票价表、是否回收、允许充值

及充值上限、允许自动充值及充值金额、充值设备、允许透支、允许更新及更新次数限制、允许替换、允许退款、允许延期、允许退款、允许积分、行政收费、使用闪灯报警及闪灯种类、使用声音报警及声音种类等,记名类储值票具有更多的信息内容和相关资料记录。

2) 车票编号

车票编号包括车票的物理卡号和逻辑卡号。物理卡号为车票上不可修改的唯一编号。为了确保 AFC 系统能跟踪流通中的所有车票的使用情况和针对某张或者某些车票进行功能设置,所有的车票在初始化编码时,将被编上唯一的逻辑卡号。逻辑卡号与物理卡号要有相应的记录和保存的电子文件库,让用户可以根据需要通过车票的物理卡号或者逻辑卡号方便地进行相互的查询。

3) 车票票值

车票票值也称车票余值,是指记录在车票上的可以用于乘车消费的金额或者信用额。当乘客在使用磁浮储值票或 APP 电子票的过程中,可能会出现车票余值不足或者余额为负值的情况。

4) 车票有效期

各种类型的车票都有各自不同的有效期,车票只能在系统设定的有效期内使用,如果车票将过期或者已过期,乘客可在车站的客服中心办理相关的更新处理。各种类型车票的有效期都可以通过 LCC 进行设置,包括有效期时间、能否延长有效期、能在哪些设备上进行延长有效期处理。

5) 车票处理

(1) 车票编码。

① 所有磁浮车票在购置后,均须通过编码分拣机对车票进行初始化编码和赋值。编码分拣机由 ACC 管理,车票编号前需通过 ACC 检查和确认,确保车票的编号在系统中是唯一的。只有经过初始化处理的车票才能在系统中正常流通使用。

② ACC 应能对车票的计划、采购、出入库、初始化、赋值、库存管理、配发、发行量、发售情况、回收情况、注销、重编码等数据进行管理、查询和处理,对每张车票的流向及库存状态实现动态库存管理。

(2) 车票发售。

① 磁浮单程票一般在自动售票机上发售,半自动售票机也可发售单程票。TVM/BOM 可以发售的票种及票值可通过 ACC 或 LCC 设置,并下载到相应的 TVM/BOM 上。每台 TVM/BOM 都与其所在车站的 SC 相连,采用其所在车站的票价表。

② 磁浮储值票可被预赋金额直接发售或在半自动售票机上赋值发售,乘客可购买不同票值的储值票。储值票在余值不足时可以在自动售票机或半自动售票机上进行充值。

(3) 车票使用。

① 所有在长沙磁浮快线 AFC 系统内使用车票的详细交易记录保存在 LCC 系统,

LCC 系统可对车票的使用情况进行统计和分析，并将此信息传送到 ACC。

② 车票的详细交易记录包括车票记录序号、交易时间、设备、上次交易时间、上次使用设备、交易类型、交易金额、车票余值等内容。

③ LCC 可对车票在系统中的使用情况应进行跟踪，能防止车票被滥用、复制及伪造等非法使用，减少由于欺诈行为而引起的财务损失。在乘客车票损坏时，LCC 能根据车票的编号查询车票的余值，完成相关的客户服务业务。

④ 在乘客使用车票的过程中，可能出现各种车票无效的情况，闸机将不接受该车票，并引导乘客到客服中心对车票进行处理，半自动售票机将根据无效的类型对车票进行更新处理，使车票重新有效，可以在系统正常使用。

（4）车票进出站处理。

① 普通车票必须遵循进站/出站的进出站次序来使用，进/出站闸机只能按照正确的顺序进行处理，一旦乘客将车票交进站闸机进行处理，而未经过出站闸机处理，该车票应不能在进站闸机再次使用；一旦乘客将车票交出站闸机进行处理，而未经过进站闸机处理，该车票将不能在出站闸机再次使用。

② 半自动售票机能根据"进出站次序"的规则更新问题车票。长沙磁浮快线根据线路票务运营规则向乘客收取相应的进、出站更新费用，扣取费用的金额通过参数进行控制设置。

③ 通过参数可以设置某个、部分或者全部车站的进、出站闸机检查或者不检查车票的进出站次序，也可以设置某种车票不需要进行进、出站次序检查。

（5）车票更新。

① 在半自动售票机对车票进行分析后，若为进出站码错误、超时超乘等无效原因，则操作员可以通过半自动售票机对车票进行更新处理。对于进出站码更新的时间和车站限制，进出站码更新的费用、超时更新的费用、超乘更新的计费方式、收费方式、更新次数等通过参数控制设置。

② 如果车票的分析结果显示车票同时存在两种或以上需同时更新的项目，则对每项更新处理进行确认，如车票超时超程则既收取超程更新费用又收取超时更新费用，具体处理规则以长沙磁浮快线相关运营管理文件的规定为准。

③ 在进行更新处理时，半自动售票机相应更新车票的进出站状态、时间及车费更新标志等编码信息。

④ 单程车票的更新操作不对单程车票余值进行修改，只在储值票上收取更新收费时才可从储值票上扣除收费金额，对缴纳现金的车票更新不改写车票余值。

⑤ 储值票类车票更新乘客可以选择所收费用从车票上直接扣除（卡扣）或缴纳现金。

（6）车票充值。磁浮储值票可通过长沙磁浮快线站厅内自动售票机、半自动售票机对储值票进行充值。通过参数可以设置充值的金额限制、允许充值的设备类型、允许充值的车票类型，磁浮储值票可在长沙轨道交通各线路车站进行充值，长沙轨道交通发行的储值票也可以在长沙磁浮快线各车站进行充值。

(7) 车票挂失。长沙磁浮快线记名类车票(如磁浮通勤卡)可通过半自动售票机办理挂失。

(8) 车票退换。

① 在乘客要求退票时,半自动售票机应能办理退款业务,其退款处理方式应根据车票是否被损坏而分为即时退款和非即时退款。通过 ACC/LCC 可以设置退款的条件、使用次数限制、余额限制、手续费等。系统应确保退票处理有足够的安全性,防止欺骗行为的发生。

② 符合即时退款条件的,在车站的客服中心完成即时退票处理,半自动售票机在完成退票处理后将打印相关的处理结果或者收据,有关的退票处理信息将传输到 LCC,并经 LCC 传输到 ACC。

③ 符合非即时退款条件的,在车站客服中心办理非即时退款申请,相关信息将传输到 LCC 和 ACC,由计算机后台根据车票的物理卡号自动查询车票的使用情况及余值/余乘次报告,报告由相关票务管理人员确认。通过非即时退款申请单可查询处理结果,并办理退款。

(9) 车票配发。长沙磁浮快线车票配发是指将车票从中心票库配发至车站票务室的过程。车票配发前需先制定车票配发计划,通过 LCC 系统将指定的票种、面值、数量的车票配发至车站 SC 系统,由票务室车票管理员在 LCC 下发配票通知,车站当班值班站长根据配发通知接收车票,接收前当面检查车票包装及封条是否完好,确认封条上车票票种、面值、数量、有效期是否和配发通知一致并当面清点车票,清点无误后当班值班站长及时在 SC 系统上接收配票通知,并打印车票配发凭证签字确认完成车票配发交接。

(10) 车票调拨。长沙磁浮快线车票调拨是指车站站间调票的过程。车票调拨前需先制定车票调拨计划,通过 LCC 系统指定调出和调入车站及指定的票种、面值、数量,生成车票调拨单并由票务室车票管理员发送至相对应的调出调入车站。调出车站接收并打印车票调拨单,根据车票调拨单票种、数量整理对应的车票;调入车站由值班站长指定一名为车站正式员工至调出站,与调出站值班站长共同清点加封,双方确认无误后在车票调出凭证上签字确认,调出车站值班站长在 SC 系统进行车票调拨出库操作;调入站工作人员将车票带回本站,值班站长组织复核清点后放入相应的票区,调入车站值班站长在 SC 系统进行车票调拨入库操作,完成站间车票调拨。

(11) 车票回收。长沙磁浮快线车票能被定期回收和更换,所有车票在初始化生产编码时,都已编码初始化时间,系统也可根据各种车票的使用情况,设置车票的使用有效期。系统可回收以下车票:① 超出车票物理有效期的车票;② 由于折损、残旧而不能继续使用的车票;③ 乘客要求退款的车票。

(12) 车票重编码。回收的车票经人工或编码分拣机分拣后,如仍满足使用条件,可通过编码分拣机对其进行重编码,ACC 将记录重编码信息。经过重编码的车票可以在系统中正常流通使用。

(13) 车票注销。ACC 可对单张、批量的车票进行注销操作。注销后的车票不能再在长沙磁浮快线及长沙轨道交通各线路使用，ACC 详细保存所有的注销记录。

8.2 收益管理

1) 主要功能

(1) 对长沙磁浮快线车站车票、现金进行电算化管理，通过车站工作站上的 SCWS 应用管理程序对车票或备用金的进出库、在车站设备上的使用跟踪等各种流通渠道的使用进行跟踪管理。

(2) 对售票员在站内车票、现金的操作使用情况通过设备操作记录的数据进行实时的跟踪，便于后台值班员及时对站内上岗的售票员及时跟进车票、现金的情况。

(3) 对 AFC 系统各种设备所产生的收益数据进行手工录入与设备数据统计综合核对。

(4) SCWS 应用管理程序是一套完整的运营收益财务管理应用程序，层级间均有一套完整、紧密的收益统计汇总表。根据每个售票员当班的具体数据在经过值班员核对后录入该系统，系统在与 BOM 班次报告的各种数据核实无误后，能自动生成相关的售票员当班报表。

(5) SCWS 应用管理程序具备财务基础管理的报表功能，可根据设备类型、收益类型生成完整的站级设备、客运收入统计报表。

2) 收益流程

(1) 车站售票员开窗前由值班员给售票员配票，同时填写手填的售票员结算单中各种车票的开窗张数及备用金配发数量。售票员确认后，开窗工作(同时车站值班员在 SCWS 应用管理程序上输入各种相关的数据)。

(2) 售票员当班期间在 BOM 上的所有操作均在系统中有相应的记录，这期间值班员给售票员追加车票及备用金在售票员结算单上手工填写(当出现车票或现金追加时售票员应及时在 SCWS 应用管理程序上做好记录)。

(3) 售票员关窗后，值班员与售票员共同清点车票及现金，并在售票员结算单上填写各票种的关窗张数及实收金额。然后值班员在票务管理工作站上将售票员结算单的内容输入计算机，售票员确认后(一经确认不能更改)，计算机根据输入的内容及 BOM 上的记录自动生成该售票员的 BOM 班次报告，计算出该售票员的应收和实收金额，并打印该班次报告,留车站保存。

(4) 每天运营结束后,车站值班员将当天的解行金额、当天钱箱的清点差额情况、团体票的售卖情况、代售点的售票情况输入票务管理工作站,利用计算机中保存的车站上日营收日报及当日的 TVM 收益情况,计算机自动生成车站当日的营收日报。

(5) 生成的营收日报上传到 LCC,票务室收益核对员根据车站上交的售票员结算单及 LCC 中的相关记录核对由车站上传的车站报表。如有问题,修改后在 LCC 上下发相应的通知(如补款通知书)。核对正确后,打印班次报告及相应的通知书。

(6) LCC 根据核对后的班次报告生成车站正确的营收日报,并下传给 SC。计算机将各站的营收日报自动汇总,生成总部、各条线的营收日报、钱箱差额日报等总部级报表。

3) 设备收益

(1) 每日运营前车站站务操作人员给 TVM 补充纸币、硬币和车票,补币补票完成后在车站工作站 SCWS 应用管理程序上录入对应的设备号和补币补票数量及金额。

(2) 每日运营结束后车站站务操作人员进行 TVM 进行清空清点及 AGM 更换票箱,操作完成后在车站工作站 SCWS 应用管理程序上录入对应的设备号和 TVM 清空清点票款数量金额及 AGM 车票回收数量。

(3) SCWS 应用管理程序根据 TVM 记录的售票、充值、钱箱更换等处理情况及自动售票机记录的充值信息自动生成车站当天的收益统计报表。

4) 备用金管理

车站值班站长在运营开始前将各 TVM、BOM 内所配的备用金输入 SCWS 应用管理程序;运营中将当天的钱箱清点情况、备用金的增减情况、车站站存备用金等数据输入 SCWS 应用管理程序,运营结束后,计算机根据已有的数据生成车站现金管理报表。运营中 SCWS 应用管理程序能提供查询即时情况的功能,便于车站值班站长工作交接。

8.3 票务清分结算

1) 清分结算体系

长沙磁浮快线初期阶段设置 3 个车站,与长沙轨道交通线路在长沙南站采用有障碍方式进行换乘,即乘客从磁浮线路换乘轨道交通线路需先从磁浮线路刷卡出站,再刷卡入站换乘至轨道线路,同样乘客从轨道交通线路换乘磁浮线路,需先刷卡从轨道线路出站,再刷卡入站换乘至磁浮线路。

长沙磁浮快线属于独立运营主体,未设立单独的 ACC 清算中心,ACC 系统利用长沙市轨道交通既有 ACC 系统,按照线路接入的方式接入长沙轨道交通 ACC 清算平台方式进行清分结算。ACC 系统负责制定 AFC 系统的运营模式、票务管理模式、票务管理流程、清分处理流程、票卡种类设置和定义、密钥管理、接口界面;完成各线交易数据的采集、分析和处理,进行运营收益(包括在降级运营模式下的运营收益)清分。

2) 清算内容

长沙磁浮快线可使用的票卡包括长沙磁浮快线自主发行的单程票、储值卡、异形卡、通勤卡、员工卡,长沙轨道交通发行的充值卡、异形卡,长沙公交 IC 卡,全国交通一卡通(交通联合卡)及 APP 电子虚拟票等。现有长沙轨道交通发行的单程票不能在磁浮线路使用。

长沙磁浮快线线路票务收益分四大部分:第一部分为现金收益,包括自动售票机现金购票、半自动售票机售卡工本费、现金更新、行政处理等;第二部分为卡扣收益,包括在磁浮使用的各种储值类卡片的卡扣购买单程票、卡扣更新、卡扣出闸;第三部分为储值类卡片退款,磁浮线路办理退款(包括即时退款、非即时退款)时,先行返还退款给乘客,后续由长沙轨道集团 ACC 清分中心将退款返还磁浮线路;第四部分为电子收益,包括自动售票机电子支付购票、半自动售票机电子支付更新和行政处理、APP 电子虚拟票刷闸等。现金收益无须清算,直接归属于长沙磁浮快线;卡扣收益、储值类卡片退款、电子收益由长沙轨道交通集团预收,经长沙市轨道交通 ACC 和 ITP 清算完成双方对账确认后返还长沙磁浮快线。

3) 对账方式

长沙磁浮快线单程票乘车消费收益归属磁浮公司所有,卡扣收益收入由长沙轨道交通清分中心与长沙公交、交通一卡通进行外部清算后,再按照线路方式进行清算,由长沙轨道交通 ACC 清分中心与长沙磁浮快线 LCC 线路中心进行相互对账。

电子收益由长沙轨道交通 ITP 平台与第三方支付平台进行外部清算后,再按照线路方式进行清算,由长沙轨道交通 ITP 平台与长沙磁浮快线 LCC 线路中心进行相互对账。

第 9 章

安全及质量管理

9.1 安全管理

长沙磁浮快线牢固树立安全发展观念,坚持"安全第一、预防为主、综合治理"的方针,由公司领导班子组织实施安全生产法律法规和有关安全生产决策部署,建立健全安全生产监督管理的责任保障体系,积极推进企业安全生产标准化建设,安全管理部门负责对各部门进行安全生产监管、监督,指导各部门开展安全生产工作,公司下属各部门承担安全生产的主体责任。

9.1.1 基础安全管理

公司严格落实"党政同责、一岗双责、齐抓共管、失职追责"的要求,建立健全安全生产工作协调机制,认真履行安全生产领导职责,及时协调解决安全生产工作中的困难和问题,完善安全制度,严格执行安全生产"五落实、五到位"要求,积极防范安全事故发生,努力形成齐抓共管的安全生产工作格局。

1) 安全生产组织架构

按照"集中领导,统一指挥"的原则,建立包含决策层、监督层、管理层、执行层等多层次的安全生产组织机构。安全生产组织机构如图9-1所示。

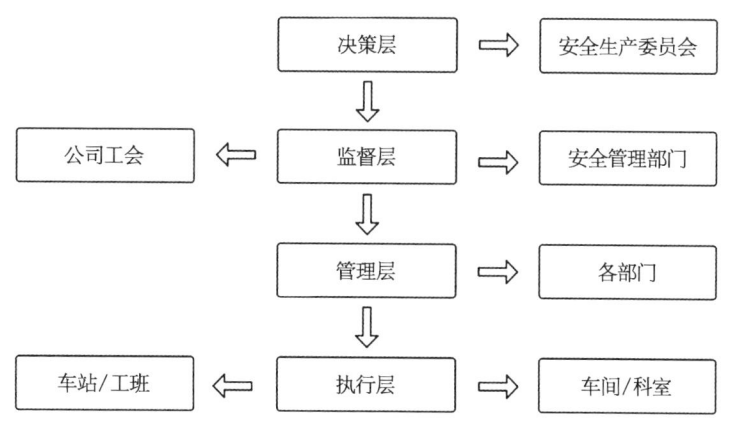

图9-1 公司安全生产组织机构

(1) 决策层。公司最高安全管理机构为安全生产委员会(以下简称安委会),安全生产委员会办公室设在安全管理部门。安全生产委员会组织架构组成如下:安委会主任由公司董事长担任；执行主任由总经理担任；常务副主任由公司分管安全副总经理担任；副主任由公司其他领导担任；办公室主任由公司安全管理部门负责人担任；安委会成员为各部门负责人。

（2）监督层。安全管理部门由公司总经理授权，在公司分管安全领导的指导下，对长沙磁浮快线安全工作实施综合监督管理，负责对公司生产安全、人身安全和消防安全等各项安全相关工作进行监督管理。

（3）管理层。公司各部门作为安全生产管理层，设置专职安全人员，负责本部门内的安全管理，同时需要配合公司安全管理部门开展各项安全生产工作。

（4）执行层。公司各部门下属各科室、车间负责本单位的安全管理，科室、车间下属的各工班（车站）设置兼职安全员，具体负责本班组安全管理。

2）事故管理

（1）事故定义。凡在长沙磁浮快线管辖范围内发生人员伤亡、设备损坏、经济损失、中断行车、火灾或其他危及运营安全的情况，均构成运营事故。由于不可抗力、社会治安等非磁浮责任原因产生后果的均不列入长沙磁浮快线运营事故（事件）统计范围。

（2）事故分类和处理。

① 按照安全生产事故（事件）损失及对生产造成的影响和危害程度，由重到轻依次分为特别重大事故、重大事故、较大事故、一般事故、险性事件、一般事件。

② 处理事故（事件）要以事实为依据，以国家法律、法规和公司规章制度为准绳，坚持"四不放过"的原则，认真调查分析，查明原因、分清责任、吸取教训、制定对策。对事故（事件）责任者，应根据事故（事件）性质和情节，予以批评教育、经济惩罚、行政处分直至追究法律责任。并根据事故（事件）性质、情节的严重性，按有关规定逐级追究责任。

（3）事故责任划分。

① 全部责任。负有事故损失及不良影响100%责任。

② 主要责任。负有事故损失及不良影响50%以上责任。

③ 同等责任。各方均负有事故损失及其不良影响的相同成分的责任。

④ 次要责任。负有事故损失及不良影响30%以上、50%以下责任。

⑤ 一定责任。负有事故损失及不良影响30%以下责任。

⑥ 管理责任。根据事故性质承担。

⑦ 领导责任。根据事故性质承担。

（4）事故折算方系数：一起险性A级安全事件系数为0.8（件）一般事故；一起险性B级安全事件系数为0.7（件）一般事故；一起Ⅰ级一般安全事件系数为0.6（件）一般事故；一起Ⅱ级一般安全事件系数为0.5（件）一般事故；一起事件苗头系数为0.3（件）一般事故。

（5）事故汇报流程。发生事故要第一时间汇报，各部门要确保以"先通后复"的原则进行处理,事故处理严格按照"四不放过"执行,事故后的防范措施要落实到位。事故报告流程如图 9-2 所示。

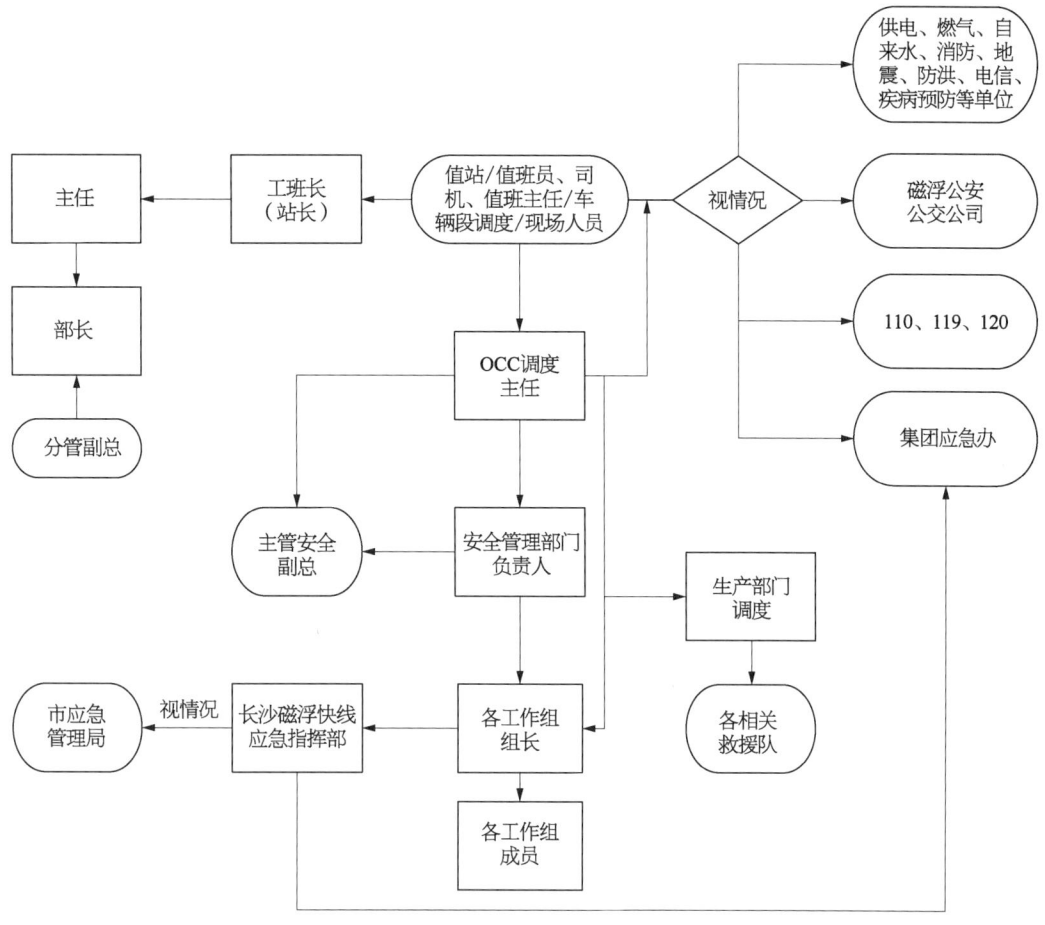

图 9-2 事故报告流程

3) 安全会议

为了及时了解和掌握各时期的安全生产情况,协调和处理公司生产组织过程中存在的安全问题,消除事故隐患、确保安全生产,长沙磁浮快线各部门按照相关规定召开以下安全会议。各类公司级安全会议分类见表 9-1。

表 9-1 安全会议分类

名称	召开时间	内容
安全生产委员会会议	全年不少于 2 次	传达学习有关安全生产工作的文件、分析安全工作存在的问题、提出安全工作目标、分析公司的发生安全生产事故、研究的重大安全生产问题等

(续表)

名 称	召开时间	内 容
月度安全、质量分析会	每月 1 次	传达学习有关安全生产工作的文件,落实有关安全生产管理工作指示,通报分析本行业安全情况,汇报月度安全生产情况总结,汇报月度技术、质量管理工作,并对列车服务可靠度、设备质量问题进行分析,汇报科研技改项目进展情况提出下月工作计划、研究解决问题等
安全生产专题会议	根据情况临时召开	安全工作的重大事故事件调查情况分析原因、落实责任、制定整改措施、讨论审议搞好专项安全生产的办法和措施等

4) 安全教育

(1) 安全教育分类。安全教育可分为岗前安全教育培训(三级安全教育)、调岗、复工安全教育培训、日常安全教育培训四大类。

(2) 三级安全教育。公司所有员工应当接受安全教育培训;公司领导及各部门主要负责人和专职安全生产管理人员初次安全培训时间不得少于 32 学时,每年再培训时间不得少于 12 学时;生产部门新上岗的从业人员,岗前培训时间不得少于 24 学时,每年接受再培训的时间不得少于 20 学时;职能部门新上岗人员初次安全培训时间不得少于 16 学时,每年接受再培训的时间不少于 12 学时;长时间休假(含产假、孕期假、病假等)未达到复工安全培训要求的员工,根据休假时长折算每年安全再培训学时。安全培训相关要求见表 9－2。

表 9－2 三级安全教育分解

级 别	实施部门	教育时间/学时
一	公司组织	8
二	各部门	二、三级安全教育课时相加不少于 16
三	车间/室/班组	

注:各级安全考试合格分数线为 90 分(满分 100 分)。

5) 安全劳动防护用品管理

(1) 特种劳保用品有安全帽、过滤式防毒面具、长管面具、自给式安全立网、安全网、保护足趾安全鞋、阻燃防护服、防酸碱服、防静电工作服、有色眼镜、防酸碱手套、绝缘手套、绝缘靴、绝缘鞋。

(2) 特种劳保用品应具有产品合格证、安全标志(LA 标志),取得特种劳保用品安全标志的产品应在产品的明显位置加施特种劳保用品安全标志标识,标识加施应牢固耐用。

（3）劳保用品应有制造厂名、分类标记、制造日期或生产批号、有效使用期限等标志。特种劳保用品应附带产品使用说明书。

（4）员工应按照劳保用品的使用规则和防护要求，正确使用劳保用品。劳保用品的规范使用如图9-3所示。

（5）特种劳保用品（特种是安全带、安全帽、绝缘用品、防毒用品）在使用前要仔细进行外观检查。若发现疑点应暂停使用和及时报告，用人单位负责调剂以保障生产。

图9-3　规范使用劳保用品

（6）对绝缘手套，使用人员应先对手套进行外观和气密性检查，检查无异常方可使用；发现异常，及时报废。

安全劳动防护用品检测周期见表9-3。

表9-3　安全劳动防护用品检测周期

项目	安全劳动防护用品				
	绝缘手套	绝缘靴	绝缘杆	验电器	接地线
检测周期	6个月	6个月	1年	1年	2年

（7）安全帽的使用期从产品制造完成之日起计算，植物枝条编织帽不超过2年，塑料帽、纸胶帽不超过2.5年，玻璃钢（维纶钢）橡胶帽不超过3.5年，安全带使用期一般为3年，发现异常应提前报废。

6）职业健康管理

职业病是指企业、事业单位和个体经济组织等用人单位的劳动者在职业活动中，因接触粉尘、放射性物质和其他有毒、有害因素而引起的疾病。

（1）用人单位应当为劳动者提供符合国家职业卫生标准的职业病防护用品，并督促、指导劳动者按照使用规则正确佩戴、使用。

（2）劳保用品穿戴齐，职业健康须谨记；正确使用会保管，保障生产保安全。

（3）对从事接触职业病危害因素的员工，应当按照规定组织上岗前、在岗期间和离岗时的职业健康检查。

（4）产生职业病危害的工作场所，应当在工作场所入口处及产生职业病危害的作业岗位或设备附近的醒目位置设置警示标识，警示标识的规格要求等按照《工作场所职业病危害警示标识》(GBZ 158—2003)执行，如图9-4所示。

作业可能产生粉尘,对人体有害,请注意防护		
粉尘 (dust)	健康危害	理化特性
	粉尘能通过呼吸、吞咽、皮肤、眼睛或直接接触进入人体,其中呼吸系统为主要途径。长期接触或吸入高浓度的生产性粉尘,可引起尘肺、呼吸系统及皮肤肿瘤和局部刺激作用引发的病变等病症	粉尘是指悬浮在空气中的固体微粒。在一定的温度、湿度和密度下,可能会造成爆炸
 注意防尘	应急处理	
	定期体检,早期诊断,早期治疗。发现身体状况异常时要及时去医院检查治疗	
	防护措施	
	采取湿式作业、密闭尘源、通风除尘,对除尘设施定期维护和检修,确保除尘设施运转正常,加强个体防护,接触粉尘从业人员应穿戴工作服、工作帽,减少身体暴露部位,根据粉尘性质,佩戴多种防尘口罩,以防止粉尘从呼吸道进入,造成危害	
急救电话:120		火警电话:119

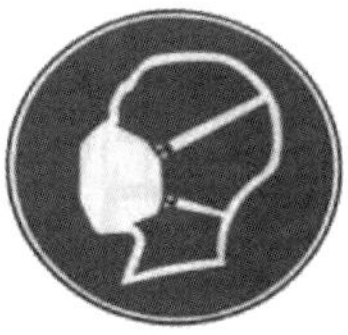

图 9-4 职业病危害告知卡

9.1.2 风险分级管控及隐患排查治理

1) 安全风险分级管控

安全风险分级管控是对中低速磁浮运营过程中存在的安全生产风险点进行辨识、评估,确定风险等级,采取相应管控措施,实施风险动态管理的活动。

2) 安全风险分类

基于长沙磁浮快线技术特点和行业经验,运营安全风险按照业务板块分为设施监测养护、设备运行维修、行车组织、客运组织、运行环境等。

(1) 设施监测养护类风险。桥梁、隧道、轨道、路基、车站、控制中心和车辆基地等方面的风险。

(2) 设备运行维修类风险。车辆、供电、通信、信号、机电等方面的风险。

(3) 行车组织类风险。调度指挥、列车运行、行车作业、施工管理等方面的风险。

(4) 客运组织类风险。车站作业、客流疏导、乘客行为等方面的风险。

(5) 运行环境类风险。生产环境、自然环境、保护区环境、社会环境等方面的风险。

3) 安全风险等级

运营安全风险等级从高到低划分为重大、较大、一般、较小四个等级,风险等级由风险点发生风险事件可能性和后果严重程度的组合决定。

4) 安全风险管理工作认知

安全风险管理是研究风险发生规律和风险控制技术的一门科学,具有前瞻性、目标性、计划性、经济性和管理性等特点。长沙磁浮快线运营风险管理一般包括风险辨识、风险评估、风险分级管控、风险控制四个方面。

(1) 风险辨识。风险辨识一般根据风险分析人员的个人经验、历史数据,并结合专家调查等方法进行;具体实践中,可以按照事故类别从人、机、环、管四方面查找危险源。如从行车事故、非行车事故、职业伤害、火灾、恐怖事件、治安事件、自然灾害、交通事故等事故事件类型入手,限定于具体的事故事件,明确存在的区域、涉及的活动范围和设备设施、风险源的管理单位等,将上述内容填入风险源识别评价表以形成汇总评审表。风险源查找的递交流程可自下而上进行。

(2) 风险评估。

① 风险评估是对辨识出的风险,根据一定方法评估其风险率、发生概率及后果程度等。

② 风险评估一般采用风险矩阵图法来评估风险源,以经验和知识为基础对查找出的危险源分别评估其发生的概率和可能产生的严重程度。但在风险评估工作中,往往存在着一种风险源可能产生一种或几种事故(故障)的可能性,同时这些可能产生的事故(故障)会导致不同程度的危害。此时就要将各种可能发生的事故(故障)的情况按照危害程度从大往小排列,分别进行研究和改进。对各项风险源应分别进行评估,排列等级,制定相应措施。

(3) 风险分级管控。按照风险层级管控要求建立公司、部门、车间(室)、班组(车站)四级风险监控管理网络,实现对风险的动态监控、有效监控,重点加强对重大、较大风险的管控。

① 重大风险。控制级别为公司级,列本部门责任的风险管控措施由本部门负责组织实施,跨部门的主动协调实施,第一责任人为公司分管领导,由公司负责风险管控措施的审批发布。

② 较大风险。控制级别为部门级,由部门负责风险管控措施的实施和审批发布,第一责任人为部门负责人。

③ 一般风险。控制级别为车间/室级,由车间/室负责风险管控措施的实施和方案的审核发布,第一责任人为车间/室负责人。

④ 较小风险。控制级别为班组/车站级,由班组/车站负责风险管控措施的实施和日常管理,第一责任人为工班长/站长。

(4) 风险控制。对重大风险须编制监控方案和专项应急措施,并对重大风险影响区域的相关人员组织开展安全防范、应急逃生避险和应急处置等的宣传、培训和演练;重大风险管控失效发生运营险性事件的,应急处置和调查处理后,应及时对相关工作进行评估总结,管控措施进行完善改进。

5) 风险隐患排查治理

(1) 隐患排查内容。隐患排查治理是对运营过程中人的不安全行为、物的不安全状态、环境的不安全因素、管理上的缺陷导致的风险管控措施弱化、失效、缺失等,进行排查、评估、整改、消除的闭环管理活动。

(2) 事故隐患等级。隐患分为重大隐患和一般隐患两个等级。重大隐患是指在运输生产中可能直接导致安全生产事故或列车脱轨、列车冲突、列车撞击、列车挤岔、火灾、桥隧结构坍塌、车站和轨行区淹水倒灌、大面积停电、客流踩踏等运营险性事件发生的隐患,一般具有危害和治理难度大、易造成全线/区段停运或封闭车站、关键设施设备长时间停止运行、需要较长时间治理方能排除、本单位自身难以排除等特点。一般隐患是指除重大隐患外,其他可能影响运营安全的隐患,一般具有危害或治理难度较小、能够快速消除等特点。

(3) 隐患排查方式。隐患排查包括日常排查、专项排查等方式。日常排查是指结合班组、岗位日常工作组织开展的经常性隐患排查,排查范围应覆盖日常生产作业环节,每周应不少于1次。专项排查是公司在一定范围、领域组织开展的针对特定隐患的排查,可与公司专项检查、安全评估、季节性和关键时期检查等工作结合开展。遇到以下情况之一的,应开展专项排查:

① 关键设施设备更新改造。

② 以防汛、防火、防寒等为重点的季节性隐患排查;重要节假日、重大活动等关键运输节点前。

③ 重点施工作业进行期间。

④ 发生重大故障或运营险性事件。

⑤ 根据政府或有关管理部门安全部署。

⑥ 需开展专项排查的其他情况。

(4) 隐患排查处理。隐患排查过程中,对于重大隐患,全部或者局部停产停业整顿,相关部门及时向安全管理部门报告隐患的地点、现状、产生初步原因、隐患的危害程度,并制定实施重大隐患治理方案(内容包括治理目标和任务、采取的方法和措施、经费和物资的落实、负责治理的机构和人员、治理的时限和要求、安全措施和应急预案),安全管理部门及时向上级安全监管监察部门和有关部门报告备案,做到整改措施、责任、资金、时限和预案"五到位"。

① 对于排查出的一般隐患,立即组织消除,并加强源头治理,避免问题重复发生;无法立即消除的隐患,应分阶段细化整治措施,未整改完毕前应制定可靠的安全控制和防范措施。

② 一般隐患整改完成后,由部门负责人或相关专业技术人员复核确认销号。

③ 对于治理难度大、影响范围广、危险程度高、涉及部门多、难以协调整治的重大隐患,安全管理部门及时向交通运营主管部门报告协调解决。

④ 建立隐患排查治理工作台账,记录隐患排查治理情况,内容至少包括隐患内容、排查人员、排查时间、隐患等级、主要治理措施、责任人、治理期限、治理结果、未能立即消除时的临时措施等。

9.1.3 应急管理

坚持"以人为本、安全第一、先通后复"的原则,在区间或车站发生影响行车的突发事件造成关站,通过开展相关应急处置,由专业人员确认接触轨设备恢复供电、线路设备具备列车通行(含限速)、线路出清(人员已避让至安全区域)、通信设备可维持基本通信的条件后报告行调,车站确认站台区域出清且无异物侵限后报告行调,由行调解除封锁的线路,并发布恢复列车运行的命令;在恢复列车运行的基础上,通过进一步开展相关应急处置,使故障消除或事态得到有效控制后,在满足乘客安全的条件下,车站可局部恢复运营。现场处置工作完毕后,应急终止遵循"谁启动、谁终止"原则。

1) 风险严重程度分析(表9-4)

表9-4 风险严重程度分析

突发事故事件	序号	事件类别	场所(部位)	安全风险	后果	影响范围
事故事件灾难	1	车辆系统	列车车辆的牵引系统、制动系统、悬浮系统等部位和工程车等影响行车的系统	车辆设计或制造的缺陷,车辆检修不到位,车辆设备故障,车辆设备部件脱落、老化等	列车超速运行、错开车门、开门走车、夹人夹物走车;列车撞击、追尾、冒进信号;车辆制动系统失灵、悬挂装置脱落;供电事件等	运营车站、区间、车辆段、列车内
	2	工建系统	轨排、道岔、感应板、路基、线路附属设备等工务专业设备和建筑装饰等桥隧房建专业设备	线路建造缺陷、线路设备检修不到位等原因造成F轨断裂、轨距误差、路基坍塌、感应板超限、桥梁结构变形等后果影响运营	列车脱轨,桥梁结构严重变形、坍塌,路基塌陷,运营中断,机械伤害等	运营车站、区间、车辆段
	3	供电系统	变电所变压器、开关柜、电缆等变电专业设备和接触轨;PSCADA系统作业工具等接触轨专业设备	检修不到位或设备质量原因造成供电故障或引发火灾;供电系统检修作业过程中违反作业规程造成触电伤亡	大面积停电、运营中断、触电、火灾等	运营车站、区间、车辆段、主变电所

(续表)

突发事故事件	序号	事件类别	场所(部位)	安全风险	后果	影响范围
事故事件灾难	4	机电系统	电扶梯、站台门等专业设备和通风系统、动力照明系统、给排水系统、消防系统等专业设备	机电设备检修不到位或设备质量原因造成乘客被困或伤亡、无法提供正常的客运服务条件、影响列车正常运行	乘客伤害、触电、窒息、透水、运营中断等	运营车站、区间、车辆段
	5	通信信号系统	无线、通信等通信专业设备和联锁、车载、轨旁、列车自动监控等通信、信号专业设备	通信设备因检修不到位或设备故障原因影响运营信息的传递,信号设备故障下采用降级运营,可能导致运营晚点、中断、行车事件等	大面积晚点、运营中断、列车追尾、冒进信号等	运营车站、区间、车辆段、列车内
	6	仓储	仓库、储物间	仓库及储物间内用电、消防风险,油脂的储存及使用风险等	人员伤亡、火灾、触电等	车站、仓库、车辆段
	7	运营服务场所	危险品、消防隐患	乘客违规携带的危险品进站乘车、火灾及消防联动设备失效	火灾、爆炸等	运营车站、列车内
	8	人为因素	施工作业、人员违章操作、人员误操作	施工人员违反施工管理规定进行施工作业;人员在操作设备时违反规章制度或因疏忽出现误操作	人身伤亡,设备损坏,错办进路,错发调度命令,未确认信号、道岔、进路动车,列车超速运行,错开车门,开门走车,夹人夹物走车等	运营车站、区间、车辆段
	9	运营沿线	保护区、过江桥梁、车站、区间所周边涉外施工作业或交通运输	保护区内涉外交叉施工作业、放风筝和飞行器、车辆船只撞击桥墩	人员伤亡、设备损坏、运营/行车中断等	车站及保护区
	10	自然灾害	台风、大雪、冰冻、暴雨、高温、山体滑坡、地震等特殊气象及自然灾害	地震、台风、大雪、冰冻、暴雨、高温等恶劣天气损坏磁浮设施,影响列车正常运行	车站淹水倒灌,导致车站公共区积水浸泡、供电设备故障、人员伤亡和重大经济损失	运营车站、区间、车辆段
	11	公共卫生	公共卫生有关的各种场所与载体,如集体食堂、携带传染病毒的人或人群	由于公共卫生隐患带来的风险	群体性传染病、食物中毒、职业危害等	运营车站、区间、车辆段
	12	社会安全	运营场所进行危害社会安全活动的人或社会组织等	因打架斗殴、参与非法组织活动、三人以上聚集上访、游行等行为带来的风险;恐怖袭击事件带来的风险	磁浮声誉损失、危及社会稳定、人员伤亡和重大经济损失等	运营车站、区间、车辆段

2）领导机构及职责

(1) 长沙磁浮快线应急委员会。由董事长担任主任,总经理任执行主任,分管安全副总经理任常务副主任,各部门负责人担任组员。

长沙磁浮快线应急委员会下设应急办公室,应急办公室是长沙磁浮快线应急委员会的日常办事机构,设在长沙磁浮快线安全管理部门,应急办公室主任由安全管理部门负责人担任。应急组织架构如图9-5所示。

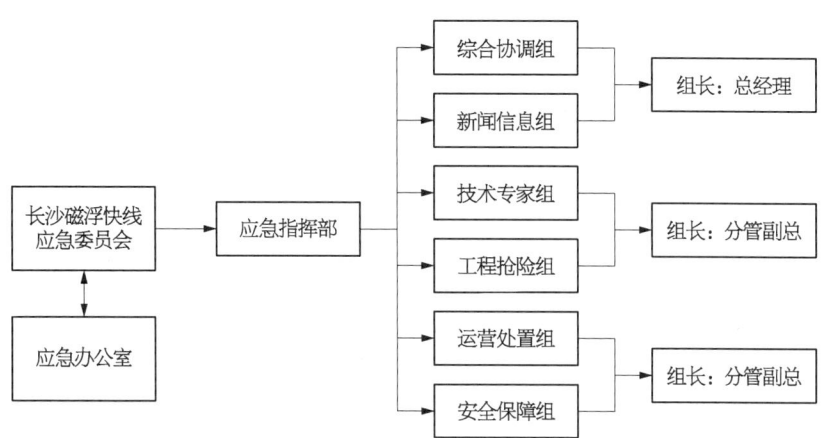

图9-5 长沙磁浮快线运营突发事件应急组织架构体系

(2) 长沙磁浮快线应急委员会主要职责。

① 贯彻执行国家、省、市、集团公司有关应急工作的法律、法规、政策和规定。

② 研究确定长沙磁浮快线突发事件应急预防、应急处置等应急管理工作的重大决策和指导意见(包括组建长沙磁浮快线应急指挥部)。

③ 组织审定长沙磁浮快线突发事件应急预案。

④ 督促、检查长沙磁浮快线突发事件应急管理工作落实,负责相关科研、宣传、教育工作。

⑤ 指导、监督各部门应急体系建设及突发事件应急管理工作。

⑥ 组织长沙磁浮快线级突发事件的应急救援演练。

⑦ 分析总结年度、季度长沙磁浮快线应对突发事件的工作。

⑧ 承担国家、省、市、集团公司等上级领导、机构安排的其他应急工作。

(3) 长沙磁浮快线应急办公室主要职责。

① 负责公司日常应急管理工作。

② 负责监督、指导各部门搭建和完善应急体系、预案。

③ 落实应急委员会相关宣教工作及各项工作部署。

④ 检查各部门应急工作落实情况,迎接上级单位检查。

⑤ 制定年度演练计划并按计划落实演练工作，督促各部门对应急工作中存在的问题进行整改。

(4) 应急委员会成员。各部门根据部门职能承担相应应急工作职责。

3) 指挥机构及职责

(1) 长沙磁浮快线应急指挥部。在处置Ⅳ-2级及以上运营突发事件时，成立长沙磁浮快线突发事件应急救援指挥部（以下简称"长沙磁浮快线应急指挥部"），长沙磁浮快线应急指挥部办公室设在OCC。

(2) 长沙磁浮快线应急指挥部组成。由董事长担任总指挥，总经理任执行总指挥，分管安全副总经理任常务副总指挥，各部门负责人担任组员。同时任命最先到达现场的相关专业部门最高级别人员担任现场专业总指挥，待相关专业部门主管领导到达现场后自动向其移交指挥权。

(3) 长沙磁浮快线应急指挥部主要职责。

① 研究确定长沙磁浮快线应对突发事件的决策和部署，随时向上级请示和报告。

② 决定实施和终止应急预案。

③ 组织、指挥、处置突发事件，控制突发事件的蔓延和扩大。

④ 当Ⅳ级及以上应急处置启动时，协调与集团公司在应对突发事件中的工作关系。

⑤ 部署、协助突发事件的调查处理。

(4) 应急工作组。长沙磁浮快线应急指挥部下设综合协调组、工程抢险组、运营处置组、安全保障组、技术专家组、新闻信息组六个应急工作组。当发生Ⅳ级及以上突发事件，集团公司启动"长沙市轨道交通集团有限公司突发事件综合应急预案"时，长沙磁浮快线各应急工作组组长（公司分管领导）对接集团公司相应应急工作组，做好对接工作，并服从其指挥调配。运营突发事件应急处置流程如图9-6所示。

① 综合协调组主要职责。

a. 了解、收集和上传下达有关信息，联络上级有关部门和单位，协调各应急工作组和各方面的应急处置工作。

b. 负责资金、后勤保障，提供救援抢险所需的交通工具，组织调配抢险机械、设备、材料等及时运输至现场等工作。

c. 按照积极、周到、合理、妥善的原则，做好伤员陪送治疗、慰问和家属通信联系、食宿、交通安排等工作。

② 工程抢险组（根据需要设置）主要职责。

a. 负责组织和指挥工程突发事件的现场设备设施的应急抢险救援工作。

b. 负责调集施工单位队伍组织抢险，并提供工程抢险所需的交通工具，将工程抢险机械、设备、材料等及时调运到现场。

c. 负责监测事件影响区域建（构）筑物、管线、支撑（加固）结构和地面的稳定性。

③ 运营处置组主要职责。

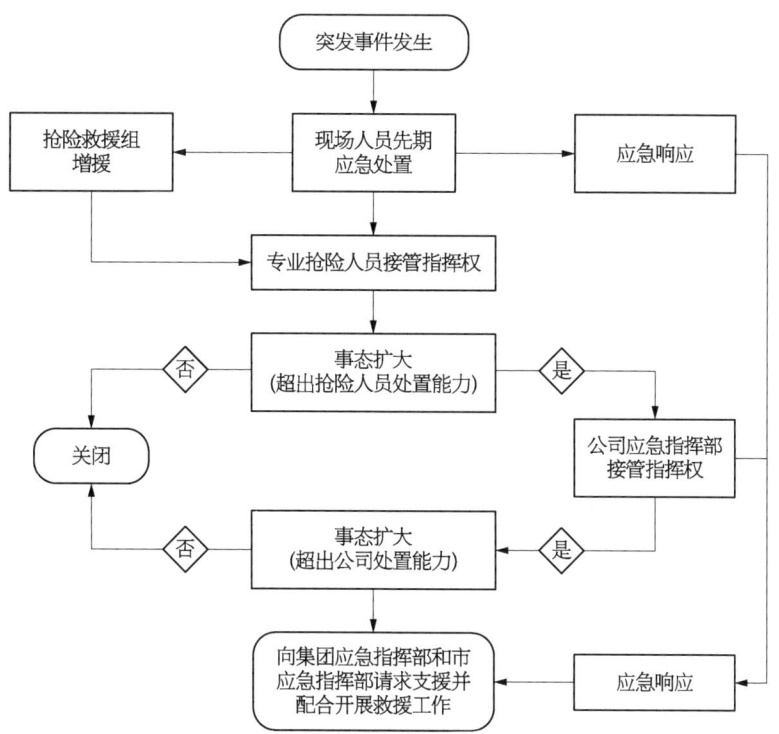

图 9-6 运营突发事件应急处置流程

a. 负责事件现场指挥工作。

b. 及时制定客运应急方案,根据情况及时组织关站及退票等工作,妥善安置伤亡乘客处理乘客劝解工作。

c. 在中断运营区段实施公交接驳时,指挥、协助车站做好客流引导工作。

d. 负责与市医疗救护中心联系,做好受伤人员、中毒人员的紧急输送和救护工作,以及伤亡人员的善后工作。

④ 安全保障组主要职责。

a. 组织保安及有关人员对事件现场进行警戒、控制,对现场应急抢险人员的安全进行监护。

b. 对执行各项应急预案过程进行协调。

c. 负责事件现场的保护,开展调查、取证等工作。

d. 监督检查各部门抢险人员应急响应情况。

⑤ 技术专家组主要职责。

a. 对应急准备工作中的重大问题进行研究,提供建议。

b. 编制应急技术和信息资料。

c. 组织制定应急救援技术方案,开展工程结构安全性评估,根据监测结果等评估事态发展,为抢险救援等工作提供技术支持。

d. 负责配合有关单位对有毒有害物质的检测。

⑥ 新闻信息组主要职责。

a. 在集团宣传归口部门领导下做好事件和应急抢险情况的新闻报道组织、稿件送审、舆情应对等工作,为公司新闻发言人提供支持工作。

b. 事件第一现场接待新闻媒体记者,全程跟踪媒体报道,负责收集现场影像资料。

c. 负责长沙磁浮快线服务热线的乘客解答工作。

d. 监察各应急工作组应急响应情况。

4) 应急抢险队

按照"统一指挥、快速反应、各司其职、配合协同、以人为本、减少危害"的原则,长沙磁浮快线成立客运、车辆和设备三个应急抢险队。应急抢险队长、副队长为车间主任和主管安全副主任或指定人员,队员为各专业技术人员和当班员工。

各部门应急队伍按照"长沙磁浮快线应急队伍清单"填写并提报安全管理部门备案,当应急救援队伍名单有更新时,应及时向安全管理部门报备。各职能部门应设专人负责本部门的应急工作。

5) 应急物资管理

公司各生产部门应按照分类管理、分级负责的原则,做好应急物资管理工作。

(1) 定标准,并按照物资管理规定和标准配备要求及时申购。

(2) 定责任人,按照分类管理、分级负责的原则,做好应急物资管理工作。

(3) 定期检查,确保应急投用前技术状态完好。

(4) 定期报备,每月定期将应急物资的损耗等状态情况向安全管理部门报备。

(5) 定点存放,应急物资应按要求存放于指定地点,严禁在非法应急情况下使用应急物资。

6) 宣传管理

对外宣传坚持归口管理的原则,不得擅自发布相关信息。

运营突发事件应急处置工作基本完成,次生、衍生灾害隐患和事件危害基本消除,应急工作即告结束。需通过广播、电视、报刊、网络等媒体向社会发布的,由归口部门与OCC将事件相关情况以文字形式报送经长沙磁浮快线应急指挥部执行总指挥/总指挥审核后,提交至集团党群工作部发布。

9.1.4 安全保护区管理

磁浮列车 8 mm 的贴地飞行对线路的精度要求极高,桥墩轻微偏移或沉降都会影响到长沙磁浮快线的安全运营,因此严格管控涉外施工对长沙磁浮快线运营安全十分重要。且长沙磁浮快线全线均为地上高架及低置路基敷设,沿线既有、规划及新增道路和管线众多,上跨、下穿及平行形式多样,为规范沿线安全保护区涉外施工,确保运营安全,杜绝安全事故的发生,编制了《长沙磁浮快线安全保护区涉外施工管理办法》。

1) 安全保护区范围

地面车站和高架车站,以及线路轨道结构外边线外侧 30 m 内;出入口、通风亭、冷却塔、变电站、垂直电梯等建(构)筑物外边线和控制中心、车辆基地用地范围外侧 10 m 内。

2) 安全保护区涉外施工内容

(1) 跨越、穿越长沙磁浮快线的铁路(含城市轨道交通)、道路、桥梁、人行过道、管道、渡槽和电力、通信、油气管线、地下轨道及其他隐蔽工程等设施。

(2) 在长沙磁浮快线上方、下方(含地下)的工业、民用等设备设施,以及河道改造、沟渠开挖、堤坝砌筑等地方和铁路有关工程。

(3) 临近长沙磁浮快线且在其用地地界内或保护区内修建的铁路(含城市轨道交通)、道路、桥梁、人行过道、各类管道、渡槽和电力、通信、油气管线、地下轨道及其他隐蔽工程等设施,安装的工业、民用等设施设备,以及河道改造、沟渠开挖、堤坝砌筑等地方或铁路有关工程。

(4) 在规定的安全区域内实施爆破作业,在线路隐蔽工程(含通信、信号、电力电缆径路及涵洞等)上方作业,施工或作业可能影响长沙磁浮快线桥梁、路基、轨道及房屋、杆塔等设施稳定,或因施工机具设备振动、倒塌、旋转、运行等可能影响长沙磁浮快线设备设施及运营安全的地方或铁路有关工程。

(5) 其他可能影响长沙磁浮快线设备设施稳定、正常使用和行车安全的地方或铁路有关工程等。

3) 制度及程序管理

(1) 制度依据。长沙磁浮快线安全保护区涉外施工管理制度是依据《长沙市城市轨道交通管理条例》等法律法规编制而成,涵盖正线(含路基、桥梁、隧道和轨行区)、车站(含出入口、通道广场、通风亭和冷却塔)、车辆段(含办公及附属建筑)、变电站、"四电"(通信、信号、电力和电气化工程)和供水等设备设施及其他附属设施(含金属栅栏、边界标志)的涉外施工管理要求。

(2) 程序管理。

① 需在安全保护区范围内进行涉外施工的工程项目,工程项目建设单位事先必须向长沙磁浮快线书面提交有相应资质的专业机构出具的该工程项目对长沙磁浮快线运营安全影响评估申请文件,征求长沙磁浮快线意见,并给予书面答复后,再报有关行政主管部门审批。涉外工程安全影响评估申请文件包括:

a. 安全影响评估审查申请。

b. 建设项目立项批准文件。

c. 涉外施工单位相关资质和相应负责人身份证明文件。

d. 总平面图(1∶500 地形图上标出与长沙磁浮快线的平面位置关系)。

e. 长沙磁浮快线交通控制保护设计专篇(含长沙磁浮快线设备设施保护方案设

计图)。

　　f. 长沙磁浮快线运营安全影响评估报告,对运营安全有较大影响的,还应当通过专家审查论证。

　　g. 其他需要说明的与长沙磁浮快线有关的资料。

　　② 经有关行政主管部门批准,确需在安全保护区内进行涉外施工作业的工程项目,工程项目建设单位应向长沙磁浮快线书面提交涉外工程专项施工方案申请文件,在征得长沙磁浮快线书面同意并依法办理有关行政许可手续。工程项目建设单位应当将经批准的涉外工程专项施工方案申请文件报市交通行政主管部门等相关部门备案。涉外工程专项施工方案申请文件包括:

　　a. 专项施工方案审查申请。

　　b. 保护区涉外施工安全影响评估申请文件审查表。

　　c. 有关行政主管部门关于工程项目建设的审批意见。

　　d. 涉外工程监理、施工和第三方监测单位相关资质和相应负责人身份证明文件。

　　e. 施工图设计总平面图(1∶500 地形图上标出与长沙磁浮快线的平面位置关系)。

　　f. 施工图设计关于长沙磁浮快线控制保护设计专篇及电子版(含长沙磁浮快线设备设施保护方案设计图)。

　　g. 专项施工方案(包括监测方案),对长沙磁浮快线运营安全有较大影响的,还应当通过专家审查论证。

　　h. 其他需要说明的与长沙磁浮快线有关的资料。

　　③ 涉外工程专项施工方案申请批复同意并报相关部门备案后,工程项目建设单位须及时办理完善下列手续后,方可在安全保护区进行施工作业:签订涉外工程安全文明施工协议书;审核涉外施工许可单审核表及涉外施工周计划;办理涉外施工许可单。

　　对影响运营秩序和运营安全的涉外施工应安排在非运营时间,由工程项目建设单位协调作业时间后向长沙磁浮快线报批行车施工周计划,再根据长沙磁浮快线发布的施工行车通告和签发的施工作业令等有关要求施工。

　　④ 涉外工程项目在安全保护区施工基本完成,已无须使用大型机械设备施工的,工程项目建设单位可向长沙磁浮快线提交涉外工程无大型机械设备施工确认单,长沙磁浮快线相关部门进行现场确认,确认无误后,可停止施工计划上报。

　　⑤ 涉外工程项目施工结束后,由工程项目建设单位向长沙磁浮快线提出书面申请,长沙磁浮快线相关部门进行现场验收(设备设施、限高和防撞措施、绿化和路面恢复等查验),验收通过后,工程项目建设单位可凭涉外工程验收单、涉外工程施工保证金返还申请表及涉外施工单位扣款情况说明返还剩余施工保证金。

　　⑥ 涉外工程项目验收合格后,如还需到保护区内进行施工、维保作业的,必须重新向长沙磁浮快线报备。

　　(3) 过程控制管理。涉外施工单位在安全保护区从事施工作业全过程必须接受长沙磁浮快线的监督和检查，必要时需安排人员蹲点值守，若发生违规施工行为须及时制止和纠正，否则由长沙磁浮快线根据相关条例出具整改通知书或考核要求其整改，在未达到长沙磁浮快线要求前不得开工。

① 日常巡查。长沙磁浮快线派遣相关人员对安全保护区沿线进行定期巡查（重点区域必要时须设置固定岗），发现异常情况及时上报安全管理部门，巡查内容包括安全保护区内设备设施、基础结构是否正常、有无施工单位作业等。

巡线保安人员每天（24 h）巡查次数不少于 4 次，并必须留有相应的巡查记录备查；磁浮执法中队也必须对保护区沿线进行定期巡查执法，并做好相关记录备查。

长沙磁浮快线工程技术联络组成员部门，每周对保护区沿线巡视不少于 1 次，并建立巡视相关台账。设备管理部在执行相关巡道时还需查看保护区正线安全状态。

属地管理部门建立属地保护区的巡查制度，明确巡查内容、次数和记录，每天（24 h）巡视次数不少于 1 次。

如遇特殊时期和重点涉外工程项目时，编制执行涉外施工安全值守方案。

② 专项检查。长沙磁浮快线成立专项检查组，每月对安全保护区设施及施工开展专项检查，检查内容有下桥点、防护栅栏、涉外施工单位是否存在违法违规施工等情况，沿线施工单位的大型机械作业、三员值守、深基坑开挖、桥面防护措施、磁浮桥墩施工区域防撞措施、物料堆放区消防措施等对长沙磁浮快线运营安全影响的情况。

③ 安全教育。对项目施工相关负责人进行长沙磁浮快线施工负责人培训考核取证，让其熟悉长沙磁浮快线涉外施工相关规章制度、磁浮轨道结构及列车运行原理等，使涉外施工单位优化施工方案，更好地指导现场施工和规范施工请、销点管理。

召开月安全宣贯、周问题分析及工程调度等会议，宣贯近期施工安全注意事项、事故事件案例及法律法规等，协调解决现场问题及进度安排等方面工作。

(4) 管控方式。

① 营造环境。在长沙磁浮快线沿线保护区域通过"进村镇社区、访企业单位"的形式发放宣传册、张贴通告和广播等手段，宣传磁浮保护区安全的重要性及相关法规条例，带动大家共同监督维护长沙磁浮快线的安全运营。

② 巡查覆盖。通过公司归口管理部门及巡线保安对长沙磁浮快线沿线采用多种形式的检查方式，形成全天候全覆盖式的巡查模式。

③ 主动服务。建立长沙磁浮快线涉外施工联络机制，搭建项目沟通交流桥梁。定期召开全线涉外施工单位安全宣贯会议，强调近期施工安全注意事项、事故事件案例及法律法规等。针对危险性较大的工序施工项目，实行周工程调度会、日施工对接会，建立微信沟通群，及时掌握施工动态，协调解决现场问题，顺利推进项目进程。

9.1.5 承包商管理

承包商是指承担长沙磁浮快线工程项目和其他外包项目的非长沙磁浮快线所属的单

位,包括租赁长沙磁浮快线设备/场所的单位、设备设施(含软件系统)委外维保单位、设备设施临管单位、改扩建工程单位。

归口管理部门是指以部门职责或专业分工为基准对所辖范围内的承包商进行管理的长沙磁浮快线内部部门。

1) 安全管理基本要求

所有承包商必须签订安全生产协议书,严禁未签订安全协议的承包商进入长沙磁浮快线范围内进行作业。

承包商必须遵守国家法规、行业标准及长沙磁浮快线规章制度,服从长沙磁浮快线的安全监督管理。

承包商对作业中所发生事故、影响运营安全和服务的事件负责,并接受长沙磁浮快线的处罚。

承包商应建立健全安全生产组织机构,必须明确法人或项目经理为所承包项目的安全生产第一责任人,建立安全网络体系,并按照从业人数的2‰配备专职安全生产管理人员,落实各级安全生产责任,制定切实可行的安全生产管理制度和措施。

存在分包的承包商要明确对分包单位的管理,并对分包单位承担主体责任。

承包商应负责对进入长沙磁浮快线辖区内作业的人员进行三级安全教育培训,并建立培训档案。

承包商负责为特种作业人员办理特种作业操作资格证,特种作业人员和要害岗位、重要设备与设施的作业人员都必须经过技术培训和专门安全教育,经考核合格取得操作资格证书后方准上岗。

承包商要为承担作业的人员提供必要的、安全的机械、工具和设备及必要的符合标准的劳保器具。

承包商在危险区域及复杂条件下组织施工作业时,要采取有效的防范措施,并设专人负责监控,设立醒目的安全警示标志,预防突发事故的发生。

当发生安全生产事故时,承包商应全力对安全生产事故伤亡人员进行抢救,积极协助有关部门做好事故调查,并妥善处理好善后工作。

承包商接受长沙磁浮快线组织的安全及业务培训。

2) 检查与考核

承包商须按合同要求在确保安全的情况下开展相关工作,长沙磁浮快线对承包商进行日常监督检查,对违章违纪、发生事故及影响运营安全、服务等事件进行考核。

安全保证金交纳和相应考核扣罚不免除有关作业主合同安全责任处罚条款。

考核坚持公开、公平、公正的原则,以事实为依据,以规章为准绳,旨在增强承包商安全作业意识,维护正常的安全生产和工作秩序。

归口管理部门参照本办法对承包商进行管理,并督促、检查承包商落实相关规定,若承包商不服从管理或是违反长沙磁浮快线其他规定,归口管理部门有权按规定考核承包商。对承包商的考核应填写考核通知单,并经安全管理部门及分管安全的副总签字后方可生效,同时将考核通知单交本部门、财务部和安全管理部门留存,并送达承包商处。

归口管理部门需根据本办法要求,并结合工作情况细化对承包商的管理措施以确保运营安全。

因承包商责任影响运营安全、服务质量或是造成运营事故的,由长沙磁浮快线加重处罚。

安全管理部门监督、检查承包商的执行情况和归口管理部门的管理工作,追究未按规定执行的承包商和归口管理部门的责任。

对经常违反长沙磁浮快线规章制度、不服从长沙磁浮快线管理、发生一起较大安全生产事故或者发生一起严重影响运营安全和服务事件的承包商,长沙磁浮快线有权终止工程项目合同或者禁止其参加下次招投标。

9.2 质量管理

为保证长沙磁浮快线运营的安全性、可靠性和便捷性,磁浮公司建立了磁浮交通运营质量管理体系,磁浮交通运营质量管理包括设备质量管理和服务质量管理。

9.2.1 组织架构

成立磁浮公司质量管理工作组,由总经理任组长,主管技术副总经理任副组长,技术部负责人任质量管理办公室主任。技术部负责公司质量管理工作的综合事务及日常管理工作,负责信息传达、收集、核对等相关工作。各生产部门设立质量管理工作小组,由部门负责人担任小组长,各生产部门综合技术室负责部门日常质量管理工作。

磁浮公司质量管理工作分为公司级、部门级、车间/室级三级管理,公司总经理、部门负责人、车间(室)负责人分别为本层级质量管理工作的第一责任人。各级技术人员、安全管理人员、生产调度人员、生产人员是质量管理工作的具体执行者,按照规定的职责直接参与质量控制相关的管理工作。质量管理组织架构如图9-7所示。

1) 质量管理工作组职责

负责磁浮公司质量管理的领导工作。

2) 设备(服务)质量管理办公室职责

(1) 负责公司质量管理方面的监督、检查、分析、鉴定、评比等管理工作。

(2) 负责制定磁浮公司质量方针与质量目标,制定磁浮公司年度运营计划和年度质

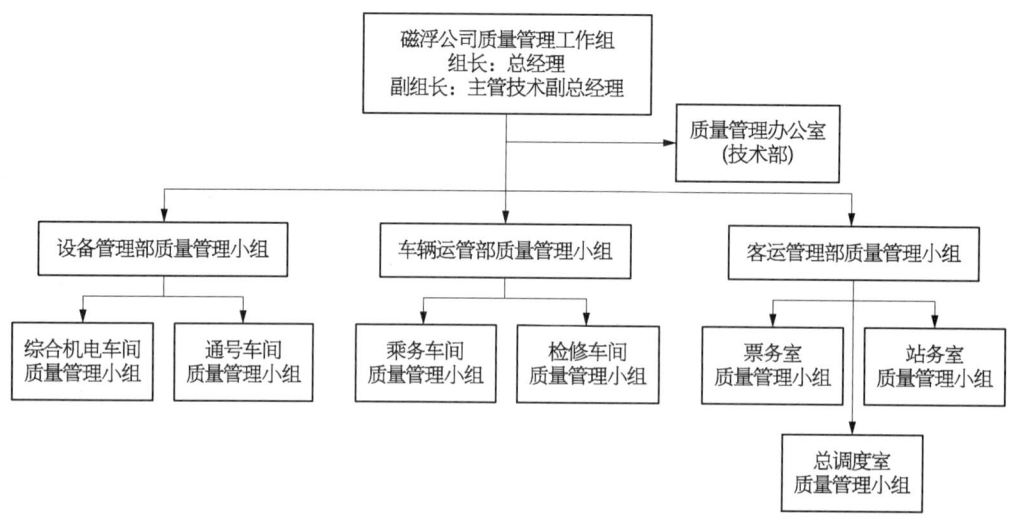

图 9-7 质量管理组织架构

量管理指标。

(3) 负责协调各生产部门质量管理的相关工作,检查质量管理工作的开展情况。

(4) 负责组织公司级质量检查活动和质量评价评比活动。

(5) 审核磁浮公司各生产部门检修计划、科研开发、技术改造、QC 项目立项与实施方案等。

(6) 根据需要及上级指示并结合实际情况,布置各项质量工作方面的临时性任务。

3) 生产部门职责

(1) 负责本部门质量管理方面管理制度的落实,提出改进意见及建议。

(2) 负责协调部门内部质量管理的相关工作,检查各车间/科室质量管理工作的开展情况。

(3) 负责组织编写、审核、修订各专业系统设备设施的维修规程、技术标准、技术规范、检修作业指导书、操作规程、故障处理指南等技术文本。

(4) 负责汇总、审核本部门年度维修计划,经部门负责人签字盖章后提报至技术部。对本部门的检修计划落实情况和检修质量进行检查。

(5) 负责设备设施运行信息、故障信息的收集,并对故障整改落实情况进行跟踪,形成闭环管理。

(6) 根据质量管理工作组的安排,组织开展部门级质量检查活动,收集、汇总各类质量报表,对部门各系统设备设施的检修、运行情况进行分析,编写月度和年度质量情况分析报告。

(7) 组织召开部门质量分析会议,对严重影响行车及客服水平的质量问题组织分析工作,并提出相应对策。对出现的设备设施故障规律进行总结,采取相应的防范措施。

(8) 指导本部门各车间/科室、各班组开展设备设施质量控制管理工作,并参与重点设备设施的检查、检修、系统调试及故障抢修、分析、查找、处理工作,并提出相应的整改防范措施。

(9) 定期检查各车间/科室设备设施质量检查、分析、鉴定、评比、总结及考核等管理工作的开展情况。

(10) 负责测算部门管辖内各专业系统的运营指标,对运营指标进行卡控管理;对各类指标进行统计、分析及管理。

(11) 负责指导并监督各车间/科室对承包商开展质保期的管理工作。

(12) 负责组织本部门技术人员进行各系统设备设施疑难故障的查找、分析、处理。

(13) 负责组织对影响设备设施质量有关的工程遗留问题进行跟进、处理、整改等工作。

(14) 负责部门对外的与质量管理相关各项工作。

4) 车间/科室职责

(1) 负责本车间/科室各专业系统设备设施质量管理的相关工作。

(2) 按部门要求协助编写、审核、修订各专业子系统设备设施的维修规程、技术标准、技术规范、检修作业指导书、操作规程、故障处理指南等技术文本。

(3) 负责组织本车间/科室编写年度维修计划,经上报批准后组织实施。根据已批准的年度计划编制室月度维修计划并组织实施,同时对实施效果进行检查。

(4) 定期组织本车间/科室开展日常的设备设施质量检查、鉴定、评比、总结及考核等管理工作。

(5) 组织本车间/科室各专业系统开展设备设施的质量控制的各项具体工作。

(6) 负责组织本车间/科室技术人员进行系统设备设施疑难故障的查找、分析、处理及工程遗留问题整改等管理工作。

(7) 负责本车间/科室各专业系统技术台账的建档及管理等工作。

(8) 对所管辖工班的设备设施月度质量进行检查、指导、评比及考核等具体工作。

(9) 完成与质量管理有关的其他工作。

5) 班组职责

(1) 负责组织本工班人员,根据已审批的年度及月度维修计划对管辖各系统设备设施定期进行精检细修,监督检查本工班人员的设备设施检修工作质量,确保设备设施的运用质量,同时结合现场实际情况,对需加强的维修项目进行补强。

(2) 建立健全工班质量管理相关台账。

(3) 参与和配合上级部门的设备设施质量检查等相关工作,对检查发现问题及时进行整改,并将问题整改详细情况报专业工程师。

(4) 按照故障抢修时间与流程的要求进行故障抢修工作,确保在故障抢修过程中的设备质量稳定、可控。

(5) 协助和配合工程师进行质量检查、评比、总结及故障原因分析等管理工作。

(6) 加强现场作业的自控、互控和他控等安全与质量防护措施;按要求填写各项检修记录。

(7) 正确使用和保养工器具和仪器仪表。

(8) 负责组织本工班召开月度质量分析会及相关设备设施故障分析会。

(9) 完成其他与质量有关的临时性工作。

9.2.2 设备质量管理

设备设施质量管理的目的在于保证管辖范围内各类设备设施安全、可靠的工作,确保磁浮列车的安全运行,全面提高设备的可靠性、可用性、可维护性和安全性。设备设施质量包括设备设施质量、工作质量、运用质量。设备设施质量、工作质量是运用质量的基础,运用质量是设备设施质量与工作质量的综合反映。

1) 质量分析

各生产部门对设备设施质量、工作质量、运用质量,从人、机、料、法、环、测等各个因素进行全面、系统的分析,及时发现问题、解决问题、消除隐患,提高设备设施质量。质量分析内容应包括:质量总体表现情况和各系统设备设施运行与检修情况;维修计划的执行情况;规章制度、规程、作业技术指导书等的落实情况;设备设施运行、检修中出现的问题分析;重要、重大故障的分析;员工标准化作业的执行情况;质量定责工作;与质量相关的专项工作落实情况;下月相关工作安排等。质量分析应运用数理统计方法和各种质量分析工具对设备设施质量进行综合分析,发现共性或惯性问题,查找原因,制定预防和纠正措施,提升质量管理工作水平,确保部门质量目标的实现。

磁浮公司每月度召开一次质量分析会,通报月度设备设施质量情况和质量考核情况,并根据设备表现和年度计划,进行下一步工作的布置。各生产部门每月召开一次质量分析会;车间/室可根据具体情况每月至少召开一次综合例会(含质量模块)或分专业召开质量分析会。

2) 质量控制

(1) 修前调查。为明确质量改进方向和提高检修质量,应在修前针对状态监测结果进行认真调查,并根据诊断技术提供的故障信息进行认真分析,为维修工作提供重点依据。对大型关键设备设施或故障率较高的设备设施,修前需了解设备设施的运行状态,测量必要的技术参数,以利于确定维修作业项目和质量控制措施。需委外的作业,应根据规定程序选定承包商,并与承包商就设备设施目前状态,维修后应达到的技术标准、状态、维修质量等进行充分沟通,达成一致并签订合同后方可实施。

(2) 修中控制。作业技术规程等要明确"自控""互控""他控"的范围和内容。关键设备设施、关键作业、关键工序的质量控制由工程师负责,工程师需到现场参与、检查作业并严把质量关。关键设备设施、关键作业、关键工序的范围由各生产车间/室确定。综合技术室专业工程师对本专业范围内关键设备设施、关键作业、关键工序的质量控制进行跟踪和督察。作业人员在检修过程中,要严格执行维修规程和检修作业技术指导书,严格按检修工艺进行检修,做到不漏检、漏修,不简化修程。故障抢修作业由现场负责人对作业质量和安全进行控制,现场负责人可视情况指定专人对作业质量进行检查、确认和验收。委外维修由磁浮公司相关部门配合人员负责检修过程的质量控制,专业工程师及车间/室负责人需每月进行抽查,发现问题,及时整改。

(3) 修后验收。作业完成后,要根据验收标准对检修设备设施进行全面的检查,验收合格后方可申请结束作业命令。存在互控、他控项目的作业,还需互控、他控责任人检查验收合格后方可申请结束作业命令。

工程师对检修质量采用"检验结合,以验为主"的工作方式。"检"主要是对设备设施检修质量进行抽查,检查作业人员是否按规程要求进行设备设施检修;检查检修过程中是否有漏修现象;检查作业人员对维修过程中的关键点是否清楚,并对检查中发现的问题及时进行纠正并督促整改。"验"主要是关键设备设施、关键作业、关键工序进行现场验收。

故障抢修后的质量验收由现场负责人或由其指定专人进行。对直接影响行车的设备设施,必要时在检修后安排专人观察设备设施运行情况,确保运行稳定可靠后方可撤离。委外维修的质量验收由设备所属部门根据公司有关规定和委外合同进行。

(4) 阶段提升。公司各质量管理单位应分阶段(日、周、月、季、年等)统计、分析公司设备设施的质量表现情况,对本阶段质量情况较差的设备设施重点分析研究,制定强化措施和整改措施,并跟踪各类措施实施后的结果,视情况于下一阶段继续保持、加强或改进,确保设备质量达到循环提升的效果。

3) 质量检查

质量检查按照公司、部门的各项规章制度及各专业系统设备设施的维护规程、操作规程、作业指导书,以及公司、部门有关质量检查的文件、通知和要求执行。

9.2.3 服务质量管理

服务质量是服务组织为乘客所提供服务的程度,即服务能够满足规定和潜在需求的特征和特性的总和。服务质量管理的目的在于为乘客提供安全、可靠、便捷、高效、经济的服务,并保证服务质量。

1) 管理内容

(1) 客运组织。

① 车站根据本站客流流线组织乘客进出站、换乘。因新线开通、车站客流变化、车站设施设备布局改变、枢纽站衔接等,需要对客流流线进行调整的,应对车站整体客流流线、人员疏散进行统筹论证,必要时可组织专家进行风险评估。

② 车站客流流线设置、设施设备布局等应综合考虑反恐防范、安检、治安防范和消防安全需要。与火车站、长途客运站、机场等相衔接的车站,提供的安检场地应为安检互认提供便利,以减少重复安检,提高通行效率和服务水平。

③ 车站工作人员应在每日运营前,对车站客运设施设备进行检查,应在首班车到站前完成准备工作,开启所有出入口、换乘通道和自动扶梯、电梯。末班车前一列车驶离车站后,应通过广播等方式告知乘客末班车信息。

④ 列车退出运营前,车站站台服务人员应对车内进行巡视,确认无乘客滞留后退出运营。车站关闭前,车站工作人员应对车站进行巡视,播放关站广播,确认无乘客滞留与物品遗留后关闭车站。

⑤ 车站工作人员应对车站出入口、站厅、站台、通道等公共区域进行巡视,检查应急设施、乘客信息系统、自动售检票设备、标志标识、照明设施、电扶梯、站台门、站台候车椅状态,巡视频率不低于每 3 h 一次,发现异常情况及时进行处理;遇客流高峰、恶劣天气、重大活动等情况,应根据需要增加巡视次数。

⑥ 车站站台服务人员应维护站台候车及上下车秩序,查看车门和站台门的开闭状态,防止夹人夹物动车。遇紧急关闭按钮触发或消防报警装置启动,要立即查明原因,妥善处置。发生信号故障等突发情况时,车站站台服务人员应按规定协助行车人员做好接发列车引导。

⑦ 客运管理部持续监测客流情况,科学编制列车运行计划,在线路设计能力范围内合理安排运力,不断满足客流需求。列车运行图调整应报企业发展部备案。

⑧ 发生突发大客流时,车站应当协调行车调度人员及时增加运力进行疏导。预判站台客流聚集超过预警值、可能危及安全时,应当实施单站级客流控制。无法缓解客流压力的,应当在本线多个车站实施单线级客流控制。预警值由客运管理部根据站台设计容纳能力、设施设备配置、客流规律等确定。

⑨ 客流控制措施包括关停部分自动检票机、关闭自动扶梯、关闭换乘通道、单向开放或关闭出入口等。临时采取客流控制措施的,车站应通过乘客信息系统、广播等形式及时告知乘客。常态化采取客流控制措施的,车站应公布采取客流控制措施的日期、时段等信息,并对客流控制措施的实施效果持续进行评估,可以取消的应及时取消。

⑩ 车站公共区域施工作业一般应安排在非运营时间进行。确需在运营时间进行的,车站应采取划定隔离区域、围蔽、工作人员现场盯控等安全防护措施,加强客流疏导,对乘客做好解释说明。对于涉及关闭车站出入口或换乘通道、暂停车站使用、缩短运营时间的施工改造,客运管理部应提前报告轨道交通运营主管部门并向社会公告。

⑪ 非突发情况的列车越站,列车驾驶员应至少提前一站告知车内乘客,车站工作人员应通过站内广播告知车站乘客。列车因故在车站停留时,列车车门、站台门应处于开启状态(但因根据公司实施发布的运作命令要求除外),列车和车站通过广播告知车内、车站乘客。

⑫ 出现雨雪等恶劣天气时,车站应采取铺设防滑垫、设置防滑、防拥堵提示等必要措施,加强广播提示和现场疏导;站内或出入口乘客聚集可能造成客流对冲等情况时,可调整自动扶梯运行方向或暂时关闭自动扶梯,危及乘客安全时,可暂时关闭出入口。

⑬ 车站发生火灾、淹水倒灌、公共安全、公共卫生等突发事件时,车站工作人员应当报告行车调度,按照应急预案进行现场处置,必要时采取关闭出入口、疏散站内乘客、封站等措施。

(2) 客运服务。

① 磁浮线路全天运营时间不应少于15 h。客运管理部门应当根据客流需求,制定列车运行计划,高峰时段按照设计的最小运行间隔安排运力,不断提高乘客服务体验。

② 遇节假日、大型活动、恶劣天气及衔接火车站或者机场的线路有火车、飞机大面积晚点的,可按城市轨道交通运营主管部门要求在保障安全的前提下,适当延长运营时间。

③ 设备管理部门应当确保车站乘客信息系统准确发布当前列车到达时间、后续一班列车到达时间、开行方向等信息,发生突发事件时,及时提供紧急信息。车站乘客信息系统出现故障或信息发布错误等情况时,应及时处置。

④ 车站站台应广播排队候车、安全乘车等提示信息,列车进站时站台应广播列车到站和开行方向。必要时,应通过广播等方式向乘客宣传乘客常识和注意事项。列车应广播到达车站和换乘信息,需要开启另一侧车门时,应通过广播提前告知乘客。

⑤ 自动扶梯和电梯运行时间应当与车站运营时间同步。自动扶梯发生故障时,应立即停止使用,车站工作人员在自动扶梯出入口放置安全护栏、警示标志等,引导乘客使用其他自动扶梯或者楼梯。电梯发生故障时,应立即停止使用,车站工作人员在电梯口放置安全护栏、警示标志等。有乘客被困时,应安抚乘客并及时采取救援措施。

⑥ 车站每个售票点正常运行的自动售票机不应少于2台,每组进、出站自动检票机群正常使用的通道均不应少于2个。售票处(机)或其附近应有醒目、明确的车票种类、票价、售票方式、车票有效期等信息,方便乘客购票。

⑦ 车站客服中心办理乘客事务处理时,车站售票员应唱收唱付,做到准确、规范。对符合免费乘车规定,并持有效乘车证件的乘客,应验证后准乘。在特殊情况下,应及时采取有效措施,为乘客进行必要的票务处理。

⑧ 车站的自动售票机、自动检票机发生故障时,应设置故障提示。自动售检票系统大面积故障时,按照应急情况下的票务处理详细流程执行,有序引导乘客购票、进出站。

⑨ 自动检(验)票机或其附近应有相应的标志或图示,方便乘客检(验)票。紧急疏散时,自动检票机阻挡装置应全部处于释放状态。

⑩ 站台门发生故障无法关闭时,应安排专人值守,做好安全防护;无法打开时,应通过列车广播、标识或其他方式告知乘客,引导乘客从其他站台门下车。站台门发生大面积故障的,驾驶员应及时报告行车调度人员采取越站等应急措施,车站服务人员通过广播及时告知乘客,维护候车秩序。车站客运人员应将站台门故障情况及时报告设施设备维保人员进行处理。在专业人员到达故障现场前,车站应安排专人值守,在不影响列车运营情况下,设置警戒隔离,并疏导围观乘客。

⑪ 列车临时清客时,应通过广播或者其他方式告知车内和站内乘客,车站工作人员

应上车引导乘客下车,清客完毕后报告驾驶员关闭车门。列车区间疏散时,应通过车内广播准确、清晰地告知乘客疏散方向,车站工作人员应进入轨行区引导客流快速疏散;车站可采取暂停进入车站等措施防止乘客进站,并及时告知乘客。

⑫ 车站客运工作人员应按规定统一着装,正确佩戴服务标志;答复乘客咨询时应坚持首问负责、礼貌热情、用语规范,使用普通话(乘客提问时使用方言或外语的除外)。

⑬ 车站和列车温度、湿度、空气质量、噪声等应符合有关规定。车站公共卫生间应能正常使用、环境整洁、通风良好。

⑭ 车站内应配备急救箱,乘客受伤或者身体不适时,客运服务人员应及时拨打救助电话并等待至救护人员到场,可视需要对现场进行隔离。

⑮ 车站和列车内配备的无障碍设施应保持功能完好,车站工作人员应为有需要的乘客提供无障碍乘车服务,协助其顺利乘车。

⑯ 具备条件的车站应设置无障碍卫生间、婴儿护理台、儿童洗手盆、母婴室等便民服务设施。

⑰ 发现走失的儿童,车站人员应带领其至安全场所,并设法联系其监护人或报警。

2)服务监督

磁浮公司服务质量监督分内部监督与外部监督,内部监督按监管形式分为现场检查、整改督办、客服投诉分析、服务质量通报等。外部监督为服务监督电话。

现场检查采取日常检查和专项检查两种方式相结合,其中日常检查以随机抽查为主,企业发展部视情况组织工作小组每季度对全线车站进行一次服务质量情况检查,抽查方式包括查阅资料、调录监控、随机抽问等。检查标准参考交通运输部印发的《城市轨道交通服务质量评价规范》(交办运〔2019〕43号)等服务质量法规标准、规范、制度。专项检查以具体某项指标、乘客集中投诉事件或配合有关部门共同开展的节假日、重大活动检查为主,将检查结果纳入季度服务质量考评。

客服投诉分析为客运管理部根据公司《乘客投诉管理办法》对公司服务监督电话受理的运营服务投诉问题进行事实调查,若遇无法定责情况,则启动临时调查小组,深入分析事件原因,制定防范措施。

服务质量通报根据现场检查、整改督办等服务质量情况,对公司运营服务质量情况综合分析;研究解决服务质量问题的对策,提出下阶段服务质量工作目标,并在季度经营讲评中进行通报。

第 10 章

技术攻关与科研攻关

10.1 技 术 攻 关

10.1.1 磁浮车辆技术攻关

长沙磁浮快线是国内首条拥有完全自主知识产权的商业运营中低速磁浮线路,填补了国内中低速磁浮交通领域的技术空白。2016 年 5 月 6 日投入载客试运营,截至 2021 年底,累计运营 520 万 km,其中多项技术攻关成果达到国际领先水平,主要技术攻关如下。

1) 可升降受流器技术攻关

长沙磁浮快线首批列车受流器不具备升降功能,且存在碳滑板偏磨、编制导流线干涉等诸多问题,同时仅满足 100 km/h 速度以下的受流。为解决上述问题,并满足列车提速后稳定受流需求,对磁浮列车受流器进行了技术攻关,主要攻关措施如下:

(1) 优化受流靴结构,改善靴轨受流关系,提高受流性能。

(2) 优化弓头质量由原来的 1 kg 降低到 0.66 kg,上臂质量由原来的 1.8 kg 降低到 0.9 kg。

(3) 增加受流靴气动升降功能,实现受流器可升降。

2) 车体轻量化技术攻关

长沙磁浮快线磁浮列车轻量化技术创新实践,前五列车的车体、内装材料的选择方面,主要侧重强度、防火等性能,在轻量化方面有所不足。以中间一节车为例,自重达到 24.5 t,轻量化方面有潜力可挖。为此对车辆轻量化进行了技术攻关,主要攻关措施如下:

(1) 列车侧板、地板、风道等内装材料采用高分子轻质材料,裙板等有一定强度要求的部件采用碳纤维材料。

(2) 实施轻量化改造后,一节车平均减重 0.5 t,以中间节车为例,自重减轻为 24 t。一列 3 节编组的磁浮车共减重 1.5 t。

3) 降低车辆故障率技术攻关

试运营初期车辆部分系统故障率较高,影响服务质量,经对故障数据进行分析,提出整改方案,进行技术优化。主要攻关措施如下:

(1) 电磁铁、悬浮软件控制导致掉点砸轨故障;通信问题引起悬浮点显白。通过制定整改方案,对悬浮系统软件、硬件进行优化。

(2) 悬浮传感器引起悬浮显黄或显红故障、悬浮控制箱显红故障。通过制定整改方案,对悬浮系统软件、硬件进行设计优化。

通过对长沙磁浮快线磁浮车辆各项重大故障进行逐一分析,提出改进措施,最终使磁浮车辆正线故障率大幅降低,确保了磁浮车辆安全准点运营,为乘客提供了便捷优质的服务。

4) 空压机油乳化技术攻关

由于空气中水分子含量过高,自进气口进入湿度较大的空气导致空压机腔内积水过多而使油位上升过限。再者,空压机运转率较低,启-停间隔时间短(2～3 min),停-启时间长(40～50 min,此时温度低不利于排除腔内水分),不利于腔内水分排出,导致空压机油容易出现乳化现象。为彻底解决空压机油乳化问题,对长沙磁浮快线列车空压机进行了技术攻关,主要攻关措施如下:

采取加装电控箱的方案,即在空压机上增加泄放电磁阀、温度传感器、压力传感器和电控箱,由电控箱控制空压机延时停机。空压机启动后,如果油温低于65℃(暂定、可调),则进行延时停机,反之则不延时停机。如延时停机,当空气压力达到0.88 MPa,则泄放电磁阀开启,若空气压力低于0.83 MPa,则泄放电磁阀关闭,按此动作执行10 min后延时停机程序结束。

按此延时排空方案,可以延长空压机工作时间,保证空压机运行温度大于压力露点温度,防止冷凝水在系统中产生,从而防止乳化现象。

5) 磁浮列车悬浮系统可靠性攻关

一列磁浮列车共60个悬浮控制器,数量庞大,运营初期故障率居高不下,且无冗余设计,影响运营服务质量。为减少因悬浮系统故障对正线运营的影响,对悬浮系统进行了技术攻关,主要攻关措施如下:

(1) 悬浮控制箱主要采取更换控制电路板及控制机箱的方案,且实现内部电源冗余、芯片及信号处理的冗余。通过对控制机箱控制电路板和背板的改造,对电路板集成化设计,实现单个"机笼"安装2块相同的悬浮控制板卡,任意一块板卡均可独立实现完整的悬浮控制、状态监测等功能。

(2) 悬浮传感器主要将三路悬浮间隙信号更改为四路悬浮间隙信号,四路悬浮间隙信号分为两组互为冗余。

(3) 对悬浮系统中的电路进行优化、元器件筛选、芯片升级等措施,提升悬浮系统的可靠性。

6) 中低速磁浮列车蓄电池牵引技术攻关

目前国内运营的中低速磁浮列车均采用第三轨方式供电,列车回库后进行检修前必须断开第三轨供电后才能进入供电区域进行车底检修。磁浮列车检修库区第三轨供电时检修人员需频繁断送电,耗费大量人力;为防止人员进入第三轨带电区域,库区内设置的防护栏导致股道间距狭窄,相关检修设备和备件无法进入股道,给检修工作造成不便。主要攻关措施如下:

（1）中低速磁浮列车 DC 330 V 悬浮蓄电池作为车辆悬浮系统电源,仅在列车运行过程中对悬浮系统提供补偿和悬浮后备电源使用,在检修库区作为动力电池使用不影响其正常使用功能,且电池容量基本满足要求,因此 DC 330 V 蓄电池是磁浮列车短距离牵引动力电池最优选择。根据蓄电池特性及计算,蓄电池输出电流约为 180 A,可放电时间约为 10 min,可行驶距离 500 m,若按先静浮 5 min,蓄电池牵引 2 min 工况,可行驶距离 100 m,蓄电池耗费约 12 A·h,容量剩余约 70%。综上所述,检修库区利用悬浮蓄电池进行短距离牵引技术层面完全可行。

（2）根据蓄电池牵引的原理图更改及设备安装位置和相关的理论计算分析,磁浮车辆基本可以满足采用悬浮 330 V 蓄电池作为电源进行蓄电池牵引;采用蓄电池牵引后可取消检修库区第三轨及围栏,扩宽股道间距,便于检修作业。无须进行频繁断送电,降低断送电作业风险并提高检修工作效率。该技术已在东延续磁浮列车应用。

7）空簧生锈技术攻关

磁浮列车在运营过程中,发现首批磁浮列车悬浮架托臂内积水,且空簧橡胶异常磨损造成空簧漏气等问题,为解决上述问题,开展技术攻关,主要攻关措施如下:

（1）加强空簧上方自由密封处的密封连接,更改防尘罩结构,防止水气进水空簧安装腔体内。

（2）空簧安装腔体,即托臂内开设排水孔,以便排除非正常情况进入腔体内部的积水。

（3）车辆在洗车时禁止高压水流直接冲淋空簧。

8）迫导向机构拉杆销螺母脱落技术攻关

长沙磁浮快线在运营过程中,出现迫导向转臂拉杆连接螺栓松动脱落问题,存在一定的安全隐患。为防止连接螺栓松动脱落、满足列车的安全性,开展专项技术工作,主要攻关措施如下:

（1）采用非金属自锁螺母,对连接销轴重新改造,增设开口销防脱结构。

（2）安装要求。安装螺母时严格按操作规程规范操作,使用力矩扳手按规定扭力值进行平稳拧紧,并画防松标识线。

9）中低速磁浮列车充电机模块故障率高技术攻关

长沙磁浮快线为高架露天线路,夏季运行时客室电源电器柜内温度较高,导致充电机模块频繁报故障,影响列车正线运营。为使高温天气下充电机稳定工作,开展专项技术攻关,主要攻关措施如下:

（1）将空调制冷风道引入到电源电器柜,同时在电源电器柜门下部增加格栅通风,高温天气可以降低柜内温度,从而充电机模块不会因为过温导致输出保护。

（2）对 TCMS 软件程序更新,当蓄电池充电机监控模块温度达到 55℃以上、电压低于 106 V 时,对应充电机模块才降功率运行,保障正常负载供电。

（3）充电机模块增加输出电压、电流、温度曲线记录功能,更加利于检修维护作业。

10) 建立完善运营体系,培养专业维护人才

长沙磁浮快线是国内首条投入商业运营的中低速磁浮运营线,没有成熟的经验可供参考,没有现成的模式可以套用,没有资深的运营团队可以聘用。主要攻关措施如下:

(1) 体系。参照轨道交通运营体系,结合磁浮特点,建立并完善运营体系。

(2) 人才。通过理论学习和实践培训,自主培养磁浮司机和专业维护检修人员。

(3) 规章。组织研究、建设、供货等相关单位,根据磁浮系统特点,逐步建立日常检修、故障响应、应急处置等规章制度,并通过实操、演练不断完善。

实施效果如下:

(1) 体系。形成了包括控制中心 OCC、车场控制中心 DCC 的调度网络,高效组织运营维护工作。

(2) 人才。培养了磁浮司机 40 多名、专业维护和检修人员 200 多名。

(3) 规章。编制了各类应急预案 24 项,各类规章制度 75 项,车辆及设备维修维护规程、工艺卡等 200 多项。

通过组建车辆专业技术攻关团队,建立柔性化组织,强化专业协同,"链式管理"推进精益管控,开展技能讲堂、QC 小组等活动,着力推进磁浮车辆驾驶、维修创新驱动的平台。经过一系列努力,长沙磁浮快线车辆技术攻关团结取得了较好成果,其中"迫导向异响技术攻关及应用"大大降低了异响声,从根本上解决了因迫导向异响被迫下线的问题,提升了车辆舒适性。"磁浮列车空调系统降噪技术攻关及应用"将客室噪声平均值降至 62.2 dB,较攻关前降低 5 dB,极大地降低了磁浮车辆客室噪声。

11) 取得成果

在完成日常生产任务的同时,围绕磁浮列车开展科技创新,坚持学以致用,开展现场练兵。公司紧紧围绕磁浮产业发展,以"精简细修供好车,安全准点开好车"为宗旨,以"安全、节能、高效"为工作目标。通过产学研、传帮带的有机结合,在磁浮列车驾驶及其检修维护等技能攻关方面取得了一些成绩和宝贵经验,主要有如下几方面:

(1) 人才培养方面。为进一步激发人才培养的活力,公司组织开展师徒带教、视频教学、技能比武等形式,对内开展磁浮车辆驾驶技能、维修技能、工程车及特种设备应急抢修等培训,对外与北京磁浮 S1 线、清远磁浮、凤凰磁浮、吉隆坡捷运轨道学院、湖南铁路科技职业技术学院等搭建沟通桥梁,开展交流协作,在车辆驾驶技能、维修技能、技能攻关方面培养了一批专业人才。其中磁浮列车驾驶人才 48 名、磁浮列车检修技术能手 15 名、车辆段调度 5 名。其中 1 人获湖南省五一劳动奖章、湖南省技术能手称号,2 人获长沙市五一劳动奖章,2 人被评为长沙市优秀工匠。

(2) 课题研究、专利、论文方面。长沙磁浮快线在运营过程中面临着极大的挑战,团队通过不断努力,最终解决了各项问题,保证了磁浮快线的安全运营,在面临新困难的时候,团队迎难而上,完成了"中低速磁浮交通系统诊断与维护技术研究""磁浮列车维护策略和维护方案分析研究"等 4 项课题研究;完成磁浮列车碳滑板偏磨、悬浮系统动态复位

等60余项技术整改;编制磁浮列车、磁浮检修设备工艺文件37部;发表《长沙磁浮车辆制动夹钳缓解不良原因分析及优化改进措施》《长沙磁浮司控器方向手柄异常归零位故障分析及解决方案》等科技论文;发明并申报"一种机车车辆停车系统及方法""一种磁浮列车牵引系统""一种悬浮间隙检测工具"等20项专利,先行摸索并创立磁浮车辆精益修维修模式、磁浮架修模式,为磁浮车辆的运营维护做出了突出贡献。

10.1.2 设备设施技术攻关

1) 接触轨道岔分段绝缘器技术改造

长沙磁浮快线在运营期间,磁浮机场站P0502道岔发生了分段绝缘器与受电靴接触异常,造成跳闸停电的故障。该故障导致磁浮列车紧急制动、受电靴受损、道岔分段绝缘器损坏,如图10-1所示。

针对该故障,专业技术人员通过分析现场实际状况,研究靴轨关系、动态接触压力、设备设施材质,模拟列车运行状态等技术手段,找到故障发生的原因。并针对故障实际发生的工况,通过采取增大道岔分段绝缘器凸端缓冲面、加装U形防松螺栓等一系列技术方案和实施措施,有效地解决了接触轨道岔分段绝缘器故障的风险,

图10-1 道岔分段绝缘器故障

确保了靴轨之间的平滑过渡,有效地降低了运营风险,如图10-2所示。

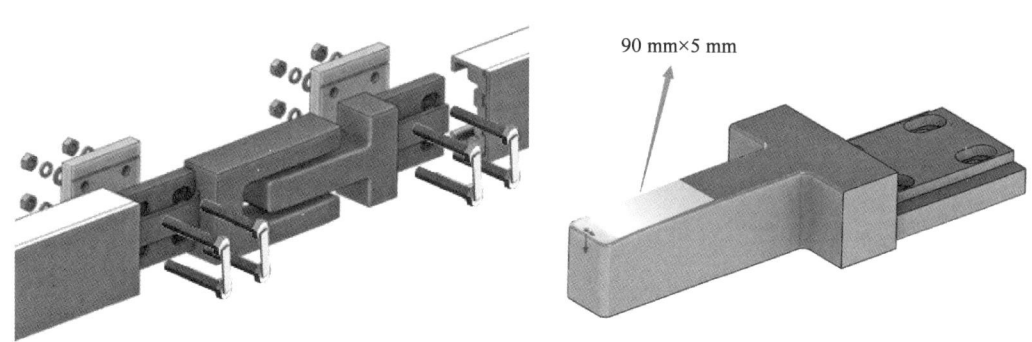

图10-2 道岔分段绝缘器改进措施

2) 接触轨分段绝缘器串电技术改造

接触轨系统普遍采用两种材料做电气分段绝缘,一种是以环氧树脂材料为主,另一种则是以聚四氟乙烯材料为主,两者在绝缘性能及强度上不相上下,但由于磁浮接触轨系统

普遍采用侧部受流的特性,分段绝缘器运行条件苛刻,分段绝缘器工作环境污染较为严重,车辆受电靴碳粉脱落、堆积造成分段绝缘器无法满足设备电气隔离的前提下安全运行。运营初期采用的分段绝缘器绝缘材料的耐污能力差,不具备自洁功能,需不定期维护和清洗,且设备在运行过程中存在串电拉弧风险,如图10-3所示。

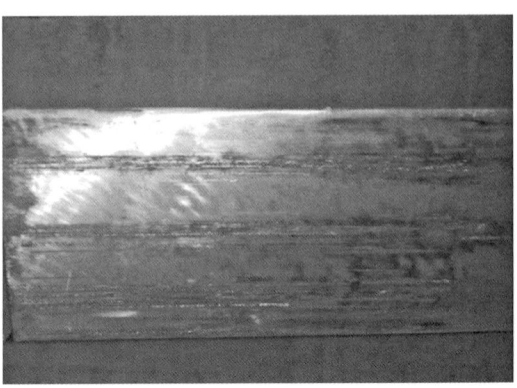

图 10-3　积附碳粉分段绝缘器

针对这一现状,专业技术人员组织开展过多次技术研讨及整改,通过记录和分析分段绝缘器在运行中所暴露的串电、易吸附碳粉等缺陷,接触轨系统运维人员从分段绝缘器的绝缘材料、硬度、安装方式等方面开展技术研究攻关,对分段绝缘器的结构、材质进行了优化和改进,采用整体聚四氟乙烯材质制造,提高强度和耐磨性能,槽内断面设有T形缓冲区和倾斜面,具有较好的自洁性能,提升了整体绝缘性能,解决了分段绝缘器串电、易吸附碳粉等问题,如图10-4所示。

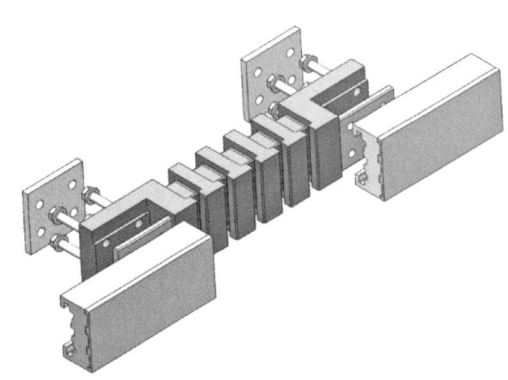

图 10-4　改进型分段绝缘器

3) 接触轨系统降噪技术改造

由于磁浮列车是通过电磁力吸引轨道,使电磁吸引力与列车重力平衡,从而列车悬浮于轨道运行,因此列车静音运行也是磁浮交通的优点之一。目前磁浮列车主要的噪声来源为列车空调机组噪声和受流器与接触轨在接触时发出的声响噪声。为提高旅客的乘坐舒适度、降低接触噪声的峰值,经技术人员测试分析,接触噪声主要源于靴轨之间的碰撞,碰撞的主要部位为中间接头和膨胀接头处。为了有效降低长沙磁浮快线靴轨间的机械噪声,专业技术小组通过开展增设阻尼垫片、中间接头焊接打磨、更换无缝膨胀等多轮技术举措,有效降低了靴轨耦合过程中产生的异响和轨体振动,优化线路运行质量和受流稳定性。

(1) 安装绝缘减震防转垫片,设置在绝缘支撑装置与轨体间,用于消除卡头与轨体之间间隙,起到降噪的目的,并对绝缘子卡头进行固定及防偏转使得受流器撞击轨体后产生的振动衰减幅度增加,如图 10-5 所示。

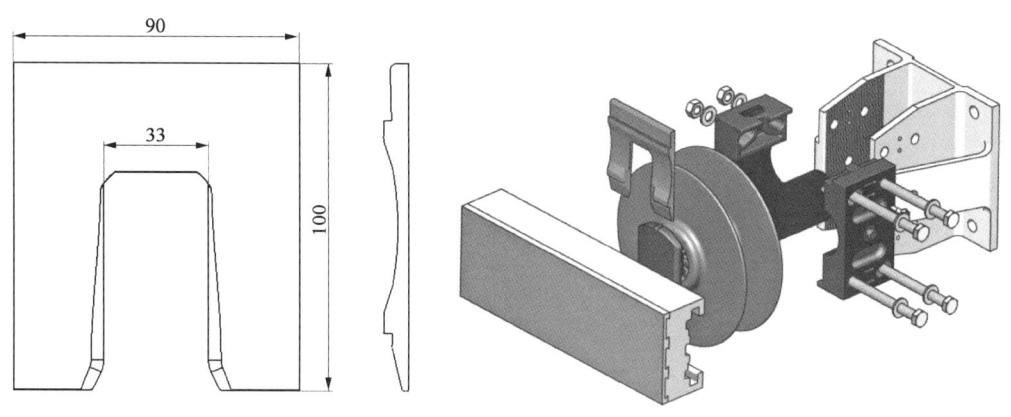

图 10-5 减震防转垫片

(2) 中间接头焊接打磨消除了接头间相对高差及凸台,为磁浮列车受电靴平滑过渡创造了良好的条件,如图 10-6 所示。

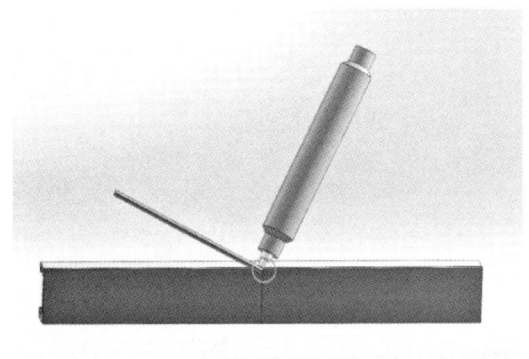

(a) 中间接头焊接

(b) 中间接头打磨

图 10-6 中间接头焊接与打磨

（3）无缝膨胀接头实现了接触轨的无缝安装，避免了受流器通过膨胀缝撞击轨体产生的异响，有效降低磁浮列车运行时的噪声，提高受流器使用寿命，如图 10-7～图 10-9 所示。

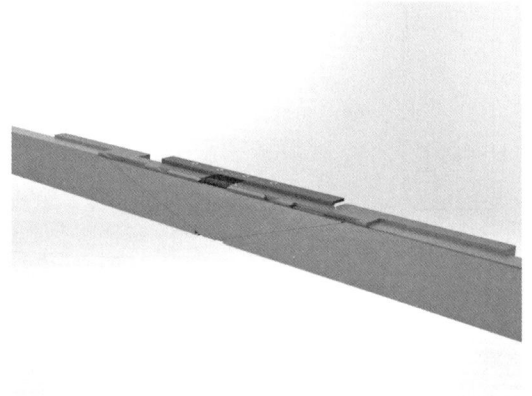

图 10-7 单斜缝膨胀接头　　　　　图 10-8 无缝膨胀接头

图 10-9 无缝膨胀安装及测试

4) 信号系统测速技术改造

长沙磁浮快线车载 ATP 子系统通过安装于磁浮列车两端底部的测速涡流传感器、加速度计和测速雷达,结合多传感器融合软件测速算法,计算出列车的速度和运行方向信息,通过对测速涡流传感器、加速度计、测速雷达速度信息的比较可以有效防止测速传感器的单模故障,如图 10-10 所示。

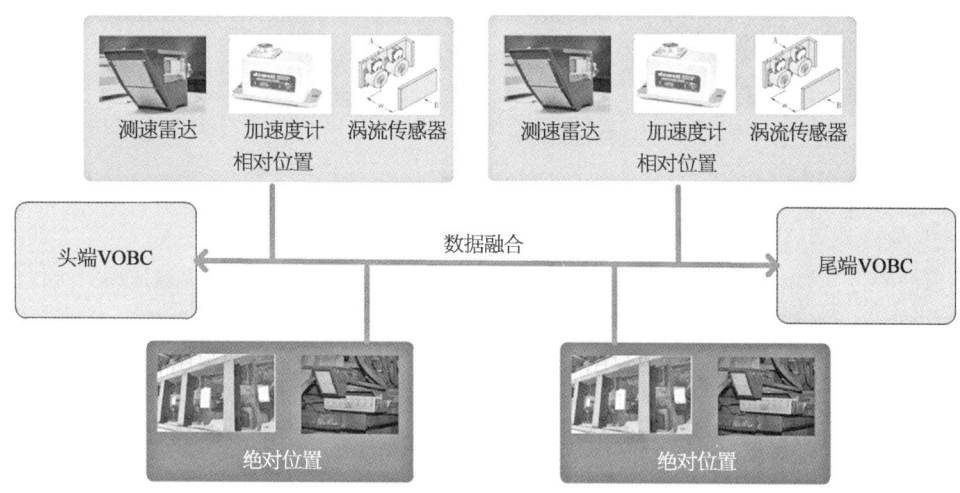

图 10-10 系统组成

运营初期,信号车载专业根据数据统计,月均由于测速导致的列车紧制、折返失败、SPD 显黄故障接报较多,列车在低速工况下,信号系统的测速涡流传感器和测速多普勒雷达的精度较低,是导致故障发生的直接原因。针对这一现状,专业技术人员组织开展过多次技术研讨及整改,通过软件优化提高涡流传感器抗干扰能力,解决了部分列车停稳位置丢失故障,同时经过多次试验测试,通过提高雷达反射波强度等措施,降低列车停稳位置丢失故障。

根据磁浮线路情况,多次开展头脑风暴,组织现场观察及场景模拟,通过可行性审核和现场环境确定,最终选定将雷达由侧面安装改为车底吊装方式,并向公司技术委员会提交实施方案。第一次改动在一定程度提高了雷达反射强度,故障数量明显减少,但受扰问题时有发生,技术人员通过数月观察和数据分析,决定再次调整雷达安装位置,将雷达往列车中心位置移动,使雷达照射面由 F 轨面调整至横梁道钉处(图 10-11)。此次移动有两方面优势:① 防止下雨时雨水直接淋到雷达,避免雷达进水;② 防止下雨时 F 轨面积水形成水膜造成雷达镜面反射。

调整雷达安装支架以来,由于列车雷达测速定位不准,造成列车 SPD 显黄或紧制故障有明显减少,雷达测速干扰故障得到明显遏制,故障率降低。

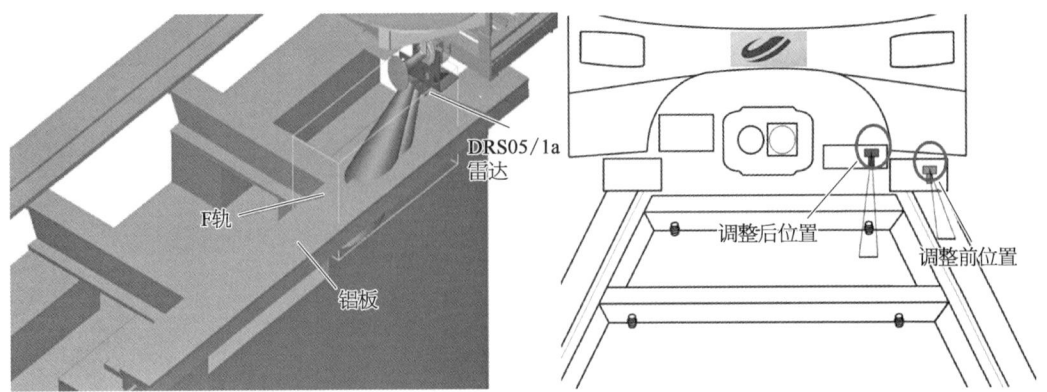

图 10-11 雷达正面安装

5）列车自动驾驶（ATO）技术

长沙磁浮快线线路运行环境较为复杂，列车牵引制动性能、列车测速原理不同，低速工况下测速定位难度更大。项目初期未包含自动驾驶部分，既有信号系统采用点连式 ATP 系统方案，为提高技术水平、减轻司机控车压力，进行了 ATO 升级的可行性研究与验证。

（1）采用多传感器融合和环线技术提供列车的测速定位精度；列车进站过程中，接近环线修正列车位置，列车接收到停车环线信号实施停车，如图 10-12 所示。

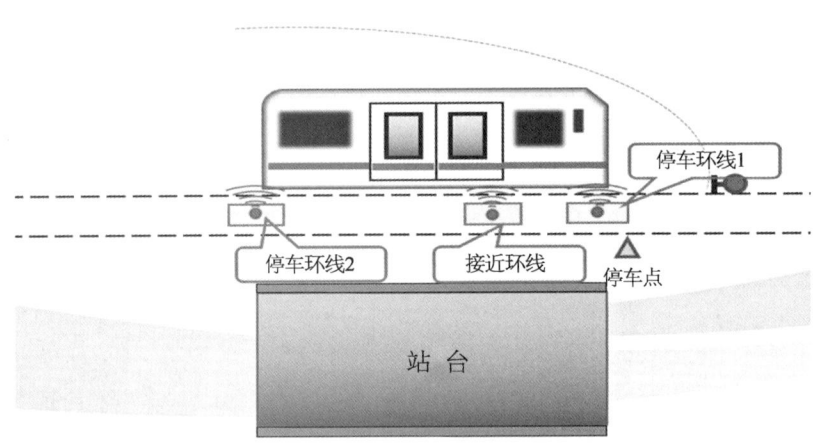

图 10-12 感应环线模拟图

（2）通过与车辆制动系统的相互协调及软件优化，提高列车的停车精度。目前已完成列车的 ATO 升级及系统调试、测试，并通过了专家评审，可将单程运行时间稳定缩减至 17 min 左右，较之前单程运行时间缩短近 2 min，同时大幅减轻列车司机的工作强度，如图 10-13 所示。

图 10-13 ATO 驾驶

10.2 科研攻关

10.2.1 "十三五"国家重点研发计划"磁浮车辆运用组织技术研究"

中车株洲电力机车有限公司于 2016 年申报了国家重点研发计划"先进轨道交通"重点专项 2016 年度定向项目"中速磁浮交通系统关键技术研究课题"。2017 年 7 月与株机公司签订"磁浮车辆运用组织技术研究"任务合同书,该任务属于子课题 3"中速磁浮交通运行组织、控制与保障一体化技术",研究期限为 2016 年 7 月—2020 年 12 月,因疫情等原因项目直至 2022 年初才完成最终验收。

1) 背景及意义

2014 年 5 月,湖南省开始建设长沙机场至高铁站之间的中低速磁浮交通机场线,于 2016 年 5 月建成通车。2011 年 2 月,北京市中低速磁浮交通示范线(S1 线)工程开工建设,并于 2017 年 12 月建成通车。

中车株洲电力机车有限公司于 2016 年申报了国家重点研发计划"先进轨道交通"重点专项 2016 年度定向项目"中速磁浮交通系统关键技术研究课题",该课题拟攻克中速磁浮交通系统悬浮、牵引供电与运行控制等核心技术,形成我国自主并具有国际普遍适应性的新一代中速磁浮交通系统核心技术体系及标准规范体系,并具备中速磁浮交通系统和装备的完全自主化与产业化能力。课题由四个子课题组成:① 中速磁浮车辆系统关键技术研究及装备研制;② 中速磁浮列车高效牵引控制关键技术研究与装备研制；③中速磁浮交通运行组织、控制与保障一体化技术；④中速磁浮交通系统集成关键技术。湖南磁浮公司于2017年7月与株机公司签订"磁浮车辆运用组织技术研究"任务合同书，该任务属于子课题③"中速磁浮交通运行组织、控制与保障一体化技术"，研究期限为2017年7月—2020年12月，参与单位有中车唐山机车车辆有限公司、株洲中车时代电气、同济大学、国防科技大学、铁四院、湖南磁浮交通发展股份有限公司等20余家。

本专项的成功实施，不仅有利于巩固自身在中低速磁浮关键技术研究、运营组织、维修模式等方面的运营优势，更有利于积累在中速磁浮运行模式下的运营经验。

2）总体目标

针对中速磁浮车辆运用组织问题，开展客流预测方法、各种故障下线上列车如何处置及中速磁浮与高速磁浮、地铁差异性研究工作，重点解决中速磁浮列车在各种故障下如何处置，中速磁浮和高速磁浮、地铁在车辆组织运用方面的差异性分析。将中速磁浮车辆运输组织方案在试验线和未来商业运营线中应用实施，可以确保磁浮列车的高效运营，充分发挥中速磁浮的社会经济效益。

3）研究内容

"十三五"国家重点研发计划"中速磁浮交通系统关键技术研究——磁浮车辆运用组织技术研究"的主要内容是适用于中速磁浮的列车运行组织技术、列车故障下的紧急救援、分析中速磁浮与高速磁浮和地铁的差异性。具体研究内容如下：

（1）适用于中速磁浮的列车运行组织技术。在现在中低速磁浮线路客流和运营成本的基础上，研究中速磁浮客流和运营成本的预测方法。

（2）列车故障下的紧急救援。分析中速磁浮列车故障，分别从系统和各重要子系统方面定义故障模式，重点解决中速磁浮列车在各种故障下如何处置，开展中速磁浮列车故障应急处置研究，以确定故障应急处置原则和应急处置流程，并确立应急处置资源需求和提出应急处置中需要的注意事项。

（3）分析中速磁浮与高速磁浮和地铁的差异性。充分依托既有中低速磁浮和利用目前地铁及高速磁浮在车辆运行组织技术方面的经验，总结出三者在运营生产组织方面的差异，研究如何构建和完善中速磁浮线路的运营组织技术方案，以更好地指导试验线和未来商业运营线的运营工作。

4）项目完成情况

科研项目实施期内，在现有中低速磁浮线路客流和运营成本的基础上，提出了磁浮交通运营成本预测模型；根据中速磁浮列车的结构和电气性能，结合中低速磁浮列车的应急处置流程，形成了中速磁浮列车故障应急处置方案；通过中速磁浮线路与高速磁浮线路、地铁线路在运营生产组织方面的差异性对比，分析三者存在差异性的原因并得出相应的应对策略。同时通过科研项目的实施，申请获得授权专利2项，取得录用报告或发表论文5篇，编制研究报告3项。

5）项目验收

2022年1月11日，配合中车株洲电力机车有限公司组织召开了专家组评审会议，专家组对项目要求完成的3项报告内容、5篇论文、2项专利进行了查阅，经答疑和充分讨论，一致同意通过评审。

6）社会、经济效益

随着城市化进程的加速，我国已初步规划形成了23个城市群，城市群内部联系日益密切，城际交通市场需求十分迫切。轮轨城际列车进入城区面临着景观差、噪声大、振动大、拆迁多、占地大等一系列问题。中速磁浮交通系统具有非接触、噪声小、振动小、安全舒适、爬坡度高、转弯半径小、选线灵活、占地省等显著优点，相比轮轨交通其拆迁成本少、建设周期短、建造和使用成本低，为单向1～2万人次/h的中运量运输系统，特别适用于人口稠密地区和环境影响敏感地区的地面高架线路，平均站距数千米到数十千米，运营速度160～250 km/h的市域和城际间，运营速度可达100～200 km/h，是里程在50～200 km出行的合适选择，可拓展"都市一小时出行圈"的覆盖范围。

磁浮列车被誉为"零高度飞行器"，目前世界上投入商业运行主要有高速和中低速两类磁浮交通线。高速磁浮速度快，但系统结构复杂、造价高、转弯半径大、选线要求高；中低速磁浮结构简单、转弯半径小、选线灵活，但存在牵引效率低、速度提升受限等不足。中速磁浮交通可以有效地解决轮轨交通的造价高、拆迁难度大、安全等问题，可以在无法用传统交通技术建设公共交通的城市繁华区域增加新的公共交通线路，最大限度地在大中城市增加公共交通的覆盖范围，增加公共交通的密度和强度，增加公共交通的出行比例。预计在不久的将来，中速磁浮交通必将成为我国城市市区内、近距离都市和城市间、旅游景区的理想交通工具，是支持科学、低碳、绿色、可持续发展交通的革命性技术。它在公共交通领域具备升级换代的效应，是公共交通领域的划时代的先进生产力，将会给人类生活带来深刻的变化，具有极为广阔的应用前景。这种兼具高速与中低速磁浮交通优点的新型磁浮列车，不仅可以为城市内和城际间提供多样化的出行选择，还可以促进中国地铁与城际轮轨系统技术的共同进步，提高中国整个轨道交通产业的技术水平并带动相关产业的发展。

通过开展对"十三五"国家重点研发计划"中速磁浮交通系统关键技术研究——磁浮车辆运用组织技术研究"的科研，结合长沙磁浮快线交通实际情况，对中速磁浮客流和运营成本预测方法进行研究，并进行了综合分析，加上中低速磁浮交通凭借自身优势正处于快速发展时期，该研究对今后磁浮交通客流和运营成本预测，以及中低速磁浮交通的科学发展具有重要的借鉴作用。针对车辆部分关键子系统及其故障特点进行分析，从而自上而下地理清系统脉络及各单元故障之间的联系，通过分析可以清晰地看到导致运营故障的成因及因果关系，为车辆故障应急处置提供了充足的支持。中速磁浮线路作为一种全新的轨道交通制式，如何保障线路总体正常运转是既有线路和其他新线需要重点考虑和研究的事情，而运营组织技术研究工作更是重中之重。充分依托既有中速磁浮和利用目前地铁及高速磁浮在车辆运行组织技术方面的经验,总结出三者在运营生产组织方面的差异,研究如何构建和完善中速磁浮线路的运营组织技术方案,以更好地指导试验线和未来商业运营线的运营工作。

通过以上的研究成果,为中速磁浮线路建设时线路站间距设置、中速磁浮线路运营时列车运行参数设计和列车开行方案提供理论支撑及依据,达到优化线路设置方案和提高运营时车辆使用效率的目的。同时合理、科学的车辆运输组织可以充分发挥列车效能,提高运量,降低建设成本和运营成本。

随着湖南长沙磁浮快线逐渐走向商业化运营,我国中速磁悬浮交通系统的建设又迈出了坚实的一步。中速磁浮交通系统不仅是人民群众的民生工程,更是中国智造实力的体现。相信结合着长沙磁浮快线的实际运营经验和全国各地中速磁浮工程的建设经验,我国的磁浮交通技术将会得到广泛的发展并为提高人民的生活水平做出贡献。

10.2.2　省重大科技专项"中低速磁浮列车成套技术工程化与高可靠运营示范"

"中低速磁浮列车成套技术工程化与高可靠运营示范"专项是根据湖南省政府关于"长沙磁浮工程相关技术申报重大科研专项"的指示精神,由湖南磁浮交通发展股份有限公司牵头组织全国相关磁浮研发单位申报的省科技重大专项,于 2015 年 7 月批复立项。项目经费总额度为 3 000 万元,其中专项经费 700 万元、自筹经费 2 300 万元。项目原起止日期为 2015 年 7 月 31 日—2018 年 8 月 31 日,后经湖南省科技厅批准,项目延期一年,至 2019 年 8 月止,首席专家为刘友梅院士,项目分为四个子项。

1) 背景及意义

随着国内第一条中低速磁浮载客运营线路长沙磁浮快线的开通,公众对磁浮列车的关注和可靠性要求明显提高,但国内没有针对中低速磁浮交通系统运营示范的相关研究。该专项是根据省政府的指示与对湖南磁浮产业的布局,为湖南省 2025 年的制造强省奠定基础,该专项是以长沙磁浮快线作为试验平台,以长沙磁浮快线的建设成果作为技术支撑,以提高长沙磁浮快线的可用性作为研究方向,同时为长沙磁浮快线的安全运营提供保障,也为后期其他磁浮项目建设与运营的可复制、可推广、高可靠性运营奠定基础。

2) 总体目标

通过专项的实施,实现中低速磁浮交通成套技术在国内首条运营线上的工程化应用;开展中低速磁浮系统故障诊断与维护技术、可靠性分析设计与试验验证技术研究,力争使首条磁浮线可用度达到 99.99% 及以上;建立中低速磁浮系统技术标准体系,为我国提供一种新型交通运输工具。

3) 研究内容

本项目依托长沙中低速磁浮工程项目的建设与运行,带动中低速磁浮交通关键技术、设备与系统集成的工程化应用与示范。

磁浮交通系统的技术内容可从两个角度进行划分,构成四纵三横的架构。纵向从子系统角度划分,可把中低速磁浮交通关键技术和设备划分为四个部分,即车辆子系统关键技术、线路轨道子系统关键技术、信号与通信子系统关键技术及系统集成关键技术。横向从磁浮交通技术工程化和产业化实施主体划分,可以把磁浮交通相关技术内容划分为三个部分,即关键技术工程化应用、可靠性研究及系统故障诊断和维护技术研究、标准体系建设。

在本项目中,结合上述两种划分方法,把有关研究内容划分在四个课题中:

(1) 课题一:中低速磁浮交通工程化应用研究。该课题针对中低速磁浮交通系统技术的特点,在现有研究成果基础上,优化和实现关键设备的工程化应用,并提出系统性能指标与评价方法。主要内容包括:

① 车轨桥耦合振动分析与试验验证研究。车轨耦合振动是磁浮列车技术中的一个十分复杂的问题,车轨相对位置等一系列因素的变化可能引起车轨耦合振动。本课题针对工程试验中的车轨耦合振动现象,对由车轨相对位置等因素引起的车轨耦合振动现象进行理论分析与仿真试验验证,研究列车在车库内检修段轨道、道岔、桥梁上易产生耦合共振的机理及抑制措施。

② 车辆悬浮控制系统性能测试方法与评价指标研究。研究悬浮控制系统对于线路条件、车辆动静态载荷、极端气候的适应性及悬浮控制设备的可靠性,提出悬浮控制系统性能测试方法与评价指标。

③ 中低速磁浮信号系统工程化应用研究。结合磁浮轨道、道岔和磁场环境等因素的影响,实现由地面 ATS 和联锁、车载 ATP 及布设在轨旁的点式设备和局部覆盖的无线通信等设备,通过相应的网络及信息传输通道所构成一个基于点连式 ATP 防护系统的完整的信号系统。

④ 中低速磁浮列车换线设备工程化应用研究。结合长沙磁浮工程项目道岔设备工程化优化和调试,研究不同道岔形式的驱动和控制原理、道岔线形对列车通过性能影响、结构的动力特性和动力响应特性、驱动和走行系统、锁定机构、道岔控制方案、控制系统的安全性及可靠性等。

(2) 课题二:中低速磁浮交通系统故障诊断与维护技术研究。内容主要包含四个部分:

① 中低速磁浮交通系统故障模式分析。开展系统 FMECA(故障模式、影响与危害性分析)工作,对系统可能存在的故障模式按其对系统影响的程度进行分类,将直接影响系统任务的故障模式作为可靠性工作的重点。通过故障树分析(FTA)帮助判明潜在的系统故障模式和灾难性危险因素,发现可靠性和安全性薄弱环节,以便改进设计。

② 车辆关键部件状态监测与维护装备研究。研究基于中低速磁浮车辆关键部件健康状态监测的预测性维护决策方案。在分析和评价已有的维护方式的基础上,研究基于状态监测的预测性维护可行性。根据预测性维护系统应实现的一系列功能和实际需要,构建预测性维护系统结构方案。并在此基础上研究实施预测性维护的维护装备、工作流

程等技术方案。

③ 故障与突发事件下的应急组织研究。研究中低速磁浮交通系统在发生故障及发生突发事件情况下的应急预案,包括系统设备预案和人员疏散、救援等。

④ 基于在线诊断的中低速磁浮交通维护管理系统开发。对列车、道岔、信号系统、供电系统等设备的在线诊断数据进行过滤、统计分析等处理,为设备维修、优化设计、设备可靠性分析等提供数据支持。研发维护管理信息系统,实现设备状态数据自主采集、分析,为长沙磁浮线设备的预防性维护和故障检修提供技术支持,并对检修工作程序及材料的库存管理、采购、发放等进行总体管理,以提高检修效率和精度,实现作业管理的程序化与信息化。

(3) 课题三:中低速磁浮列车可靠性分析与评价。主要研究内容如下:

① 中低速磁浮列车可靠性指标体系论证与可靠性工作规划。参考其他磁浮列车、动车组等装备的可靠性水平,确定磁浮列车的可靠性指标体系。明确各研制阶段可靠性工作项目、内容和流程,制定可靠性工作方案和方法。

② 中低速磁浮列车可靠性设计、分析与优化。根据整车系统的结构和原理,建立其可靠性模型。根据系统的可靠性模型,将系统的总体可靠性指标进行分配。对系统基本可靠性、任务可靠性进行预计,评定所提出的设计方案能否达到规定的可靠性定量要求。

③ 中低速磁浮列车关键件可靠性增长技术。磁浮列车的研制继承了传统轨道交通的成熟技术,采用电磁力代替机械支撑力没有接触部件和机械磨损。针对磁浮列车的特点,对其创新性部分的供电系统、悬浮系统及系统中的关键件、重要件(如悬浮控制器、传感器),进行专门的可靠性增长技术攻关。

④ 中低速磁浮列车可靠性试验与评价。环境应力筛选:通过环境应力筛选,对整车系统施加适当的环境应力和电应力,激励并暴露其存在的制造工艺和元器件等缺陷,并加以剔除,经济有效地在产品投入使用前剔除早期缺陷。环境适应性试验:制定整车系统环境适应性试验方案并开展试验,以考核系统在其寿命期预计可能遇到的各种环境作用下能否实现其所有预定功能、性能和不被破坏的能力。可靠性研制试验:通过可靠性摸底试验,激发整车系统的设计缺陷和薄弱环节,并进一步通过合理的改进措施,提高系统的可靠性设计水平,形成系统可靠性水平的评估报告。

(4) 课题四:中低速磁浮交通技术标准体系建设。主要研究内容如下:

① 中低速磁浮交通系统技术条件和标准研究。结合长沙中低速磁浮线的建设,研究面向工程应用的中低速磁浮交通车辆、线路、供电及信号系统的总体性能指标、设计参数、功能要求、系统配置等。在《长沙磁浮工程设计暂行规定》的基础上,在长沙磁浮工程项目建设过程中总结经验,修订完善,形成地方或行业技术标准。同时研究磁浮特有设备的产品标准和子系统验收规范等。

② 中低速磁浮交通系统验收标准研究。结合长沙中低速磁浮线的建设和验收,研究中低速磁浮交通车辆系统、线路系统、供电系统、信号系统的验收标准。

③ 中低速磁浮交通系统 RAMS 评价体系研究。主要包括车辆、道岔、信号系统设、供电系统设备的 RAMS 评价体系研究。

4) 项目完成情况

专项实施期内,建立了悬浮控制系统性能指标体系,提出了评价方法;建立了车轨耦合力学分析模型;建立了长沙中低速磁浮交通车辆、运行控制、供电及道岔等设备故障诊断系统,并在实时诊断信息基础上,构建了中低速磁浮交通维护管理信息系统,提出了应急组织方案;从 2016 年 5 月通车至 2018 年底的运行时间内,实现列车运行图兑现率 99.94%,列车正点率 99.88%;5 min 以上延误率 4.74 万列车公里/次,列车退出正线运营故障率 0.24 次/万列车公里,因车辆系统故障造成 2 min 以上晚点事件次数 0.62 次/万列车公里;磁浮线可用度按计划运营总时间减掉因磁浮系统故障引起晚点的时间,除以计划运营总时间,2017 年为 99.983%,2018 年为 99.991%。

5) 项目主要成果

专项实施期内,获得了丰富的知识产权成果,包括发明专利 11 项、实用新型专利 14 项、软件著作权 1 项、地方标准 2 项、企业标准 1 项。另外,研制检测维护相关的设备 7 套。相关成果见表 10-1 和表 10-2。

表 10-1 知识产权成果

序号	成果	清单
1	发明专利	一种中低速磁浮车辆的空气弹簧六点支撑控制系统
		一种基于无线基站技术的中低速磁浮列车定位测速系统及方法
		一种机车车辆停车系统及方法
		列车车门控制系统及列车
		悬浮控制系统及磁浮列车
		一种一体化中低速磁浮列车诊断数据采集设备
		一种基于滑模变结构控制的磁浮列车悬浮控制方案
		一种基于疲劳损伤累积理论的振动加速试验方法及系统
		一种轨排的质量检测方法及系统
		一种推送式磁浮轨排运输车
		一种磁浮列车轨道除冰方法及系统
2	实用新型	一种具有自动整形功能的列车货物装载装置
		一种中低速悬浮轨道行李救援车
		一种具有行李收集功能的磁悬浮轨道行李救援车
		一种适用于中低速磁浮车辆制动闸片检修的 F 轨
		一种适用于磁悬浮车辆液压支撑轮检修的 F 轨
		一种中低速悬浮轨道行李救援车
		一种多功能疏散系统

(续表)

序 号	成 果	清 单
2	实用新型	一种具有行李收集功能的磁悬浮轨道行李救援车
		一种磁悬浮车辆大部件检修轨道
		一种用于中低速磁悬浮列车的高可靠性悬浮传感器
		一种含外接附属结构的设备
		一种磁浮列车牵引系统及磁浮列车
		一种"二合一"型悬浮控制装置
		一种列车速度检测系统
3	软件著作权	磁浮列车车载运营故障监视报警系统
4	地方标准	《湖南省中低速磁浮交通工程质量验收标准》
		《湖南省中低速磁浮交通设计标准》
5	企业标准	《中低速磁浮交通技术标准体系》

表10-2 检测维护设备清单

序号	设备名称	功 能
1	试制车轨桥耦合振动试验平台	用于为车轨桥耦合振动的建模、分析、验证等工作提供试验平台
2	试制磁浮轨道检测特种设备	用于检验道岔、轨排等关键系统精度和可靠性，为换线设备、轨排等关键设备工程化研究工作提供条件
3	试制列车悬浮性能试验特种工艺设备	检验列车悬浮控制设备的可靠性和环境适应性，为悬浮控制系统性能测试方法与评价提供专用装备
4	试制列车定位测速系统测试装置	用于检验列车定位、测速系统的功能和性能，为信号系统工程化应用研究提供平台
5	试制磁浮车辆蓄电池检测系统	用于为磁浮车辆蓄电池维护技术研究提供专用设备
6	试制磁浮车辆悬浮控制系统检测装置	用于为磁浮车辆悬浮控制系统维护技术研究提供专用设备
7	试制磁浮车辆制动系统检测装置	用于为磁浮车辆制动系统维护技术研究提供专用设备

6）项目验收

2019年10月24日，湖南省科技厅组织专家对专项进行了综合验收，专家组通过实地考察、听取汇报、资料审查，经答疑和充分讨论，一致同意通过验收。

7）社会效益

在国内率先实现了中低速磁浮交通关键技术与成套设备的工程化与产业化，发展了中低速磁浮交通设计、施工和运营技术,建立了完全自主的知识产权和技术标准体系,在全国率先形成了中低速磁浮交通系统的工程化和产业化能力。不仅可以抢占市场先机,助推湖南省的轨道交通产业建设,更能带动机械制造、电子电气、信息技术、材料加工等相关产业,加快湖南省的新型工业化发展进程,为湖南省的战略性新兴产业及经济社会发展做出贡献。在产业化占据先机的同时,本专项的成功实施,还有助于在国内率先开发中低速磁浮技术研发平台,形成国内领先的持续创新能力。

10.2.3 省科技创新计划"160 km/h 快速磁浮列车研制与示范"

"160 km/h 快速磁浮列车研制与示范"项目是应全省磁浮交通发展规划要求,由中车株洲电力机车有限公司牵头组织相关磁浮研发单位申报的省科技创新计划,项目总经费5 117.2 万元,其中专项经费 1 200 万元、自筹经费 3 917.2 万元。项目原起始时间为 2018年 1 月 31 日—2020 年 12 月 31 日,2020 年 12 月经湖南省科学技术厅批准增加子项四和子项五,项目分为五个子项,即子项一"车辆系统集成技术研究及整车试制"、子项二"牵引传动系统研究"、子项三"直线电机与电磁铁关键技术研究"、子项四"160 km/h 快速磁浮交通线路关键技术研究"、子项五"160 km/h 快速磁浮交通受流系统融冰除冰技术研究",湖南磁浮交通发展股份有限公司承担其中子项五"160 km/h 快速磁浮交通受流系统融冰除冰技术研究"。

1) 背景及意义

磁浮快线是一种新型的交通运输系统,利用电磁系统产生的排斥力将车辆托起,使整个列车悬浮在导轨上,从而减少车辆与轨道的接触。运行经验表明,长沙磁浮快线接触轨在低温冻雨天气下已发生轨道表面结冰现象,线路运行车辆受流器与接触轨耦合面出现较严重拉弧打火现象,导致列车停运,严重影响公共交通运行安全。为解决覆冰引起的问题,本项目提出适用于磁悬浮列车接触轨的高频激励除冰技术和电脉冲除冰技术,为磁浮列车运行过程中接触轨覆冰问题的解决提供切实有效的技术方案。因此,开发适用于磁浮快线接触轨的防除冰技术对我国磁悬浮列车的快速发展具有很显著的现实意义。

2) 总体目标

本项目的研究目标是针对磁浮接触轨覆冰影响运营安全问题,结合目前接触轨的现实状态,对磁浮线路接触轨的防除冰技术进行研究,为磁浮快线安全运营提供技术支持。

3) 研究内容

本项目主要研究的内容有接触轨高频激励融冰技术研究、接触轨电脉冲除冰技术研究。具体研究内容及任务分解如下:

(1) 接触轨高频激励融冰技术研究。通过研究覆冰密度、环境温度、频率等因素对雨凇覆冰介质损耗角正切、相对介电常数的影响,提出不同设计覆冰工况下磁浮接触轨高频激励除冰方法,设计高频激励融冰技术工程实施方案。

(2) 接触轨融冰电脉冲除冰技术研究。建立脉冲发生器数学模型,研究脉冲电流与各电路参数的相关关系,研究接触轨在瞬态电流作用下所形成涡流场的磁感应强度分布,分析冰层结构力学性能和冰层接触轨间的界面特性,模拟脉冲力的分布,确定适用于电脉冲除冰过程的冰层脱落准则,获得线圈与接触轨的距离及脉冲发生器的最优技术参数,提出磁浮接触轨电脉冲除冰方法,设计电磁脉冲除冰技术工程实施方案。

4) 项目完成情况

(1) 形成长沙磁浮快线接触轨高频激励融冰技术方案。

(2) 形成长沙磁浮快线接触轨电脉冲除冰技术方案。

(3) 形成"长沙磁浮快线接触轨融冰除冰技术研究"研究总报告。

(4) 获得发明专利 1 项、实用新型专利 1 项。

(5) 发表核心期刊或四大检索论文 2 篇。

5) 项目验收

2021 年 3 月 14 日,项目承担单位中车株洲电力机车有限公司组织专家对 2018GK1010-05(课题编号)进行了综合绩效评价,专家组审阅了有关资料,通过质询和充分讨论,一致认为资料齐全、规范,满足结题要求。同时专家建议,应进一步开展国产化研究和推广应用。2021 年 11 月完成总课题财务审计,2022 年 5 月 6 日完成最终验收。

6) 社会效益

电磁脉冲融冰、高频激励融冰不仅可以对输电线路导地线融冰,还可以对磁浮接触轨、高铁铁轨等各种大尺寸线状结构物融冰。为冰冻雨雪天气磁浮接触轨融冰除冰提供了解决方案,提高了磁浮列车在极端天气下的运营可靠性。对于保障公共交通的畅通,保证人们正常的生产和生活具有重要的社会意义和巨大的经济价值。

同时,本项目研制开发的新一代磁浮列车已于 2021 年 7 月 1 日在长沙磁浮快线正式投入运营,并在线路上跑出了 160.7 km/h 的试验速度。项目研究的相关成果陆续应用到长沙磁浮快线提速工程及长沙磁浮快线东延线建设项目。

第 11 章

交流与推广

11.1 行业推广

近年来,长沙磁浮快线接待了多位党和国家领导人调研考察,以及 30 多个国家、50 余个城市代表团参观学习,收获了广泛认可。同时,湖南磁浮交通发展股份有限公司受邀参加了 B20 国际峰会、国际磁浮大会(图 11-1)等重要场合,在湖南文化走进联合国(图 11-2)、国家博物馆改革开放 40 年主题展(图 11-3)等重要场合展露身影,并积极参加了中国(湖南)国际轨道交通产业博览会(图 11-4)等各类全国交通行业交流活动。同时参

图 11-1 受邀参加国际磁浮大会

图 11-2 湖南文化走进联合国

图 11-3 国家博物馆改革开放 40 年主题展

图 11-4 中国(湖南)国际轨道交通产业博览会

图 11-5 湖南省磁浮技术研究中心成立

图 11-6 磁浮科技体验营

与组建了湖南省磁浮技术研究中心(图 11-5),创新打造了磁浮科技体验营(图 11-6)等活动,被央视多个王牌栏目深入报道。

自 2021 年 7 月 1 日长沙磁浮快线提速以来,这一成果被《人民日报》、新华网、中国日报网、《湖南日报》、湖南卫视、湖南经视、红网、新浪微博及日本 livedoor 门户网站等国内外主流媒体广泛报道,使得磁浮交通影响力进一步扩大。现全国多地正着手修建磁浮,国内各地磁浮建设事业竞相迸发。

11.2 推广与培训

磁浮产业的发展不仅依靠技术的更新换代与升级,还须从人员技术能力的培育、从业人员综合素质提升,以及后备人才培养入手,全方位构建磁浮技术知识体系及运用平台,产业推广、培训输出、校企合作既是长沙磁浮快线作为首台套示范线的担当引领,更是有效推进产业发展的具体表现和重要举措。

1) 培训资源体系

长沙磁浮快线拥有完善的教学体系、丰厚的培训资源及特有的实训场地。拥有

103名专业人才组成的内部兼职培训师师资队伍,其中名誉讲师35人、高级兼职培训师7人、中级兼职培训师15人、初级兼职培训师46人。共计开发了《磁浮交通运营概论》等26套专业培训教材、25本关键流程操作手册、12个岗位标准作业教学视频、21套职业技能评价标准和100余个专业教学PPT,以及48 000余道专业考试试题库。在实训培训硬件投入方面,建设有标准教室5间,可容纳近200人同时上课。模拟教学设备主要包括模拟驾驶仪、ATS工作站、AFC系统、站台门等6套专业培训器材。2019年联合长沙轨道交通运营有限公司申报了交通运输部批准建立的轨道列车司机技能鉴定站,具备轨道列车司机职业资格技能鉴定能力,已开展多批次轨道列车司机技能鉴定,参加轨道列车司机技能鉴定人员均获得了由交通运输部颁发的职业资格证书。

2) 培训推广

湖南磁浮交通发展股份有限公司在做好安全生产,为市民提供优质出行服务的同时,先后承接了马来西亚 Rapid 公司的内训师、马来西亚捷运轨道交通学院(图11-7)和湖南铁路科技职业技术学院教师、清远磁浮公司和北京地铁运营二分公司(北京S1线)员工及相关院校学生等13个批次150余人的交流、教学实践和实习工作。通过培训推广传播磁浮知识、扩充交流平台及人才的不断引入,为加快产业发展奠定基础。

图11-7 马来西亚交流人员合影

图11-8 凤凰磁浮员工培训启动会

3) 培训承接

湖南磁浮交通发展股份有限公司在推动产业快速发展的同时,主动走入市场,对接市场需求。2021年通过公开招投标的方式,成功承接了凤凰磁浮文化旅游有限责任公司运营人员送外培训服务项目(图11-8),共计完成凤凰磁浮公司33个岗位约140人的岗位业务培训,并派遣行车组织、票务管理、车站运作、列车驾驶等专业岗位人员前往凤凰磁浮现场进行带教指导,强化培训效果。项目的开展有效地为凤凰磁浮线高质量的开通做好了人力资源保障,同时为行业人才培训树立了标准、健全了模式。

4)校企合作

湖南磁浮交通发展股份有限公司具有与高校、生产企业和科研机构在"产、学、研"深度融合等方面的丰富经验和广阔平台。2021年与湖南铁路科技职业技术学院达成战略合作,签订校企合作框架协议,将在共同组建磁浮交通协同创新中心、商讨磁浮专业人才培养方案、开发磁浮专业教材、开展学生实习、师资互聘与挂职锻炼、成人学历教育与员工培训等领域深入展开合作(图11-9)。校企合作协议的签订,旨在推进产业专业人才培养,也是推进职业教育快速发展、完善高技能人才培养方式的重要举措,对助力轨道交通事业及职业教育事业高质量发展具有建设性意义。

图 11-9 校企合作协议签订仪式

11.3 获得荣誉

经过两年建设、六年运营,长沙磁浮快线备受关注、不辱使命,收获了"中国运输领袖品牌"(图11-10)、"第十六届中国土木工程詹天佑奖"(图11-11)、"2018—2019年度国家优质工程金奖"(图11-12)、"庆祝中华人民共和国成立70周年经典工程"(图11-13)、"2019—2020年度全国城市轨道交通行业劳动竞赛先进班组"(图11-14)、"吴文俊人工智能科学技术奖科技进步奖二等奖"(图11-15)、"湖南省科技创新奖"(图11-16)、"湖南省科学技术进步奖一等奖"(图11-17)、"上海市科学技术奖二等奖"(图11-18)等诸多国家和省、市级荣誉奖项。日益显著的示范效应为国内发展磁浮事业营造了良好氛围,磁浮交通已成为湖南省一张亮丽的名片。

图 11-10 中国运输领袖品牌

第 11 章 交流与推广

图 11-11 第十六届中国土木工程詹天佑奖

图 11-12 2018—2019 年度国家优质工程金奖

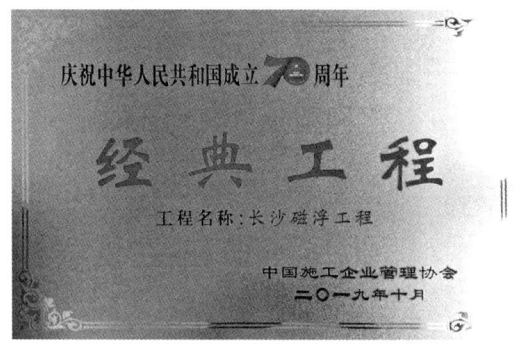

图 11-13 庆祝中华人民共和国成立 70 周年经典工程

图 11-14 2019—2020 年度全国城市轨道交通行业劳动竞赛先进班组

图 11-15 吴文俊人工智能科学技术奖科技进步奖二等奖

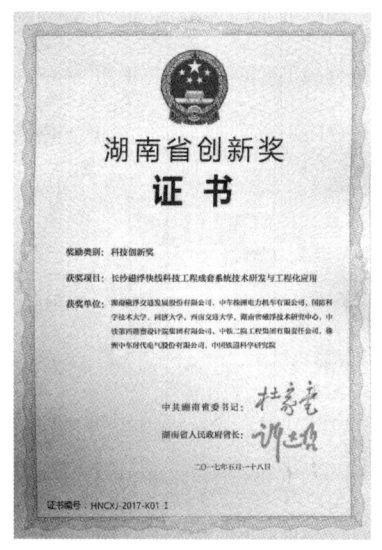

图 11-16 湖南省科技创新奖

图 11-17 湖南省科学技术进步奖一等奖　　图 11-18 上海市科学技术奖二等奖

附 录

大 事 记

1. 长沙磁浮快线于2014年5月16日开工建设,2015年12月26日启动试运行,2016年5月6日载客试运营(附图1)。

附图1 长沙磁浮快线开工、试运行、试运营

2. 2016年9月3—4日,湖南磁浮公司参加B20峰会(附图2)。

附图2 参加B20峰会　　　　　　**附图3 湖南省磁浮技术研究中心成立**

3. 2016年9月6日,湖南省磁浮技术研究中心正式成立(附图3)。
4. 2016年10月13日,长沙磁浮快线列入国家20部委联合公布的第三批PPP示范项目。
5. 2017年5月18日,"长沙磁浮快线科技工程成套系统技术研发与工程化应用"荣获湖南省科技创新奖(附图4)。
6. 2017年9月7日,长沙磁浮快线科技体验营正式开营(附图5)。
7. 2018年3月1日,湖南磁浮公司参与编制的《湖南省中低速磁浮交通工程质量验收标准》《湖南省中低速磁浮交通设计标准》在全省范围内实施(附图6)。
8. 2018年3月23日,湖南磁浮被交通运输部评为中国运输领袖品牌(附图7)。
9. 2018年6月6日,长沙磁浮快线完全自主ATO上线,单程运行时间较原缩短2 min(附图8)。

附图 4　荣获湖南省科技创新奖

附图 5　长沙磁浮快线科技体验营开营

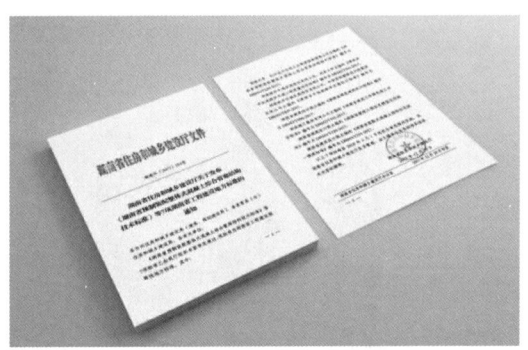

附图 6　中低速磁浮标准

附图 7　中国运输领袖品牌

附图 8　完全自主 ATO 上线

附图 9　"磁浮 2.0 版"列车下线

10. 2018年6月13日,中国首列商用"磁浮2.0版"列车下线,设计时速160 km(附图9)。

11. 2018年11月13日,长沙磁浮快线亮相"伟大的变革——庆祝改革开放40周年大型展览"(附图10)。

附图10　庆祝改革开放40周年大型展览

附图11　荣获湖南省科学技术进步奖一等奖

12. 2019年2月27日,长沙磁浮快线"中低速磁浮交通系统车辆及关键技术集成示范"项目荣获湖南省科学技术进步奖一等奖(附图11)。

13. 2019年3月31日,长沙磁浮城市航站楼正式启用(附图12)。

附图12　磁浮城市航站楼启用

附图13　第十六届中国土木工程詹天佑奖

14. 2019年4月12日,长沙磁浮快线荣获"第十六届中国土木工程詹天佑奖"(附图13)。

15. 2019年11月16日,长沙磁浮快线获评"2018—2019年度国家优质工程金奖"(附图14),并被评为"庆祝中华人民共和国成立70周年经典工程"。

16. 2019年12月8日,长沙磁浮快线获中国施工企业管理协会2018—2019年度第一批国家优质工程金奖及"庆祝中华人民共和国成立70周年经典工程"(附图15)。

 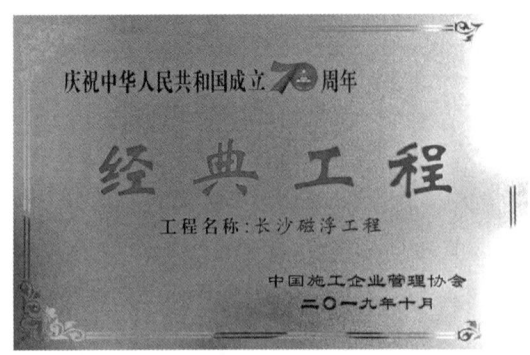

附图 14　2018—2019 年度国家优质工程金奖　　**附图 15　庆祝中华人民共和国成立 70 周年经典工程**

17. 2020 年 4 月 28 日,中国首列商用磁浮 2.0 版列车运行速度突破 160.7 km/h(附图 16)。

 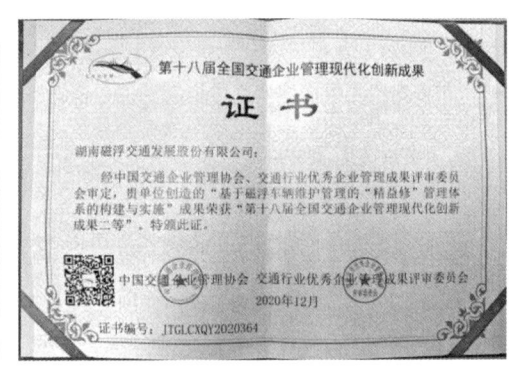

附图 16　磁浮 2.0 版列车运行速度突破 160.7 km/h　　**附图 17　第十八届全国交通企业管理现代化创新成果二等奖**

附图 18　上海市科学技术奖二等奖

18. 2020 年 12 月,湖南磁浮公司获第十八届全国交通企业管理现代化创新成果二等奖(附图 17)。

19. 2020 年 12 月 29 日,湖南磁浮公司参与申报的"EMS 型磁浮列车悬浮系统关键技术及应用"获上海市科学技术奖二等奖(附图 18)。

20. 2021 年 4 月 1 日,磁浮东延接入 T3 航站楼项目正式进厂。

21. 2021 年 4 月 22 日,湖南磁浮公司参加"力行天地,红动潇湘"——湖南"空铁地联运暨党史红旅"首发仪式(附图 19)。

附图19　湖南"空铁地联运暨党史红旅"首发仪式

附图20　长沙磁浮快线历史最高日客流

22. 2021年5月1日,长沙磁浮快线创造了18 012人次的历史最高日客流(附图20)。

23. 2021年7月1日,长沙磁浮快线实现了全线提速,确保了既有车辆按照最高设计时速110 km,新购车辆按照最高设计时速140 km投入运用,线路单程运行时间进一步缩短(附图21)。

附图21　长沙磁浮快线实现全线提速

附图22　吴文俊人工智能科学技术奖科技进步奖二等奖

24. 2022年1月27日,湖南磁浮公司联合同济大学申报的"面向复杂环境的磁浮列车智能监控关键技术及应用"获吴文俊人工智能科学技术奖科技进步奖二等奖(附图22)。